Die legendäre Gespenstereinheit Brandenburg war die Haustruppe des Admirals Canaris; bei Kriegsausbruch 1939 eine Kompanie, bei Kriegsende eine Division. Der Zweite Weltkrieg spülte auf beiden Seiten eine neue Waffengattung groß ins Fach: die Kommandotruppen. Es waren Soldaten, die in Tarnuniform im Rücken des Feindes kämpften, Männer, die von keinem Kriegsrecht geschützt waren. Die Sondereinsätze der Division Brandenburg wurden immer verzweifelter. An allen Brennpunkten des Krieges wurde sie als Feuerwehr der Front verheizt. Das Elitebewußtsein gewährte eine Sondermoral. Die Waffe der Brandenburger war ihr Handstreich, ihr Wahnwitz der Mut, Großdeutschland ihr Aberglaube. So zogen sie in den Kampf, verblendet, verwegen, verloren. Sie erhielten die höchsten Auszeichnungen, trugen die größten Verluste und wurden am seltensten im Wehrmachtsbericht erwähnt. Noch heute weiß kaum jemand etwas über ihre zwielichtige Geschichte.

Dieses Buch wurde anhand exakter Unterlagen geschrieben. Alle Aktionen sind verbürgt und belegt, nur die persönlichen Schicksale mitunter ausgeschmückt. Der Leser erlebt den Einsatz in russischer Uniform, der die Ohrbrücke bei Lipsk für den deutschen Vormarsch rettet, die ewige Nacht Nordkareliens und den Fallschirmabsprung mit russischen Freiwilligen im Kaukasus. Der Bericht schildert die Hölle des jugoslawischen Partisanenkriegs und den dreckigen Kampf um das schwarze Gold Rumäniens. Die Handlung wird von Tempo und Spannung vorangetrieben und immer an schillernden Einzelschicksalen aufgehängt.

Sie kauern in einer brutheißen Feldscheune und vertreiben sich die Zeit, so schlecht es geht. Die stechende Junisonne des Jahres 1941 versengt Haut und Erde. Der Schweiß frißt kleine Schmutzbahnen in ihre gebräunten Gesichter. Keiner hat Lust, viel zu reden.

Seit einigen Tagen lungern die Männer der zehnten Kompanie des Lehrregiments Brandenburg z. b. V. 800 hier in Schönwalde bei Allenstein herum, gut versteckt im gigantischen Aufmarschgebiet der deutschen Armeen gegen Osten. Sie sind Soldaten des verlorenen Haufens, im Wartesaal der Hölle, auf Abruf zum Himmelfahrtskommando; sie sind Freiwillige einer geisterhaften Spezialtruppe, deren Moral Verwegenheit, deren Schicksal Untergang und deren Devise „Hie guet Brandenburg allewege" ist. Alle Wege führen diesmal nach Rußland. Alle Schleichwege ... morgen oder übermorgen oder irgendwann. Nur die Stunde ist ungewiß.

Der Gefreite Sack, wegen seines Appetits Freß-Sack genannt, reißt das quietschende Scheunentor auf.

„Schnaps gibt's!" ruft er, „heraustreten zum Zigarettenfassen!"

„Schon faul", erwidert der Obergefreite Jonas beim Aufstehen.

„Halts Maul, Prophet!" wendet sich Unteroffizier Dörner an ihn.

„Es geht also los ...", sagt der kleine blonde Czerny wie zu sich selbst.

Keiner hört auf ihn, aber jeder denkt das gleiche. Bis auf den Achtzehnjährigen sind sie bei Brandenburg keine heurigen Hasen mehr. So wissen sie, daß von jedem Einsatz höchstens jeder zweite zurückkehrt, wenn er Schwein, verdammtes Schwein hat ...

Während sie sich vor dem Küchenbullen einer hinter dem anderen aufstellen, mustern sie scheu den Nebenmann. Marketenderwaren in Hülle und Fülle! Der Staat, der ihnen Tollkühnheit abverlangt, spart nicht mit Spesen. So reicht man ihnen die Gabe vor dem Sturm — soviel die Hände tragen.

Mehr als die Magenwände vertragen. Dienst ist Dienst und Schnaps ist Schnaps. Alkohol macht Laune. Und der Kater kommt hinterher.

Nebenan hält ein Lkw. Soldaten werfen in Decken gehüllte Bündel ab. Eines platzt beim Aufschlag. Uniformen liegen am Boden, wie sie die Männer der zehnten Kompanie noch nie gesehen haben: nagelneu, erdfarben, mit fremden Dienstgradabzeichen.

„Doch Rußland", murmelt Jonas.

„Du bist ein schlauer Prophet", entgegnet der Gefreite Freudenreich spöttisch.

„Steht nicht herum wie Pik sieben!" schreit ihnen Leutnant Pflug zu. „Ihr habt'n Glück ... der Iwan ist kein Soldat ... die Russen drehen wir in drei Wochen durch den Fleischwolf ..."

Er kennt keine Nerven. „Geburtsfehler", pflegt er lachend zu sagen.

Sie trotten wieder in ihre Feldscheune zurück.

„Wenn ihr mir folgt", sagt Sack, der Freß-Sack, „dann verrollt ihr euch noch vor der Ausgangssperre." Er grinst. „Ich kenn' das ... dicke Luft."

„Ob's beim Iwan Mädchen gibt!" fragt Freudenreich.

„Da verlaß ich mich lieber auf die von Allenstein", entgegnet Sack. Er wendet sich an Dörner:

„Kommst du mit?"

Der Unteroffizier reagiert nicht.

„Der macht sich doch nichts aus Mädchen", wirft Jonas ein. Er dreht sich wieder nach Sack um:

„Hast du noch die Rote ... aus der Bäckerei?" Er modelliert mit der Hand auf seinem Waffenrock die Konturen des Mädchens.

„Nee", antwortet Sack stolz, „ich hab jetzt 'ne Schwarze, die nimmt's mit euch allen auf."

„Angeber!" entgegnet Jonas. Dann brüllt er „Achtung!"

Leutnant Pflug, der Zugführer, ist eingetreten.

„Weitermachen!" sagte er lässig. Er setzt sich auf einen Strohballen, zündet sich eine Zigarette an. „Alle mal herhören", befiehlt er überflüssigerweise und steht wieder auf. Er sieht seine Leute an.

„Wir werden", sagte er dann mit unbeteiligter Stimme, „in kleinen Trupps in das russische Hinterland vorstoßen ... Unsere Aufgabe ist, zu verhindern, daß die Russen ihre Brücken sprengen ..."

Er nimmt einen Zug von seiner Zigarette, sieht dem ausgeblasenen Rauch nach.

„Polnische Führer stehen zur Verfügung ..." Lächelnd schränkt er ein: „Hoffentlich ... Weiter haben wir den Auftrag, den feindlichen Nachschub zu stören und hinter den russischen Linien Verwirrung anzurichten, bis unsere Truppen auf uns stoßen, klar?"

„Jawohl", rufen die Soldaten, bevor sie noch die Ungeheuerlichkeit des Einsatzes begriffen haben.

„Die genaue Einteilung folgt noch. Weitere Befehle unmittelbar vor dem Einsatz. So, Herrschaften, ihr probiert jetzt die neuen Klamotten ..." Pflug verzieht den Mund. „Kostümprobe ..."

„Wann steigt denn der Zauber, Herr Leutnant?" fragt Sack.

„Sie werden's abwarten können", antwortet der Offizier. Er nimmt einem seiner Leute den Kochgeschirrdeckel mit dem Schnaps aus der Hand. „Kinder", sagt er gutmütig, „sauft nicht so viel!" Dann trinkt er den Deckel mit einem Zug leer.

Zuerst betrachten sie alle die Uniformen, die man ihnen reicht, wie Vogelscheuchen. Dörner, der Unteroffizier aus Oberschlesien, faßt die sowjetische Uniformbluse so behutsam an, als griffe er in ein Wespennest.

„Fertigmachen zum Heldentod!" ruft Jonas grimmig.

„Schiß, was?" giftet ihn der Gefreite Sack an.

„Nach dir", gibt es ihm der Prophet zurück.

„Die Dinger sind ja noch ganz neu", sagt Czerny, der Jüngste, betroffen.

Sie stülpen sich das feindliche Tuch über ihre deutschen Uniformen: Maskerade des Todes.

„Und jetzt?" fragt Czerny.

„Es gibt 'ne ganze Menge Möglichkeiten", tröstet ihn Jonas, „zuerst kannst du schon beim Anmarsch im Sumpf steckenbleiben . . ."

„Lern schwimmen, Junge", wirft Freß-Sack ein.

„Dann können dich die Russen vorzeitig erkennen und niederknallen", fährt der Prophet fort.

„Das ist noch die beste Lösung", brummelt Freudenreich.

„Falls sie dich aber schnappen, hängen sie dich auf, das ist klar wie Knödelbrühe", erläutert Jonas weiter.

„Damit sind wir noch nicht am Ende", unterbricht ihn Freudenreich, „wenn du alles überstanden hast . . . dann kommen die eigenen Kameraden und schießen dich über den Haufen . . . weil sie dich für 'nen Russen halten."

„Ja, aber . . .", versucht sich Czerny hilflos zu wehren.

„Hin ist hin", tröstet ihn Sack, „so oder so . . ."

Sie sehen die entsetzten Augen des Jungen, spüren plötzlich etwas, das nicht zu ihren Worten paßt. Unteroffizier Dörner geht auf Czerny zu, drückt ihm seinen Kochgeschirrdeckel in die Hand, faßt ihn an der Schulter und sagt:

„Prost! . . . Humor ist, wenn man trotzdem lacht . . ."

Von jetzt ab beginnen sie, auf die Uhr zu sehen, obwohl ihre Stunde noch nicht geschlagen hat . . .

Auch am unheilvollen 22. Juni 1941, dem Beginn des Unternehmens Barbarossa — Hitlers Überfall auf Rußland —, sollten die Männer der legendären Einheit Brandenburg wieder die Spitze der Spitze bilden. Deutsche Soldaten in russischer Uniform, Stunden vor dem Angriff im Niemandsland, dann im Rücken des Feindes, von keinem Kriegsrecht geschützt, allein auf sich gestellte Einzelkämpfer, auf die an jedem Ast jedes Baums die Schlinge wartete, die man ihnen um den Hals legte, falls man sie griff . . .

Die Brandenburger unterstanden direkt der Abwehr. Sie waren die Haustruppe des geheimnisvollen Admirals Canaris. Die Sondereinsätze, in die man sie hetzte, gewährten ihnen auch eine Sondermoral. Ihr Elitebewußtsein trieb sie vorwärts. Ihre Waffe war der Handstreich, ihr Wahnwitz der Mut. So zogen sie in den Kampf: verblendet, verwegen, verloren . . .

Die Einheit Brandenburg begann als Kompanie und endete als Division. Die Soldaten dieser Sondertruppe erhielten die höchsten Auszeichnungen, trugen die größten Verluste und wurden am seltensten im Wehrmachtsbericht erwähnt. Ihr Entstehen war so abenteuerlich wie ihre Geschichte: die ersten Gruppen rekrutierten sich aus sudetendeutschen SA-Leuten, die Hitlers Einmarsch in die Tschechoslowakei vorbereitet hatten, aus Angehörigen des ehemaligen Jung-Preußen-Bundes und Freikorpskämpfern. Der alte Fuchs Canaris erkannte seine Chance und stellte am 15. Oktober 1939 die erste Baulehrkompanie, genannt Deutsche Kompanie z. b. V., zusammen, die in Brandenburg an der Havel — in der Generalfeldzeugmeister-Kaserne des ehemaligen Brandenburgischen Feldartillerieregiments drei — stationiert wurde. Ende des Jahres waren die Brandenburger bereits ein Bataillon, dem der erste Kommandeur, Dr. von Hippel, die Parole gab:

„Ihr sollt ein Räuberhaufen sein, mit dem man den Teufel aus der Hölle holen kann."

Die freiwilligen Angehörigen der Sondertruppe nahmen sie ernst. In ihrem Hauptquartier, dem Quenzgut bei Brandenburg, das sie die Hexenküche nannten, erhielten sie ihre Spezialausbildung: sie lernten Sprachen, Fallschirmspringen, die behelfsmäßige Herstellung von Sprengstoffen, die Tarnung handlicher Sprengsätze in Füllfederhaltern, Drehbleistiften und Zündholzschachteln. Sie wurden als Pioniere wie als Partisanen gedrillt. Man zeigte ihnen alle Tricks, mit denen man sich im feindlichen Hinterland über Wasser halten kann.

Ihre Feuertaufe erhielten sie am 9. April 1940, als sie als Voraustrupp die Brücke über den Großen Belt sicherten. Beim Überfall auf Norwegen waren die Brandenburger im Rahmen den Unternehmens „Widar" längst vor den regulären deutschen Truppen im Land. Während des Frankreichfeldzuges, der sechsten Armee unterstellt, operierten sie in feindlicher Uniform. Bei Maastricht verbluteten sie umsonst, während sie die Maasbrücke bei Gennep für den deutschen Vormarsch sichern konnten. Im August 1940 wurde die Einheit zum Lehrregiment Brandenburg z. b. V. erweitert. Obwohl die Werbung für diese Sondertruppe wegen der Tarnung behutsam, fast lautlos vor sich gehen mußte, meldeten sich mehr Freiwillige, als die Abwehr zunächst gebrauchen konnte.

Selbst im Fuchsbau am Tirpitzufer mußte man sich fragen: wer sind eigentlich diese Freiwilligen, die sich danach drängen, in selbstmörderischen Einsätzen stückweise verheizt zu werden?

Verblendete Idealisten? Bornierte Nationalisten? Traditionsbefangene Offiziere? Entfesselte Ehrgeizlinge? Verwegene Abenteurer? Hasardierende Landsknechte? Oder einfach Soldaten, die die stahlharte Kameradschaft des „Verlorenen Haufens“ faszinierte?

Die Division Brandenburg war die schillerndste Einheit der deutschen Wehrmacht. Hier stand der Intellektuelle neben dem Arbeiter, der Universitätsprofessor aus Berlin neben dem Bauernjungen aus dem Banat, der Importkaufmann aus Chikago, der sich auf einem Blockadebrecher nach Deutschland durchgeschlagen hatte, neben dem Ortsgruppenleiter aus Sydney, dem Hitlers Krieg wichtiger war als seine Fabrik, der Wissenschaftler aus der Forschungsanstalt neben dem kaukasischen Legionär.

Die Soldaten dieser Einheit kamen aus den widersprechendsten Lagern und hatten die gegensätzlichsten Berufe. Aber sie alle schmolzen unter dem Stahlhelm zusammen zu einem Begriff: Brandenburg . . .

So sah die Garde des Admirals Canaris aus: vom Feind gefürchtet, vom deutschen Generalstab an sämtlichen Brennpunkten des Krieges angefordert. Die Division Brandenburg kämpfte an allen Fronten in drei Erdteilen. Ihre Angehörigen verkleideten sich als arabische Beduinen und als britische Offiziere. Sie sprangen als russische Muschiks weit hinter den sowjetischen Linien ab. Sie sabotierten am Nil, und sie stießen bis in eine Agentenschule hinter dem Ural vor. Sie kämpften im Niemandsland, bei Zwielicht. Die Brandenburger siegten oder starben, und häufig auch beides.

Sie verdursteten in der Wüste Nordafrikas. Sie erfroren in den Eiswüsten Finnlands. Sie verhungerten in den Bergen des Kaukasus. Sie endeten namenlos am Galgen. Sie flogen mit Munitionsdepots in die Luft. Sie wurden in der Uniform des Feindes von den eigenen Kameraden erschossen. Sie verbluteten, wurden aufgefrischt und verbluteten wieder. Sie fielen reihenweise. Ihr Stolz krepierte, aber die Kameradschaft hielt stand, bis sich der Krieg an ihren Leichen sattgefressen hatte und noch darüber hinaus. Sie dienten dem Krieg und wußten nicht, was er ist. Erst als sie ihr junges Leben weggeworfen hatten, erfuhren sie, daß er aus Eiter, Blut, Dreck und Verwesung besteht. Bis dahin war der Weg lang und gemein. Hundsgemein.

Und jetzt, am Vorabend des Rußlandkrieges, beginnt eine der grausamsten Stationen: die Brandenburger sind bereit, einen unsinnigen, unmöglichen, ungeheuerlichen Befehl auszuführen.

Gegen sechzehn Uhr erfährt der Gefreite Sack, daß er heute nacht nicht zu der dunklen Schönheit nach Allenstein, sondern zu dem lauernden Iwan auf der anderen Seite gehen wird. Er flucht, die anderen lachen.

Sie ziehen die russischen Uniformstücke wieder aus und verstauen sie sorgfältig. Vor zehn Minuten kam der Befehl zur Verlegung. Seitdem erlebt Czerny, der Jüngste, alles wie in Trance, wie im Fieber. Sein Blick ist glasig. Er hört die Witze der anderen und versteht sie nicht. Bin ich denn feiger als sie? überlegt er trotzig. Wie können sie hier herumalbern, als säßen sie im Kino, und das Drama auf der Leinwand ginge sie nichts an?

„Na, Jungchen“, wendet sich Jonas an ihn, „kenn’ ich, kenn’

ich . . .“ Er streckt ihm gutmütig die Schnapsflasche hin. „Kleiner, nun kauf dir mal noch für ’nen Schluck Mumm . . .“

Czerny nimmt die Flasche willig wie ein Kind. Das Zeug brennt im Hals. Aber noch stärker brennen seine Gedanken. In ein paar Stunden also. Bewährung . . . Bewährung . . . Bewährung . . . flimmert es in seinem Bewußtsein wie in Leuchtschrift.

Vor einem halben Jahr hat er sich gemeldet. Von der Schule weg. Seiner russischen Sprachkenntnisse wegen kam er nach der Grundausbildung sofort zu Brandenburg. Und jetzt war es soweit. Gott sei Dank, sagt er sich und spürt, daß seine Hände zittern. Ich bin nur schüchterner als die da. Immer schon. Aber das wird sich geben. Den Klassenkameraden ist auch das Lachen vergangen, als ich mich meldete. Und Czerny erinnert sich der Musikstunde, als die Mitglieder entdeckten, daß ein Komponist namens Czerny Klavieretüden geschrieben hatte. Seitdem hieß er der „Pianist“ und zuckte jedesmal zusammen, wenn er den Spitznamen hörte. Wie vor der Front seiner Hitlerjungen, wenn einer auf ihn zukam und sagte:

„Melde Fähnleinführer Czerny . . .“

Denn jeweils traf ihn der eigene Name wie ein Peitschenhieb. Er haßte seinen Vater für den tschechischen Namen. Ich bin doch Deutscher, tobte es immer wieder in seinen Gedanken.

Jetzt lächelte er verkrampft. Wenn ich zurückkomme, dekoriert, sagt er sich, dann spielt der Name keine Rolle mehr. Mit dem EK I kann man heißen, wie man will. Und dann fahre ich nach Hause und zeige diesen Idioten, die im Abitur schwitzen, was ich geleistet habe . . . ich, der Czerny mit dem EK . . .

„Mach schnell“, fährt ihn Unteroffizier Dörner an.

Der Junge greift noch einmal nach der Schnapsflasche, verschluckt sich und hustet.

„Das nächste Mal kriegst du Milch“, verspricht Freß-Sack.

Leutnant Pflug ist eingetreten und beobachtet die Szene. Er winkt den anderen mit den Augen, Czerny in Ruhe zu lassen. Der Lkw steht vor der Tür. Es klappt alles reibungslos. Keiner fehlt. Der Zugführer richtet es so ein, daß er auf dem Wagen neben dem Jungen zu sitzen kommt.

„Hören Sie zu ..." sagt er, „die Hälfte der Einheit bleibt als Bereitschaft hinten ... Einsatz je nach Kampfsituation ... Wenn Sie wollen ..."

„Ich will nach vorn", erwidert Czerny wie ein eigensinniges Kind.

„Sprechen Sie Russisch?"

„Es geht."

„Gut", räumt der Offizier ein. „Melden Sie sich zum Einsatz Dörner." Er lächelt. „Aber ich häng' Ihnen das Kreuz aus, wenn Sie mich angelogen haben."

Die Fahrt ging nach Plaska, zum Gefechtsstand der zehnten Kompanie des Lehrregiments Brandenburg z. b. V. 800. Aber der Ort ist den Soldaten kein Begriff. Genaugenommen wissen sie nicht einmal, ob der Weg lang oder kurz ist. Wenn sie eine Hand frei haben, schlagen sie nach den Fliegen. Heute müssen sich die Insekten noch an die Lebenden halten. Ab morgen früh drei Uhr fünf können sie über die starren Gesichter der Toten krabbeln ...

Der Lkw stoppt. Die jungen Soldaten springen ab. Ein Hauptmann von der Abwehr begrüßt Leutnant Pflug. Erst jetzt erhält der Zugführer die genauen Einsatzbefehle. Dann führt der Hauptmann einen blassen, fahrigen Polen vor.

„Er bringt Sie nach Lipsk ... er stammt aus der Nähe ... aus Dabrowa."

„Zuverlässig?" fragt Pflug.

„Na, groß ist die Auswahl nicht", schränkt der Abwehroffizier ein. „Es geht um die Brücke", fährt er geschäftig fort, „sie ist hundertacht Meter lang, aus Holz ..." Er zieht eine Karte aus der Tasche. „Sehen Sie ... hier, hier ist der Biebrzafluß ... da die Brücke ... ungefähr zwanzig Kilometer hinter der Demarkationslinie ... Nehmen Sie nicht mehr Leute als unbedingt nötig."

Pflug nickt.

„Nach Möglichkeit nicht vor drei Uhr fünf schießen."

„Danke für den Ratschlag, Herr Hauptmann", erwidert Pflug sarkastisch.

„Ja, ich weiß schon . . ."

„Dieses Kommando übernehme ich selbst", sagt der Leutnant abschließend. Er dreht sich nach dem Führer um. „Du Polski?"

Der Pole nickt lebhaft.

„Sprichst du Deutsch?"

„Nix gut."

„Er mag die Russen nicht", schaltet sich der Hauptmann ein.

Der Pole fuchtelt mit der Faust in Richtung Osten und antwortet mit einer Flut von Verwünschungen.

„Na also", sagt Pflug gut gelaunt.

Während die beiden Offiziere den Einsatz besprechen — zwei Stoßtrupps gegen eine ganze Armee —, steht in der Mannschaftsunterkunft die Schnapsflasche still. Der Alkohol schmeckt nach Fusel, und das ist der faule Atem des Heldentods.

Die seltsame Anspannung macht sich mit jeder Sekunde breiter, wird unheimlicher. Das wissen sie alle: erstens brauchen sie ihre fünf Sinne; zweitens barbarischen Mut; drittens unvorstellbares Glück . . .

Sie sind in einem ausgeräumten Schulzimmer. Ihre Köpfe fahren automatisch zur Tür, sooft sie aufgeht. Das ist die Atmosphäre im Klassenzimmer . . . des Todes.

„Wie hoch ist eigentlich die Quote . . . der . . . ?" fragt Czerny und bricht unsicher ab.

„Der . . . was?" fragt Freß-Sack gereizt.

„Der . . . Überlebenden?" ergänzt der Achtzehnjährige.

„Scheißegal", brummelt Jonas, „Hauptsache, du bist dabei."

Die Zeit verrinnt träge, staut sich, als ob ihr Abflußrohr verstopft sei. Der Abend will nicht kommen. Ob der Morgen kommen wird?

Unteroffizier Dörner geht hinaus, läuft durch das Dorf, vorbei an den anderen, die morgen früh um drei Uhr fünf zum Sturm antreten werden. Stunden nach ihm.

Er kommt fast gleichzeitig mit Leutnant Pflug im Schulzimmer an. Für eine Viertelstunde nimmt ihm die Einteilung die Gedanken ab.

„Wer meldet sich freiwillig?" fragt der Offizier.

Sie strecken alle den Arm hoch wie folgsame Schüler, auch wenn sie die Antwort nicht wissen. Alle kann der Lehrer nicht auf einmal fragen. Alle werden nicht krepieren . . .

Nur jeder zweite muß nach vorn. Die zurückbleiben können, schämen sich.

Kurz vor Mitternacht startet der erste Trupp unter Führung des Leutnants. Er muß auf den gefährlichsten Weg. Der zweite Trupp hat noch eineinhalb Stunden Zeit und verwünscht sie.

Kurz vor dem Abmarsch kommt es noch zu zwei Zwischenfällen: man drückt den Männern in russischer Uniform . . . deutsche Waffen in die Hand.

„Holt euch die russischen drüben", rät Leutnant Pflug.

Dann macht der polnische Führer schlapp. Er will die Uniform der Rotarmisten nicht anziehen. Er fuchtelt mit den Fäusten. Er schreit. Er schüttelt den Kopf. Er hat es leicht. Er ist nicht bei Brandenburg. Er darf seine Angst offen zeigen.

„Trink erst mal, mein Sohn", sagt Leutnant Pflug und reicht ihm den Schnaps.

Er gibt den Umstehenden einen Wink. Sie torpedieren den Polen mit Alkohol. So schaffen sie es. Fast willenlos läßt er sich am Schluß die erdfarbenen Klamotten überziehen.

„Macht's gut!" rief der Zugführer seinen Leuten zu.

Zu einem Händedruck ist die Zeit zu knapp geworden . . .

Drüben ist es ruhig. Die Russen schlafen. Oder tarnen sie sich auch? Durch das Nachtglas erfaßt man gelegentlich die Silhouette der Posten. Wissen sie etwas von dem Überfall? Sind sie gewarnt?

Leutnant Pflug setzt gleichgültig das Glas ab. Neben ihm atmet der Pole schwer. Dahinter Freudenreich und Sack. Vier Mann gegen eine Brücke, die zwanzig Kilometer weit im

Hinterland liegt. Ein Infanterieoffizier hat sie nach vorn gebracht. Sie stehen vor den Pfählen der Demarkationslinie und lauern. Die Luft riecht nach Heu und Sumpf. Irgendwo zirpen Grillen.

„Los!" Zischt er seinen Leuten zu.

Sie huschen lautlos und schnell durch ein Drahtloch . . . zur Übermacht. Ein paar Schritte. Eine erste Rast. Umsehen. Nichts rührt sich. Doch, da. Unter den Bäumen. Schatten.

Pflug umfaßt den Kolben der Maschinenpistole. Manchmal gehen die Drecksdinger von selbst los. Irgend etwas mit der Sicherung funktioniert nicht. Es darf nicht sein. Schießverbot bis drei Uhr fünf früh. Nach Möglichkeit . . . Der junge Offizier ist erleichtert. Auf Schatten braucht er nicht zu schießen. Nicht auf die Spukgestalten seiner Nerven. Er hat ja keine Nerven. Geburtsfehler . . .

Sie durchqueren das Wäldchen. Abstand zehn Meter. Einer hinter dem anderen. Voraus jetzt der Pole. Seine Pupillen glänzen fiebrig. Seine Hände zittern. Jeder Meter ist zum Platzen mit Angst gefüllt. Furcht vor dem deutschen Leutnant, der ihn vorwärts treibt. Höllenangst vor den Russen, die ihm entgegenstarren.

Für die ersten fünfhundert Meter brauchen sie eine Stunde. Dann gehen sie aufrecht. Anschleichen zwecklos. So schaffen sie die zwanzig Kilometer nie. Sie müssen es darauf ankommen lassen. Der Pole spricht Russisch. Aber er würde bei einer Begegnung vor Schreck kein Wort herausbringen. Leutnant Pflug beherrscht zweihundert Worte, vielleicht auch zweihundertfünfzig.

Es geht gut. Unglaublich gut. Die Russen schlafen wirklich. Sie erreichen ein Gehöft und umgehen es, kommen wieder auf die Straße, holen zügig aus. Die Erleichterung ist töricht. Von irgendwoher wehen Klänge eines melodischen, traurigen Liedes. Pflug wundert sich flüchtig, daß Bolschewiken so schöne Stimmen haben können.

Ein paar Schritte noch, dann steht er starr. Aus dem Graben rechts der Straße quellen Konturen, werden größer. Auch die anderen, die keinen Geburtsfehler haben, wissen, daß es nicht die Nerven sind . . . sondern die Russen.

„*Stoj!*" ruft ihnen der vordere zu.

Der Leutnant geht ihm langsam entgegen.

„*Parol?*" fragt der Rotarmist.

Der Offizier erwidert irgendein russisches Wort.

„*Njet*", antwortet der Iwan.

Vier Mann, registriert Pflug . . . und Schießverbot.

Sie stehen sich gegenüber. Die Russen starren sie mißtrauisch an, reden auf sie ein. Der Pole zittert vor Angst. Leutnant Pflug ist am Ende mit seinem Sprachschatz. Freudenreich grinst dämlich. Freß-Sack entsichert die MP.

„Spezialauftrag", sagt der Zugführer auf russisch.

Der Iwan schüttelt den Kopf.

„Ihr kommt mit", sagt er, „zum Kommissar . . ." Er winkt den vieren, ihm zu folgen.

„Das geht nicht", entgegnet Pflug.

„*Tichij!*" schreit ihn der Russe an, „Ruhe!"

Die vier Rotarmisten nehmen sie in die Mitte. Noch glauben sie, Kameraden vor sich zu haben, die sich vermutlich von ihrer Einheit wegstahlen, um etwas zu organisieren.

„Weit?" fragt Leutnant Pflug.

„Achthundert Meter", entgegnet der Sowjetsoldat grimmig.

Der Pole geht mit taumelnden Schritten, stolpert mit den Beinen eines Mannes, der auf den Galgen zugeht. Mach doch etwas, Leutnant, denkt Freudenreich . . . Gut, daß ich kein Offizier bin, redet sich Freß-Sack ein und ignoriert die Situation.

Noch siebenhundertfünfzig Meter. Pflugs Verstand arbeitet wie ein Uhrwerk. Sie werden uns abliefern. Bei einer russischen Kompanie. Zwei Minuten später wissen sie, daß wir keine Rotarmisten sind. Fünf Minuten später hängen wir am nächsten Baum. Die Brücke, denkt er, der Befehl . . .

Er bleibt etwas zurück.

„*Pascholl!*" stößt ihn einer der Iwans an, „vorwärts!"

Schießverbot, überlegt er, Scheißverbot!

Er greift einen Moment nach der Pistole, wie um den Riemen nachzufassen. Seine Hände sind eine Winzigkeit schneller als sein Kopf. Seine Lippen werden zu einem schmalen Strich. Sonst bleibt er ruhig, kalt. Finger am Abzug. Durchdrücken!

Dem linken Iwan fährt eine halbe Garbe der MP in den Leib Der andere Rotarmist dreht sich fassungslos herum, sackt mit dem Gesicht vornüber, das ein ungläubiges Staunen festhält.

Sack und Freudenreich haben sich zu Boden geworfen. Es geht blitzschnell. Mord aus Notwehr. Pflugs MP zerreißt die Nacht, erfaßt den dritten Iwan. Der vierte läuft davon, fällt, kommt wieder auf die Beine, erreicht die Deckung, schlägt sich durch.

„Verdammte Scheiße!“ sagt Freudenreich.

„Ging nicht anders“, erwidert Pflug gepreßt.

Der Pole steht wie benommen. Langsam versteht er, was vorgefallen ist. Die Erleichterung macht ihn rasend. Er schlägt mit Beinen und Fäusten auf einen der erschossenen Sowjetsoldaten ein.

„Los!“ Pflug reißt ihn mit.

Rufe schwirren durcheinander. Leuchtkugeln zischen hoch. Die Nacht greift mit tausend Armen nach ihnen. Sie hasten vorwärts. Die Lunge sticht. Die Knie zittern. Der Blick flackert. Vorwärts! Schneller! Hinlegen, aufstehen, robben, kriechen, ein geschlossener Sprung. In die Nacht. In das Nichts.

Gutgegangen. Weiter! Truppenübungsplatz auf Leben und Tod. Sechzehn Kilometer noch, quer durch die feindlichen Linien, gesucht, gejagt, gehetzt . . .

Sie werfen sich hin. Verschnaufen. Ganz in der Nähe hören sie russische Kommandos. Vorwärts, denkt Leutnant Pflug und steht wieder auf. Der Pole will nicht mehr. Freudenreich und Sack haken ihn unter, treiben ihn vorwärts. Lastautos fahren vorbei. Soldaten springen ab. Hunde bellen. Taschenlampen blitzten auf.

Sie kauern im Graben einer Wegkreuzung. Leutnant Pflug starrt ratlos die Karte an.

„Wohin?“ fragt er den Polen.

Er schüttelt den Kopf.

Pflug schlägt ihm ins Gesicht, so fest er kann.

„Wohin?“ zischt er ihn an.

„Geradeaus“, wimmert der Mann.

„Gut“, antwortete der Offizier.

Sie stolpern wieder los. Quer durch die Nacht. Über Stock und Stein. Hinter ihnen Russen. Links von ihnen Russen. Rechts von ihnen Russen.

Von Russen besetzt die Brücke, die sie nehmen und halten sollen . . .

Auch die Gruppe Dörner ist gut durch die vorderste russische Linie gekommen. Der Unteroffizier aus Oberschlesien und seine sieben Mann stahlen sich durch ein Loch im Drahtzaun auf den Schleichweg der Hölle. Die Nacht deckte sie wie ein tiefdunkler Witwenschleier. Sie krochen Zentimeter um Zentimeter durch das Niemandsland. Die doppelte Uniform — am Leib die deutsche, darüber die russische — scheuerte am schweißnassen Körper. Sie ließen den Sumpf zur Linken liegen und drückten sich rechts an den sowjetischen Vorposten vorbei.

Jetzt, am 22. Juni 1941, ein Uhr dreißig, stehen sie im Rücken einer russischen Pionierkompanie. In zweieinhalb Stunden wird ihr Operationsgebiet genau die Hauptkampflinie sein. Noch viel Zeit bis dahin, trösten sie sich der Reihe nach.

Sie ahnen nicht, daß inzwischen in den russischen Feldstellungen die Drähte glühen. Warnung vor deutschen Agenten in russischer Uniform. Die Schüsse des Leutnants Pflug verübten Selbstverrat. Zwangsläufig. Die Parole wird geändert. Man schärft den russischen Vorposten ein, sich von Soldaten in sowjetischer Uniform nicht täuschen zu lassen. So ist das rückwärtige Gebiet, in das Dörner vorstoßen muß, ein einziger Hexenkessel.

Seine Gruppe erreicht die Straße. Jonas sichert. Czerny ist Schlußlicht. Dörner hebt den Arm.

Genau in diesem Moment rumpeln auf der Straße die Motoren los. Der Unteroffizier will nach hinten ausbrechen. Da hört er russisches Stimmengewirr. Bleibt nur Bluff, denkt er schnell und geht auf die Straße. Seine Leute folgen ihm, drei Meter Abstand, einer hinter dem anderen . . . im Gänsemarsch des Schicksals, Blick am Boden oder im Nacken des Vordermanns.

Von hinten rollt eine motorisierte Einheit heran: Soldaten auf Krädern, Lastwagen mit Iwans, in der Mitte ein offener Schützenpanzerwagen, am Schluß wieder Kräder. Czerny will auf einmal wie gebannt stehenbleiben. Dann setzt er mechanisch Fuß vor Fuß. Jonas spürt, wie die Zunge im Mund gefühllos wird, ledrig. Dörner hebt den Kopf und sieht nach links. Die Iwans starren ihn an. Er erkennt einen Unterleutnant und grüßt zackig. Der Offizier erwidert die Ehrenbezeugung im Vorbeifahren. Ein paar Rotarmisten winken ihnen vom Lastwagen aus zu. Der Spuk dauert nur ein paar Sekunden.

„Die werden sich noch wundern“, sagt Jonas, der Prophet, grinsend.

Ein Blick seines Gruppenführers läßt ihn verstummen. Sprechverbot. Kein deutsches Wort auf dem Anmarschweg zum Einsatzziel: die Brücke von Siolko.

Drei Kilometer noch, überlegte Dörner. Jetzt querfeldein. Links die Biegung, rechts muß die Brücke liegen. Er gibt den anderen ein Zeichen. Sie huschen von der Straße. Ihre Körper verwachsen wieder mit den Schatten der Nacht. Eine Mulde. Ein Tümpel. Sie waten durch. Jonas fällt lang hin, flucht. Keiner lacht . . .

Bevor sie noch die Stimmen im singenden Tonfall der Ukrainer hören, sehen sie die Glutasche der Zigaretten. Sie erstarren. Jede Bewegung wird zur Zeitlupe. Unendlich langsam suchen sie Deckung, blicken nach vorn.

Diese Schweine, denkt Jonas, dürfen rauchen! Seine verkrampfte Hand fährt über die Tasche mit den Zigaretten. Mit einem mißgünstigen Blick streift er Czerny. Der hat's gut, der ist Nichtraucher. Der weiß nicht, wie das ist. Die Angst und der Mut des Gefreiten, seine Erregung wie seine Ergebenheit schmoren auf eine Zigarettenlänge zusammen. Wartet nur, denkt er, hinterher, wenn alles vorbei ist, zwei steck' ich mir in den Mund! Drei auf einmal! Und rauche, rauche, rauche . . . .

Wie viele Stimmen? überlegt der Unteroffizier vor ihm. Wie viele Männer? Zu dumm, knapp vor dem Ziel! Eine russische Stellung? Oder bloß ein Doppelposten? Er sieht auf die Uhr. Es ist noch Zeit. Viel zuviel Zeit eigentlich. Dörners unheimliche Ruhe überträgt sich auf die Leute.

Hinten, vor dem Einsatz, gingen sie ihm aus dem Weg, denn er ist ungesellig, fast schroff. Jetzt aber bitten sie es ihm ab. Dabei ist der Mann aus Oberschlesien gar kein alter Brandenburger. Genaugenommen stieß er erst vor ein paar Wochen zu ihrem Haufen.

Unfreiwillig meldete er sich freiwillig.

Seine Einheit war verlegt worden. In die Nähe von Glogau, seiner Heimatstadt. Der Chef gewährte ihm drei Tage Sonderurlaub. Eva, mit der er seit einem Jahr verheiratet war, hatte ihm geschrieben, daß sie ein Kind erwarte. Er lächelte, als er auf seine Wohnung zuging. Er überrannte seinen eigenen Atem. Er hatte nicht telegrafiert. Er wollte sie überraschen. Er malte sich Evas Gesicht aus, ihre Augen, ihr Lächeln. Sie war anders als er, lustiger, lebensfroher. Dörner brauchte eine Frau wie sie. Denn er war schwerfällig, umständlich fast.

Das alles schoß dem Unteroffizier durch den Kopf. Er rechnete aus, wie viele Stunden, Minuten und Sekunden drei Tage haben. Er stand vor der Haustür und verschnaufte. Der Finger, schon am Klingelknopf, zuckte zurück. Nein, dachte er, nicht mitten in der Nacht läuten, das würde sie erschrecken. Er hatte ja den Schlüssel immer bei sich. Wenn die anderen Kameraden mit ihren albernen Weibergeschichten schwadronierten, dann faßte er ihn gelegentlich an und lächelte vor sich hin.

Noch immer knarrten die fünfte und die sechste Stufe der

Treppe. Erster Stock. Ach so, Frau Häupling war in der Zwischenzeit gestorben. Eine nette, alte Frau, schade. Na ja ... Noch eine Treppe.

Er stand vor seiner Wohnungstür. Er las seinen eigenen Namen. Er buchstabierte ihn. Dreimal. D-ö-r-n-e-r. In diesem Moment konnte er sich keinen schöneren Namen vorstellen. Und Eva hieß genauso, spürte er beglückt.

Er sperrte auf. Leise trat er ein. Auf Zehenspitzen näherte er sich dem Schlafzimmer. In der Diele war etwas umgestellt worden. Er stieß im Finstern dagegen. Er mußte Licht anmachen.

Und dann war es aus. Mit einem Schlag. An der Garderobe hing die Uniform einer anderen Waffengattung. Dörner begriff nichts. Er starrte auf den Waffenrock mit der Litze des Unteroffiziers um den Kragen. Die gleiche Litze trug auch er. Aber der andere hatte hier nichts zu suchen. Und er war bei Eva.

Dörner ging. Mit schweren Schritten. Drinnen rührte sich etwas. Er hörte Geflüster. Als er schon den Treppenabsatz erreicht hatte, sah er sie. Eva. Sie starrte ihn betroffen an, hielt sich die Hand vor den Mund. Nie würde er ihren Blick vergessen.

Er knallte die Tür hinter sich zu. Er polterte die Treppe hinunter. Er lief ziellos durch die Stadt. Er landete am Bahnhof. Viel zu früh. Er kauerte auf einer Bank. Die Küsse, die Eva dem anderen gegeben hatte, brannten in seinem Gesicht wie Ohrfeigen.

Dann nahm er den ersten Zug und fuhr zurück zu seiner Einheit. Er sagte kein Wort. Sie schüttelten den Kopf. Sie hatten ihn auch so verstanden. Hinter seinem Rücken tuschelten sie. Nicht bösartig, eher mitleidig. Aber er hielt das nicht aus.

Zufällig war am gleichen Tag eine Kommission bei seinem Bataillon, die Freiwillige für das Regiment Brandenburg auswählte. Gesucht wurden junge, drahtige Burschen, die zu allem bereit waren, nicht viel fragten und blitzschnell handeln konnten. Fehlanzeige. Keiner wollte weg von der Einheit, die zwei Feldzüge zusammengeschweißt hatten. Der Panzerkommandeur lächelte süffisant. Der Werbeoffizier versteckte oberflächlich seinen Mißmut. Schon wollte er sich zum Gehen wenden, da trat einer vor: Unteroffizier Dörner.

Er wurde genommen. Er ließ alles über sich ergehen, phlegmatisch, fast gleichgültig: die Spezialausbildung, die Latrinenparolen, die Schilderungen der neuen Kameraden. Es war ja alles unwesentlich geworden. Das Leben. Der Krieg. Der Einsatz. Selbst Eva. Er wollte nichts mehr mit ihr zu tun haben. Er schüttelte alle Gedanken an sie ab. Nur, daß sie gelegentlich, wie jetzt, schmerzten, das konnte er nicht ändern.

Unsinn, denkt Dörner und konzentriert sich auf den Feind. Zweihundert Meter, vielleicht dreihundert. Zwei Stunden noch bis zum Einsatz. Zu früh zum Überfall ... und vielleicht dann doch zu spät, um die Sprengung der Brücke zu verhindern.

Während der Gruppenführer noch überlegt, faßt der kleine Czerny einen Entschluß. Der unsichtbare Feind hatte seine Sinne vollends aufgerieben. So sieht der Achtzehnjährige jetzt hinter jedem Baum einen Russen, hinter jedem Busch ein sowjetisches MG. Am liebsten würde er wild in die Dunkelheit hineinfeuern. Auf einmal haßt er die Nacht, den Einsatz ... und sich, weil er fürchtet, beim erstenmal schlappzumachen. So will er sich, aus der Unsicherheit heraus, in die Courage flüchten. Mit einem Schlag. Er muß seinem „inneren Schweinehund" den Rückweg abschneiden.

Czerny robbt an Dörner heran, hält die Hand vor den Mund, flüstert:

„Wir müssen sehen, was da los ist . . ."

Der Unteroffizier nickt zerstreut.

„Melde mich als Späher."

„Quatsch!" wehrt der Stoßtruppführer ab.

„Ich spreche prima Russisch ... wenn sie mich schnappen ... kann ich immer noch . . ."

Natürlich, denkt Dörner, es ist richtig ... Aber warum soll

ausgerechnet der Jüngste die Kastanien aus dem Feuer holen? Er sieht in das zuckende, erregte Gesicht des Jungen und hebt die Schultern.

„Gut“, sagt er, „aber sei um Gottes willen vorsichtig.“

Die anderen sehen ihm nach, wie er gekonnt von Baum zu Baum hastet, mit dem Schatten verwächst, wie er die Nacht wie ein Tarnhemd nutzt, sich lautlos an die russische Stellung heranpirscht. Eine Papirossykippe fliegt im hohen Bogen durch die Nacht. Jonas fährt sich mit der Zunge über die trockenen Lippen. Der Junge entschwindet aus ihrem Blick. Von nun ab müssen sie mit den Ohren sehen. Czerny macht es geschickt. Ganz selten hören sie ein Geräusch, so, wie wenn sanfter Wind über die Hecken striche.

Mach's gut, denkt Dörner mit der Inbrunst eines Gebets. Warten, nichts als warten. Horchen. Nichts zu hören. Auf die Uhr sehen. Blödsinniger Zeiger. Das Zifferblatt klebt wie Sirup.

Nach zwanzig Minuten hat Czerny hundertfünfzig Meter geschafft. Schon erkennt er Konturen. Acht, neun Russen. Eine schlampige Infanteriestellung. Er schiebt sich näher heran. Die verlegen ja die Stellung, denkt er, nach hinten. Großartig!

Er könnte, er müßte zurückgehen. Aber er will ganz dicht heran. Vielleicht meldet der Unteroffizier danach seinen Einsatz, und er bekommt gleich beim erstenmal das EK.

Noch fünfzig Meter. Ganz klar jetzt die Sicht. Elf Mann.

Czerny schleicht weiter, geduckt, schneller, unvorsichtiger. Das Fieber ist wieder da. Aber diesmal anders. Die Angst ist weg. Der Achtzehnjährige erhebt sich über die eigene Furcht. wie großartig ist das, denkt er . . .

Und dann bremst ihn eine Baumwurzel. Er will den Sturz auffangen. Aber es wird nur schlimmer. Er schlägt schwer gegen den Boden, starrt nach vorn, blickt zu den Russen.

Zwei stehen auf, sehen in seine Richtung, unschlüssig, ob sie näher kommen sollen. Ein dritter ruft ihm etwas zu. Czerny macht sich klein, winzig. Er kauert wie festgeklebt am Boden.

Dreißig Schritte noch. Jetzt sind die Russen schon zu viert. Zu fünft. Zehn Meter noch.

Da springt der Junge auf, geht auf sie zu.

„Ihr da“, ruft er auf russisch, „ich hab’ mich verlaufen.“

Sie betrachten ihn mit ausdruckslosen Gesichtern.

„*Parol?*“ ruft der vorderste.

Czerny schüttelt den Kopf.

Auf einmal umringen sie ihn, zerren ihn weiter, zu ihrer Stellung.

„Wo kommst du her?“ fährt ihn einer an.

„Von vorn“, erwidert der Junge.

„Welche Einheit?“

Frage auf Frage. Und da ist der Verdacht. Auf einmal halten Czerny starke Bauernfäuste fest. Er schlägt wild um sich, will sich dem Griff entziehen. Seine russische Uniformbluse verschiebt sich im Handgemenge. Die Iwans sehen ein Stück der deutschen Uniform.

Pfiffe. Rufe. Und da kommt der Mann mit der Lederjacke. Der Kommissar.

Nur die Kameraden nicht verraten, denkt Czerny, nur nicht. Dann spürt er Schläge. Fußtritte. Sie reißen ihm die MP von der Schulter. Dann Kommandos auf russisch. Er versteht sie, aber begreift sie nicht. Die Lederjacke deutet auf einen Baum. Ein Rotarmist kommt mit einem Stück Telefonkabel. Das nicht, denkt Czerny und will sich wieder losreißen. Sie stürzen sich auf ihn. Keuchend brüllt der Junge, der sich bewähren wollte:

„Nein . . . ! Nein . . . !“

Die Nacht wirft das Echo gespenstisch zurück zu Unteroffizier Dörner und seinen Leuten.

Verzerrt, schaurig, durchdringend erreicht sie der letzte Notschrei ihres Kameraden . . .

Der Schrei, den der verzerrende Wind herüberträgt, hat nichts Menschliches mehr an sich; dieses schrille, entfesselte, gewürgte Gebrüll läßt die Männer der Gruppe Dörner das Geschehen miterleben, als ob es an ihnen vollzogen würde. Sie krallen sich in das sumpfnasse Gras. Sie schließen die Augen. Ein Tier stöhnt so in der Todesfalle. Oder eine Mutter, deren Kind überfahren wird.

„Nein!" kommt es von drüben, „das dürft ihr nicht! ... Laßt mich!"

Der Schall verweht die Funken der letzten Lebensgier zu Silben des Wahnsinns. Dabei soll Czerny doch gar nicht deutsch sprechen, denkt Jonas, der Prophet, russisch nur, bloß russisch! Dieser Idiot! Er kennt doch den Befehl. Nun hat er's. Nun geben sie es ihm. Nun machen sie ihn fertig ...

Im ersten Impuls möchte Unteroffizier Dörner aufspringen, hinüberstürmen und wie ein Berserker um sich schlagen, stoßen, stechen, schießen, hauen, treten. Sollen wir doch alle draufgehen, tobt es in seinem Blut. Was macht's schon? Sollen sie ihre Scheißbrücke sprengen. Soll geschehen, was will ... nur das nicht. Das doch nicht! Das ist schlimmer als alles andere. Gemeiner. Dreckiger.

Aber Dörner bleibt liegen. Starr, wie gestorben. Der Befehl nagelt ihn fest. Die Vernunft preßt ihn auf die Erde. Diese gnadenlose, kaltblütige, irrsinnige Vernunft! Das Oberkommando erwartet, daß er eine Brücke besetzt. Das spart Blut, lehrte man ihn vor dem Einsatz. Und das Blut von Czerny?

Das Geschrei wird leiser, kommt jetzt gedämpfter herüber, wie gefiltert. Darüber liegen gutturale Stimmen, im singenden Tonfall der Ukrainer, Vokale, die an seltsamen Zischlauten aufgereiht werden. Einer der Iwans lacht, hysterisch vielleicht. Aber es ist Jonas, als ob ein scharfes Messer an seinem blanken Nerv sägen würde. Er preßt beide Hände gegen seine Ohren, drückt den Kopf in den glucksenden Boden. Aber es wird nur noch schlimmer, deutlicher, klarer ...

Der Obergefreite Fink neben ihm legt sich auf den Rücken und starrt mit fahlem, verzerrtem Gesicht nach oben, als ob von da noch Hilfe kommen könnte. Seine Augen sind wie aus Stein. Für Sekunden verfällt jedes Leben in seinen Zügen. Blau und eckig treten die Adern an den Schläfen hervor. Die blassen Lippen zucken, langsam zunächst, immer schneller, rasender.

Er fährt mit der Hand an die Kehle, als spüre er den Strick, den sie einem anderen, einem Kameraden, in diesem Moment um den Hals legen.

Vielleicht haben ein paar von den Iwans sogar Mitleid mit Czerny. Oder sie stehen herum, rauchen, unterhalten sich banal, weil *sie* nicht zu baumeln brauchen. Und der da drüben, der kleine Czerny, der blonde Junge, ist einer von uns, spricht unsere Sprache, trägt unsere Uniform.

Unsere Uniform? Wir haben ja dieses verfluchte Russenzeug am Leib. Diese stinkigen Scheißklamotten! Und deswegen stirbt er ja, wir wir, wenn sie uns fassen. Im Namen des Rechts. Des Kriegsrechts. Aber der lodernde Haß, der plötzlich in ihm aufsteigt, fragt nicht danach.

„Wenn sie ihm was tun . . . wenn sie ihm ein nur Haar krümmen . . ." murmelte Fink und vollendet in Gedanken: fünf von ihnen bring' ich um, zehn . . . eine ganze Kompanie mach' ich kalt. Mit der bloßen Hand . . .

Die Nerven? Halluzinationen? Äste knacken. Laub raschelt. Dann ein Geräusch, als ob ein schwerer Körper gegen einen Baumstamm schlägt.

Jonas dreht durch. Er springt auf. Er wirft sich neben Dörner, den Gruppenführer, rüttelt ihn an den Schultern. Der Mann reagiert nicht. Da stößt der Prophet ihn derb mit der Faust in die Rippen.

„Hör zu", gurgelt er, „das kannst du nicht zulassen . . . wir müssen . . ."

Der Unteroffizier schweigt. Sein Blick ist so gehetzt wie traurig.

„Feiger Hund!" zischt ihn Jonas an. „Wir können ihn doch nicht verrecken lassen . . ."

Er dreht sich nach den anderen um. Sie kauern in einer Mulde wie in einem Massengrab.

„Dann mach' ich's allein!" sagte er halblaut und springt auf.

Zwei Sätze nur. Dann folgt ihm Dörner, reißt ihn zurück, wirft ihn zu Boden. Für Sekunden ist jede Vorsicht weggetreten. So lange hassen sie einander wie die Russen, die den kleinen Czerny töten. Sie wälzen sich im Gras. Der Prophet kommt nach oben. Seine Hände schnappen wie eine Greifzange nach der Gurgel des Gruppenführers, pressen sich zusammen und würgen, würgen.

Sie drehen sich beide. Dörner kommt frei, schlägt mit der Hand dem Kameraden ins Gesicht. Jonas spürt es wie eine Barmherzigkeit.

„Idioten!" knirscht Fink, „alle beide . . ."

Drüben ist es jetzt still, totenstill.

Hören sie nicht noch ein Röcheln? Noch ein Stöhnen, das zu einem langen Todesseufzer ausholt?

Nichts ist mehr zu hören, nur der sanfte Wind, der in den Blättern raschelt. So, als ob die Natur über den Menschen, den sie erfreuen möchte, seufzen wollte. Sie liegen und warten, hoffen und verzweifeln.

Jetzt kommen von drüben Kommandos, Schritte. Ein paar Spatenschläge.

Unteroffizier Dörner sieht wieder auf die Uhr. Noch zwanzig Minuten Zeit. Jetzt ist er dankbar dafür. Nur nicht so schnell hinübergehen, nur nicht so bald sehen müssen. Er bereut, daß er sich nicht über diesen Befehl hinwegsetzte, daß er nicht eingriff, daß diese gottverfluchte Vernunft die Oberhand behielt.

Der Obergefreite Fink dreht sich wieder herum, stützt sich schwer auf die Ellenbogen. Auf einmal ist er entspannt, töricht erleichtert. Ist doch alles Unsinn, überlegt er, Nervensache . . . schon lange nicht mehr im Einsatz gewesen. Freilich, geschnappt haben sie ihn, geschlagen werden sie ihn haben, ein bißchen gefoltert, um ihm die Zunge zu lockern. Und jetzt bringen sie ihn zurück, zu ihrer Auffangstelle, vernehmen ihn wieder. Und dann kommen wir und hau'n ihn heraus. Wie immer. Gelernt ist gelernt.

Und Czerny wird in die Kamera lächeln, daß die PK mit ihm zufrieden ist. Und er wird einen Orden kriegen. Und nach Hause fahren, zu seiner Mutter. Sonderurlaub wegen Tapferkeit. Herrjeh, ist das ein Leben! Und so leben wir, leben wir alle Tage ... wir hier, von Brandenburg, dem tollsten, dem verwegensten Haufen der deutschen Wehrmacht!

Und der kleine Czerny wird ein wenig verlegen seine Mutter küssen und dann sein Mädchen suchen. Er wird sie in die Arme reißen, daß es fast weh tut. Er wird sie an sich pressen, daß die Luft wegbleibt. Und sie wird ihn abwehren und er lächeln. Und sie ist wie er, jung, frisch und voller Sehnsucht. Und die Wand fällt, der Boden sinkt, und die Erde wird zur Drehscheibe, die wahnsinnig schnell rotiert. Und sie halten sich fest, ganz fest, und pfeifen auf die Welt, weil sie einander haben.

Sicher hat er ein Mädchen, denkt Fink, jetzt schon ganz bestimmt, wo er ein Mann, ein Kerl geworden ist. Der Obergefreite lächelt vor sich hin. Die Entspannung ist so wohlig, daß er müde wird. Am liebsten würde er einschlafen. Ausgerechnet jetzt, vor dem Einsatz. Er schüttelt über sich selbst den Kopf. Komisch, daß man immer alles zur falschen Zeit möchte, überlegt er ...

Langsam flaut auch in Jonas die Erregung ab. Aber er kann nicht mehr stilliegen, so dakauern. Er muß etwas tun, etwas Irrsinniges, etwa Verbotenes. Ich muß euch zeigen, daß der Prophet noch da ist und sich nicht einschüchtern läßt, fiebert er. Vielleicht geh' ich hinüber und leg' ein paar Russen um. Oder ich halte die Brücke. Ganz allein. Etwas muß ich tun. Bloß nicht abwarten ...

Gut, denkt er und langt in die Tasche, reißt eine Zigarette heraus, hält nicht einmal die Hand vor das brennende Streichholz. So, überlegt Jonas, da habt ihr's!

Scheiß' auf eure Verbote!

Unteroffizier Dörner hebt den Arm und sagt zischend: „Fertigmachen ...!"

Wie Leutnant Pflug den Weg zur Biebrzabrücke bei Lipsk schaffte, weiß er jetzt selbst nicht mehr. Er lief quer durch den sowjetischen Hexenkessel nach der militärischen Binsenweisheit, daß der gerade Weg der kürzeste sei. Er wußte, daß er keine Chance hatte. Nur wer so verzweifelt ist, daß er alle Hemmungen beiseite lassen muß, konnte durchkommen.

Der junge Offizier ging voraus. Sack und Freudenreich folgten ihm wie demütige Schatten. In fast regelmäßigen Abständen machte der polnische Führer schlapp. Aber ein Tritt in den Hintern half ihm immer wieder auf die Beine.

Und dann die Russen. Vorn, hinten, links, rechts. Die Hölle war ausgebrochen und tobte los. Und gerade das kam Pflug zu Hilfe. Die Iwans jagten einander selbst. Jeder hielt jeden für verdächtig, ein deutscher Saboteur zu sein. Einmal beschossen sich zwei Einheiten, dann wieder wurden die vier verfolgt, torkelten, taumelten, stolperten mit stechenden Lungen vorwärts, fielen, standen auf, rissen sich mit. Der zwanzig Kilometer lange Weg durch das feindliche Hinterland zahlte die endlose Strecke mit Blasen an den Füßen heim.

Sechs Kilomter vor dem Ziel blieb es auf einmal ruhig. Unheimlich ruhig. Der russische Sperrkreis, in dem die Deutschen vermutet wurden, lag hinter ihnen. Leutnant Pflug, der Mann ohne Nerven, begriff es sofort und feixte. Er war aus dem Holz geschnitzt, das der Krieg sich wünschte.

Jetzt liegt er in einer Böschung und sucht mit dem Glas die Nacht ab. Im Osten zeigt sich der Anflug des ersten Silberstreifens. Wenn er voll am Himmel steht, geht es los. Das Unternehmen Barbarossa. Der Feldzug gegen Rußland. Der Sturm in den Fall. Nie in der Militärgeschichte sollte eine größere Niederlage mit einem rasanteren Vormarsch beginnen.

„Gut“, sagte Pflug zu seinen Leuten in einem Tonfall, als ob er sich selbst auf die Schulter klopfen wollte.

Vor ihm liegt die Brücke. Unbesetzt. Was ist doch der Iwan für ein kläglicher Soldat? Was verstehen die überhaupt vom Krieg? Lächerlich, daß wir so viel Aufhebens von ihm machen...

Er geht aufrecht. Sein Kreuz betrachtet es als Wohltat. Deckung überflüssig.

„Raucherlaubnis“, sagt der Leutnant grinsend.

So trotten sie beinahe behaglich auf die Brücke zu, Pflug fast ein wenig enttäuscht, daß alles so glatt abging. Und dann lacht er schallend. Hundert Meter links der Brücke, genau in der richtigen Schußdistanz, findet er ausgebaute Schützenlöcher.

„Herrlich, Kinder!“ ruft er den dreien zu, „die Kerle haben hier gespielt, was wir machen werden ...“

„Na, wenn das nichts ist!“ erwidert Freß-Sack.

Freudenreich springt in ein Loch.

„Sicher wie in Abrahams Schoß“, konstatiert er.

Zwei Uhr dreißig. In einer halben Stunde ist es soweit. Auf polnischem Gebiet, wo die Russen so wenig etwas zu suchen haben wie die Deutschen. Die Demarkationslinie zieht sich wie eine Narbe durch das östliche Land. Als die deutsche Wehrmacht Polen überrannt hatte, schnitten sich die Sowjets ebenfalls eine ordentliche Scheibe von der Beute ab.

Und in vierunddreißig Minuten geht der Ostkrieg los.

„Das kriegt ihr nicht alle Tage!“ ruft Leutnant Pflug begeistert, „daß euch der Feind noch die Deckung buddelt.“

„Denen sollte man das Kriegsverdienstkreuz verleihen“, erwidert Freß-Sack und kramt eine Taschenflasche Schnaps hervor.

„Zielwasser gefällig, Herr Leutnant?“

„Lassen Sie sich noch einmal erwischen!“ antwortet Pflug und greift nach der Flasche.

Er sieht den Polen mit belämmertem Gesicht herumstehen.

„Los!“ sagt er und deutet auf ein Deckungsloch, „hier ist noch 'ne Wohnung frei.“

Er sieht auf die Uhr. Noch neunzehn Minuten.

Hoffentlich verpennen die da hinten nicht den Angriff ... So reißen sie Witze und lachen herzhaft. Der vorrückende Uhrzeiger stärkt ihnen das Rückgrat. Gleich kommen die anderen und hau'n sie heraus. Mit Panzern, Stukas, Tieffliegern. Mit allem, was die Wehrmacht aufzubieten hat.

Plötzlich bricht das Gespräch je ab. Sie hören Stimmen, Kommandos, sehen Schatten am jenseitigen Ufer des Biebrzaflusses, so nahe, daß Leutnant Pflug sein Glas nicht braucht.

Er starrt ihnen gespannt entgegen. Russen. Pioniere wahrscheinlich. Aber, was schleppen die denn mit sich herum? Der Leutnant erkennt es und lacht lautlos in sein Deckungsloch. Strohballen, Benzinkanister. Mensch ... die wollen die Brücke nicht sprengen, sondern anzünden, wenn es soweit ist. Vorsintflutlich!

Pflug stößt Freß-Sack lächelnd in die Seite.

Wie im Dreißigjährigen Krieg ... überlegt er belustigt. Nur zur Probe legt er auf einen sowjetischen Unterführer an.

Na warte, alter Schwede ...

Die Waffe der Division Brandenburg war die Tarnung; sie gab ihr die Form, die Härte, die Stoßkraft, den Sieg und häufig auch den Untergang. Kein Völkerrecht schützte die verwegenen Einzelkämpfer, wenn sie in der Uniform des Feindes, im Rücken des Feindes, operierten.

Anfänglich hatte Admiral Canaris, der Chef der Abwehr, starke Bedenken gegen diese Art des Krieges zwischen den Fronten. Erst später, als die Engländer und Amerikaner „Kommandotruppen" einsetzten, die in deutscher Uniform hinter den deutschen Linien Verwirrung stifteten — ihr bekanntestes Unternehmen war der mißglückte Handstreich auf Generalfeldmarschall Rommel —, war auch Canaris mit dieser tödlichen Tarnung einverstanden.

Trotz mancher Ähnlichkeit ihres Einsatzes betrachteten sich die Brandenburger niemals als Spione und Saboteure, sondern galten als eine reguläre Truppenformation mit Spezialauftrag, wie die „Rangers" der US-Armee unter Generalmajor Donovan; wie die „Service Air Special"-Regimenter de Gaulles oder die britischen „Commandos", geführt von Lord Louis Mountbatten. Am 18. Dezember 1942 gab Hitler selbst einen Kommandoerlaß heraus, wonach Angehörige dieser feindlichen Truppen, selbst wenn sie Uniformen trugen, zu erschießen waren. Bei Brandenburg lehnte man diesen Befehl ab, weil man sich darüber im klaren war, daß er zwangsläufig zur Vergeltung führen mußte. Diese Vorgänge hat Abwehrgeneral Erwin von Lahousen als Zeuge im Nürnberger Prozeß bestätigt.

Die Leute von Brandenburg sollten die Feinduniform nur bei der Annäherung an das Einsatzziel tragen und sie abwerfen, bevor es zu Kampfhandlungen kam. So jedenfalls entwickelte sich diese Form des Krieges am grünen Tisch der Abwehr.

Die Wirklichkeit sah anders aus. Ganz anders. Wenn der Feind sie erkannt hatte, dann schoß er auch schon, und die todesmutigen Stoßtrupps mußten das Feuer unverzüglich erwidern. Schließlich drohte ihnen bei der Gefangennahme der Tod in der schimpflichsten und scheußlichsten Form: durch den Strick.

Die Haager Landkriegsordnung erlaubte es durchaus; nur deutlich gekennzeichneten Soldaten konnte sie Schutz gewähren, der allerdings an der Ostfront von beiden Seiten oft nicht sehr genau genommen wurde.

Der kriegsrechtliche Status der Kommandotruppen ist bis heute umstritten. Einen Präzedenzfall schuf allerdings das amerikanische Militärgericht im Rahmen der Dachauer Prozesse, als es Skorzeny freisprach. Das Gericht folgte damit der Argumentation der deutschen Verteidiger, daß man bei einer Verurteilung dann ebenfalls englische und amerikanische Soldaten, die in Kommandotruppen gedient hatten, unter Anklage stellen müsse. Der im Frieden ausgesprochene Freispruch kam allerdings für Hunderte von Brandenburgern zu spät, die im Krieg in Feindeshand gefallen waren und seitdem in den deutschen Listen als vermißt geführt werden.

Aber nicht nur bei der Begegnung mit dem Feind konnte für die Brandenburger die Tarnung zum Verhängnis werden. Nicht selten fielen die Soldaten der Gespensterdivision gerade in dem Moment, als sie sich nach erfolgreichem Einsatz zu den deutschen Linien durchschlagen wollten.

Alle Operationen im feindlichen Hinterland waren „Geheime Kommandosache". Es gab so wenig Mitwisser wie möglich. Erst im letzten Moment informierte man, aus Gründen der Geheimhaltung, durchaus oberflächlich, die deutschen

Truppen der HKL. Manchmal unterblieb es ganz. Zwar gab man den Brandenburgern ein Kennwort mit, aber häufig kannten es die Vorausabteilungen, die ihre Rettung sein sollten, nicht.

Offiziell wurde während der Ausbildung über diese fatalen Umstände wenig gesprochen. Aber die Soldaten dieser Spezialtruppe kannten das Risiko und trugen es, aus welchen Gründen auch immer, freiwillig.

Wie jetzt, bei Hitlers Überfall auf Rußland, da eine Handvoll Soldaten für den deutschen Vormarsch Brücken sicherte und sie mit ihrem Blut bar zu bezahlen hatte...

Im weiteren Halbkreis, jede Deckung ausnutzend, auf Sichtnähe, MP im Anschlag, langsam Fuß vor Fuß setzend, näherte sich die Gruppe Dörner der Stelle, an der der Russe den kleinen Czerny gefaßt hatte.

Jonas zählte ganz einfach die Schritte, um sich abzulenken. Bei hundertvierundsiebzig blieb er abrupt stehen. Die anderen mit ihm. Wie auf Kommando. Etwas Unglaubliches geschah: die Russen verlegten ihre Stellung nach hinten. Der Weg war frei. Fünfzehn Minuten vor der Zeit.

„Warten!" ruft der Unteroffizier seinem Nebenmann zu. Der Befehl wandert halblaut von Mund zu Mund weiter. Sie horchen gespannt. Die Schritte entfernen sich. Ganz deutlich ist es zu hören.

„Weiter!"

Noch achtzig Meter. Der Lichtstreifen am Horizont hat sich verbreitert. Die Männer des Stoßtrupps müssen vorsichtig sein. Sie sichern nach allen Seiten.

„Stehenbleiben!" befiehlt der Gruppenführer.

Dörner geht allein nach vorn, um seinen Leuten den furchtbaren Anblick, den er sich selbst nicht ersparen will, zu schenken. Er zwingt sich, den Blick vom Boden zu nehmen. Er geht langsam, müde, geschlagen. Eine Hecke noch. Eine Lichtung. Der Gruppenführer tritt hinaus.

So stößt er auf Czerny, den Jüngsten, den Achtzehnjährigen. Dörner möchte aufschreien. Die Panik macht ihn stumm. Er will wegsehen, aber er kann es nicht. Wie unter einem Zwang kommt er näher. Der Wind regt sich. Der Erhängte schaukelt leicht.

Nein, denkt der Unteroffizier, nicht! Ich kann es nicht ertragen! Ganz langsam, Zentimeter um Zentimeter, schiebt sich sein Blick von den Stiefeln entlang nach oben, über die verdreckte russische Hose, das Koppelschloß, den Hals, auf das Gesicht.

Er steht wie versteinert, wie gelähmt. Plötzlich drückt etwas mit Zentnerlast gegen Dörners Schultern. Das also haben sie mit dir gemacht, sagt er sich sinnlos wieder und wieder.

Der Junge hängt so niedrig am Ast, daß es aussieht, als ob er mit den Zehenspitzen noch den Boden berühren könnte. Es wäre zwecklos. Er ist tot. Starr. Steif. Wächsern.

So, überlegt Dörner einen Moment bitter, sieht die Bewährung aus? So? Verdrehte Augen? Schwulstige Lippen? Ein Gesicht, das ich täglich um mich hatte, mochte und vor dem mir plötzlich graut? So, denkt Dörner rasend vor Zorn, übergibt man Gottes Ebenbild der Erde?

Etwas raschelt hinter ihm. Der Unteroffizier dreht sich herum. Es ist Jonas. Er starrt den Toten an. Lange Sekunden. Dörner fürchtet den Moment, da die Augen des Kameraden ihn erfassen werden.

„Komm", sagt er.

Einen Augenblick sehen sie sich an.

„Deine Schuld", sagt der Prophet.

Dörner schüttelt verbissen den Kopf.

„Du ..." Jonas atmet schwer an dem Wort: „Ein Mörder bist du ..."

Der Gruppenführer dreht sich müde um. Ich versteh' dich ja, heißt das, mir ist ja genauso zumute. Aber was sollen wir tun? Komm, wir müssen weiter, hat ja keinen Zweck. Er hat ja ... ausgelitten. Ja, das hat er ...

Jonas betrachtet wieder den Jungen. Der Unteroffizier

kommt noch einmal zurück. Er legt den Arm um den Obergefreiten.

Mit einer harten Bewegung schüttelt ihn der Prophet ab.

Dann gehen sie beide zurück zu den anderen, sagen kein Wort. Die Männer lesen ihnen das Fürchterliche von den Gesichtern ab.

„Weiter!“ befiehlt der Unteroffizier leise.

Zehn Minuten später haben sie ihr Ziel erreicht. Die Brücke. Sie postieren sich. Drei Mann, unter ihnen Dörner, am linken, und die anderen vier, unter Führung von Jonas, am rechten Ufer. Ein paar Minuten noch, dann beginnt der Angriff.

Plötzlich geht im Westen das Licht auf. Brandrot. Donnernd. Die Schlacht öffnet ihren Feuerschlund und spuckt Blut und Pulver. Der Himmel ist grau genug. Gutes Büchsenlicht. Tiefflieger zischen über sie hinweg. Granaten bohren sich in den Boden. Es geht rasend schnell. Der Schlachtenlärm kommt näher.

Und dann sieht man die ersten Russen in wilden, ungeordneten Haufen zurückfluten. Über die Brücke, die Dörner halten soll. Durcheinander. Von hinten wirft man Verstärkung nach vorn, Stauung.

Ein Lkw mit einem MG auf dem Dach des Führerhauses bleibt stecken. Rotarmisten der Infanterie fluten panikartig nach hinten.

Jonas sieht den Wagen, schätzt die Entfernung. Er hat die Brücke zu sichern, sonst gar nichts. Das ist ein Befehl. Aber an diesem Befehl ist schon einer verreckt. Es ist wieder in ihm, das Toben, das Jagen, die Empfindung, etwas tun zu müssen oder zu platzen.

„Los“, sagt er zu Fink, „den schnappen wir uns!“

Der Obergefreite schüttelt den Kopf. Aber der Prophet hat die Handgranate schon abgezogen, schleudert sie im hohen Bogen über die Bordkante des Lkw. Trifft. Holz splittert. Russen schreien, sehen sich um. Bevor die Verwirrung sich legt, fetzt die MP von Jonas dazwischen. Er springt aus der Deckung, geht nach vorn, schiebt ein neues Magazin ein, rotzt es leer, wirft Handgranaten, lacht, flucht, spuckt... ein Wahnsinniger, ein Besessener.

Aber die anderen drei lassen ihn nicht im Stich, folgen ihm, mähen die beiden Iwans im Führerhaus des Lastautos nieder, decken den Propheten, der sich hinter das russische MG klemmt, kommen heran. Der Motor läuft noch. Der Kühler zeigt Richtung Brücke.

Von der anderen Seite her flutet eine russische Einheit zurück.

„So“, brüllt Jonas, „nun spielen wir Panzer... Hü!“

Fink steht unschlüssig herum.

„Steig schon ein!... Gib Gas!“ fährt ihn der Prophet an.

Es gib kein Zurück mehr. Irgendwie findet Fink den Schalthebel, rappelt los, im ersten Gang. Über die Brücke. Den Russen entgegen.

Vom Dach des Führerhauses feuert Jonas in die Reihen der herankommenden Russen hinein.

„So ein Idiot!“ brüllt Dörner und verfolgt gebannt, wie der Lkw jetzt mit Vollgas mitten unter die Russen fährt...

Weiter hinten, bei Lipsk, hat sich die Schlacht ganz so entwickelt, wie sich Leutnant Pflug das wünscht. Die Pioniereinheit der Russen legte ihre Strohballen auf die Holzbrücke und stand sozusagen Benzin bei Fuß. Sie hatten abzuwarten. Dem deutschen Stoßtrupp ist das nur recht.

Dann gehen Freund und Feind in Deckung. Granaten jaulen heran, krepieren. Einmal hüben, einmal drüben, dann mitten im Fluß.

„Diese Arschlöcher!“ flucht Pflug vor sich hin, „schießen mir noch die schöne Brücke kaputt.“

Deutsche Jäger sind in der Luft. Stukas zischen über sie hinweg. Sack ist dicht daran, ihnen zuzuwinken, so stolz, als habe er die Ju 87 erfunden.

Von links kommen die ersten russischen Verbände heran, ziehen sich über die Brücke zurück. Verwundete. Eine Infanterieeinheit. Lastautos. Ein offener Panzerwagen. Die Holzbohlen vibrieren. Nicht kaputtmachen, denkt der Leutnant, laßt sie stehen! Für uns!

Neue Verbände. Ganz nah. Sie haben andere Sorgen, als nach rechts zu sehen, wo die Deutschen lauern. Panik. Dann ist es still. Gespenstisch still. Für Minuten bloß.

Und jetzt bemerken sie alle drei, daß offensichtlich der Befehl ergangen ist, die Brücke zu vernichten. Sie sehen, wie ein sowjetischer Offizier die Leute antreibt, wie sie Kanister heranschleppen.

„Na endlich", brummelt Pflug, und schiebt den Lauf seiner MP aus dem Deckungsloch.

Die anderen folgen automatisch. Er legt auf den russischen Leutnant an, zielt gewissenhaft. Kopf oder Herz?, überlegt er. Nur nicht so pedantisch, rät er sich selbst, hast ja noch ein paar Kugeln im Lauf. Er feuert los.

Der Offizier schwankt einen Moment, wie verblüfft. Er breitet die Arme aus, als ob er noch einmal nach seinem Gegner schlagen wolle. Dann knallt er mit dem Gesicht auf das Holzgeländer. Sieben, acht Sekunden sind die Russen völlig verdutzt. Die Zeit reicht für siebzehn Tote und mindestens so viele Verwundete. Dann gehen sie in Deckung.

Die Iwans nehmen die deutsche Stellung unter Beschuß. Nur der Pole streckt seinen entsetzten Kopf zu weit heraus. Sie erwischen ihn sofort. Kopfschuß. Aus. Amen.

Jetzt kommt Methode in das Feindfeuer. Die Russen merken, daß sie vom anderen Ufer aus ihren Feind nicht aufrollen können. Sie müssen stürmen. Über die Brücke. Ohne jede Deckung

„Arme Hunde", murmelt Freß-Sack vor sich hin und legt an.

Fünf, sechs versuchen, hinüberzukommen. Freudenreich ist so arrogant, daß er die MP auf Einzelfeuer umstellt.

Ein anderer Trupp versucht, durch das seichte Wasser des Flusses anzugreifen. Freudenreich schwenkt den Lauf auf sie.

„Nehmt Handgranaten!" schreit der Leutnant.

Der Fluß färbt sich rot. Die halbe Pionierkompanie ist aufgerieben. Keine Chance gegen die drei. Das MG-Feuer, das gegen sie hämmert, zischt über ihre Köpfe hinweg.

Auf der anderen Seite kommt jetzt eine geschlossene Einheit Infanterie.

„Verdammt!“ knirscht Sack.

„Jetzt gibt’s Zunder!“ stellt Pflug grimmig fest.

Sie greifen sofort an. Exakt. Sie schwärmen aus, gehen fächerförmig vor. Alle Achtung, denkt der Offizier. Wahrscheinlich wurden sie noch von der alten deutschen Reichswehr geschliffen ...

Beschuß von zwei Seiten.

Munition wird schon knapp. Die Pioniere am anderen Ufer merken ihre Chance und kommen wieder. Die drei Brandenburger springen von Loch zu Loch. Rochade des Todes. Sack, der am nächsten bei der Infanterie ist, muß gleich überrollt werden. Pflug gibt ihm Feuerschutz.

„Ich lass’ sie ’rankommen!“ brüllt er. „Ich mach sie mit Handgranaten fertig!“

Na klar, denkt der Leutnant. Hoffentlich zünden mir die Schweine auf der anderen Seite nicht die Brücke an. Er verfolgt Sack, der sie ganz dicht herankommen läßt. Zehn, fünfzehn, zwanzig Mann, die aufstehen, sich hinwerfen, wieder aufstehen, ganz nahe sind. Da zieht der Gefreite Sack die Handgranate, wirft sie. Explosion. Die ersten drei hat es erwischt, vielleicht auch fünf.

Die anderen stecken die Schnauze tief in den Dreck. Zweite Handgranate. Herrgott, ist der gut, denkt der Offizier ... Und dann, von hinten, natürlich, deutsches MG-Feuer.

„Unsere kommen!“ schreit Pflug, „sie kommen!“

Sack versteht ihn. Er müßte die Deckung wechseln. Aber jetzt ist er zu faul dazu. Oder zu siegessicher. Er beugt sich weit aus dem Loch, als er die dritte Handgranate gegen den Iwan schleudert.

So erfaßt ihn eine volle MG-Garbe. Mitten in den Leib. Die Bauchschüsse reißen ihm die Haut auf. Er brüllt.

Freudenreich sieht es, möchte Sack helfen, merkt, daß es

aussichtslos ist. Ein paar Minuten noch, denkt er, dann ist er hinüber. Er starrt auf die gräßliche Verwundung, blickt in das zuckende, verdämmernde Gesicht, sieht die zerfetzten Eingeweide, blutige Girlanden, mit denen der Krieg das Feld der Ehre garniert.

Der anstürmende Iwan hat den Sterbenden überrollt.

Jetzt schleudert Freudenreich die Handgranaten. Pflug bestreicht das andere Ufer. Von hinten kommt deutsche Infanterie. Macht doch schneller, denkt der Leutnant, ich kann höchstens noch ein paar Minuten die verfluchte Stellung halten ...

Der schwere russische Lkw, ein Viertonner, mit Fink am Steuer und Jonas im Anschlag, ist wie der Leibhaftige in die russische Kolonne gefetzt. Im Durcheinander erkannte der Iwan die Gefahr nicht. Die Soldaten glaubten, daß ein eigener Wagen heranpreschte, um sie abzuholen. Es ging dann so rasch, daß sie nicht mehr ausweichen konnten. Drei, vier wurden von der Stoßstange erfaßt und wie Puppen im hohen Bogen beiseite geschleudert. Einem blutjungen Korporal fuhren die Räder direkt über den Rücken.

Gegen die Hinteren feuerte Jonas sein Magazin leer, wechselte es, verschoß sich, sprang ab, mitten unter die Verwundeten und Toten, hinter denen die Lebenden jetzt die Gefahr erkannten.

Als ersten erfaßt ihr Feuer den Obergefreiten Fink im Führerhaus. Die Garbe sägt ihm den Kopf ab. Er hängt seltsam lose am Hals, als ob der Gefallene eine Marionette sei. Ein Rotarmist kommt von hinten an Jonas heran.

Dörner, der von seiner Stellung aus die Irrsinnsaktion von Jonas verfolgt, erledigt ihn in letzter Sekunde. Jonas nimmt einem Toten das Bajonett ab, rennt es dem nächsten Angreifer in den Leib, mit solcher Wucht, daß er selbst fällt. Im Hochrappeln erfaßt er einen Spaten, holt weit aus.

„Für Czerny“, brüllt er, und schlägt mit der Schneide gegen

einen Russen, geht gegen den nächsten los. „Ihr Schweine", heult er, „ihr gottverdammten Schweine!"

„Paßt auf die Brücke auf!" schreit Dörner den anderen beiden zu.

Scheißbefehl...

Er ist fertig damit. Er muß Jonas helfen.

„Prophet, ich komme!" brüllt er.

Im Laufen schießt der Unteroffizier das Magazin leer, macht Jonas für ein paar Sekunden Luft, stürzt mit wilden Sätzen heran, pfeift auf die Deckung, wirft eine Handgranate in ein Knäuel Angreifer, sieht, wie sie umfallen, erreicht Jonas.

„Höchste Eisenbahn, los!" schreit er ihn an. „Zurück! Sinnlos!"

Nichts mehr zu machen mit Jonas. Er ist übergeschnappt, verrückt geworden. Er schlägt mit den Füßen, mit dem Spaten, stöhnt, brüllt:

„Ich will nicht... Hier!" Er holt aus, läßt das Metallblatt auf einen blanken Schädel sausen. „Da!" Er stürzt auf den nächsten. „Ihr Säue!"

Nichts zu machen, sieht Dörner. So geht er in Deckung und hält mit gezielten Schüssen dem Kameraden den Feind vom Leib, so gut es geht...

Wäre Leutnant Pflug kein Brandenburger, gestände er sich ein, daß seine Lage hoffnungslos ist. MP-Munition verschossen, die letzte Eierhandgranate, ein Mann gefallen, ein Mann verwundet, die Russen heran bis auf vierzig Meter... und die Deutschen in ihrem Rücken lassen sich Zeit wie bei einer Promenade am Sonntag nachmittag.

Pflug schleudert das tödliche Ei los und brüllt:

„Ausverkauft!"

„Ich auch", schreit Freudenreich zurück.

Sowieso wurscht, denkt sein Zugführer verbittert, springt aus dem Loch, zieht das Feuer auf sich, entkommt im Zickzack, springt wieder hoch, wirft sich neben den vordersten gefallenen Russen, nimmt ihm das Gewehr aus der starren Hand und hofft, daß es noch geladen ist. Ein Schuß. Ein zweiter. Der junge Offizier spart auf einmal mit dem Tod, den er sonst so freigebig verschießt.

„Herr Leutnant“, brüllt Freudenreich hinter ihm.

Pflug hat die Situation sofort erkannt, bemerkt, wie sich der Feind auf einmal umdreht, nach hinten schießt, wo endlich die deutschen Voraustruppen aufkreuzen.

„In Deckung bleiben!“ schreit der Offizier, ohne sich nach dem Gefreiten umzusehen.

Aber es nützt nichts. Der Verwundete springt auf. Rettung in letzter Sekunde nach dieser tollen Anspannung. Der Arm brennt. Scheiß’ auf den Arm, denkt Freudenreich. Er steht offen wie ein Scheunentor vor seinem Deckungsloch, winkt den Kameraden zu, die gerade dabei sind, den Iwan aufzurollen. Er schreit, brüllt:

„He ... ihr ... prima ... gerade noch.“ In ungestümer Freude fuchtelt er wild mit den Händen.

So sieht ihn der MG-Schütze von der anderen Seite, wo man Feldgrau trägt.

„Schau mal“, sagt er gemächlich zu seinem Schützen zwei, „da hinten zappelt ein besoffener Iwan ...“

„Der macht’s uns leicht“, erwidert der Gefreite und beobachtet, wie er Freudenreich anvisiert.

„Hereinspaziert ...! Hereinspaziert ...!“ schreit der Brandenburger. „Weiter ...! Nicht so langsam, Herrschaften! Wir haben ja die Brü ...“

Die deutsche MG-Garbe reißt ihm die letzte Silbe von den Lippen. Er knickt in den Kniekehlen ein und fällt nach hinten, gerade, als sich Leutnant Pflug nach ihm umdreht.

„Hammel!“ brüllt er. „Ihr Arschlöcher! Könnt ihr denn nicht aufpassen!“

Er will mit der Hand den Irrtum richtigstellen, aber er läßt sie sofort wieder nach unten sinken. Querschläger prasseln über ihn hinweg. Der Soldat ohne Nerven merkt jetzt, daß auch Heldenmut keine Lebensversicherung ist.

„Hammel“, stöhnt er noch einmal, und preßt sich gegen den flachen Boden...

Siehst du im Osten das Morgenrot? Viele werden es ab heute nie mehr singen, nie mehr sehen. Der Wind reißt den grauen Horizont auf, der im Aufschlag krepierender Geschosse zittert. Und die Strahlen der Sonne tasten die Erde ab, erfassen den jungen Gefreiten, treffen den russischen Unterleutnant, der jetzt erst weiß, wie rot sein Blut ist, bescheinen die beiden Soldaten, die sich gegenseitig das Bajonett in den Leib rennen, mit einem Schrei umfallen, und erst im Sterben ihre Gesichter sehen. Flimmerndes Sonnenlicht kriecht weiter über das verzerrte Gesicht des Leutnants Pflug von der zehnten Kompanie des Lehrregiments Brandenburg z. b. V. 800, der an der Biebrzabrücke bei Lipsk flach wie eine Flunder auf der Erde liegt und Dreck frißt...

„Brücke gehalten...“, stöhnt er vor sich hin. „Macht doch schneller, ihr Idioten! Was wollt ihr denn von mir?“

Und näher rückt die Feuerwalze, pedantisch, Meter um Meter; mit deutscher Gründlichkeit durchsiebt sie den Boden. Etwas kriecht an Pflug empor, vom Magen her, über den Rücken, in die Speiseröhre, brennt wie Fusel im Mund. Der Leutnant empfindet es zum erstenmal. Es ist die Angst.

Der Leutnant wagt nicht, aufzustehen. Er weiß nicht, daß einer der sowjetischen Verwundeten einen deutschen Feldwebel, der bereits an ihm vorbeigegangen war, von hinten niederschoß, und die heranstürmende Kompanie jetzt auf Nummer Sicher geht.

Diese Scheißuniform, dieser verdammte Russenkittel, fällt ihm plötzlich ein. Pflug zerrt an dem fremden Tuch herum, reißt es auf. Die Bluse bleibt an der Schulter hängen. Eine Sekunde nur richtet er sich auf. Da wirft ihn ein plötzlicher Aufprall zu Boden.

Aus, erwischt, vorbei, verdämmern seine Sinne im langsamen Fluß seines Blutes.

Jetzt überrennen sie den Iwan ohne mich. Aber ich will doch dabeisein, will! Und dann sehen seine Augen nur noch ein

Loch. Ein riesiges. Sie werfen ihn hinein. Mit anderen. Schaufeln ihn zu. Für immer. Und Pflug stemmt sich dagegen. Und sie merken gar nicht, daß er sich noch bewegt.

„Ich bin doch nur scheintot!" brüllt er.

Aber die Granaten verschlucken seinen Schrei. Der Leutnant fühlt zum erstenmal, was Sterben heißt.

„Ihr!" brüllt Pflug, und dann fällt ihm das Stichwort ein: „Vöckla ... Vöckla ... bruck ...", heult er den näherkommenden Feldgrauen entgegen.

Ein paar Zentimeter hebt der Leutnant den Kopf, als ob er die eigenen Leute mit dem Blick hypnotisieren könnte. Aber er sieht bloß in das feixende Gesicht eines toten Russen, der vergessen hat, das linke Auge zu schließen. Wohin er auch sieht, er starrt nur in ein Zyklopenauge.

„Mach's zu, verdammter Hund!" flucht der Einundzwanzigjährige.

Was nützt's? Pflug schließt die eigenen Lider, so verbissen, als blendeten ihn grelle Scheinwerfer. Aber vor ihm steht nur die Pupille des gefallenen Russen, groß und starr.

Unverrückbar sticht die starre Iris in sein Bewußtsein. Und sie ist so blau und dunkel wie der Himmel vor einem Gewitter. Zwei Augen, träumt er im Fieberwahn, dunkelblau, beglückt und ein wenig traurig. Das ist ja gar kein Schlachtfeld, sondern ein Lazarett. Und ich liege in einem weißen, sauberen Bett. Und vor mir steht die Krankenschwester und lächelt still. Die Tracht steht ihr verdammt gut. Und die weiße Haube macht sie nur noch koketter. Sie fährt sanft mit der Hand über seine heiße Stirn und sagt:

„Bald geht es dir besser ... dann ..."

Schön ist das, und so beruhigend, fühlt der junge Offizier verschwommen.

Und dann überflutet heiseres, ächzendes Gelächter die Illusion. Verdammt, erlebt er weiter im Fieberwahn. Warum hockt sie auf dem Schoß des Russen?

„Verflucht", stöhnt er, „warum kommst du nicht zu mir ...?"

Der junge Soldat, der sich über den deutschen Offizier in der russischen Uniform beugte, richtet sich auf.

„Der spricht ja Deutsch, Herr Oberleutnant", ruft er verwundert seinem Kompaniechef zu.

„Quatsch!" brüllt der Offizier zurück und kommt näher.

In diesem Moment ist Pflug hellwach.

„Vöckla ... Vöckla ... bruck ...", lallt er zum zweitenmal.

Die umstehenden deutschen Soldaten hören es. Vöcklabruck? überlegt der Oberleutnant ...

„Mensch", brüllt er, „das ist ja einer von uns ... ein Brandenburger!"

Im letzten Moment, unmittelbar vor dem Angriff, hatte man den deutschen Vorausabteilungen mitgeteilt, daß deutsche Soldaten in feindlicher Uniform Brücken sichern sollten. Aber da waren die Angreifer mit ihrem Kopf schon ganz woanders.

Sie stützten Pflug. Plötzlich ist seine alte Energie wieder da. Beim zweiten Versuch kommt er auf die Beine. Das ist bloß ein Streifschuß, denkt er schon wieder ein wenig arrogant. Es reicht für sieben, acht Meter, die er wie ein Gespenst mit taumelnden Schritten schafft.

Pflug steht vor Sack. Dem Freß-Sack. Er liegt da, die Beine angezogen wie zu einer Hocke, die Arme ausgestreckt, als ob er nach dem Reck greifen wollte, um den Bauchaufschwung zu üben. Aber er wird nicht mehr turnen.

Neben ihm Freudenreich, der sich auspennen wollte, „weil der lange Marsch seinem Chassis nicht so gut bekommen war" ... Nun hat er Zeit dazu.

Der Leutnant — „keine Nerven, Geburtsfehler" — spürt sie auf einmal.

Tut doch was, denkt er, wenn ihr uns schon umbringt, als ob es nicht genug Russen gäbe! Er starrt in die Gesichter seiner toten Kameraden, begreift nichts, fürchtet sich, haßt die eigenen Soldaten. Und dann bricht es aus ihm heraus.

„Ihr Idioten", brüllt er und verschluckt sich, „ihr verdammten Idioten!"

Dann schlägt er hin wie ein gefällter Baum. Ein Unteroffizier fängt ihn gerade noch auf. Sie reißen ihm die Uniform vom Leib, verbinden den Steckschuß an der Schulter.

„Idioten!" stöhnt der Leutnant noch einmal verzweifelt.

Während sie ihn auf ein zurückrollendes Fahrzeug laden, formuliert er seine Meldung:

„Brücke gehalten. Drei Mann tot. Einer verwundet."

Der Krieg im Osten ist jetzt zweiundneunzig Minuten alt. Der deutsche Angriff rollt. Er flutet über den Biebrzafluß bei Lipsk. Ein anderer Keil wälzt sich langsam gegen die Siolkobrücke, die Unteroffizier Dörner mit seiner Gruppe halten soll. Die Brandenburger haben es geschafft, vorläufig. Und mit dem Einsatzziel hat der wahnwitzige Kampf des Obergefreiten Jonas nichts zu tun.

Seine Beine trieben ihn wie von selbst. Vorwärts. Blindlings. Mitten unter die Russen. Seine Lunge rasselte, seine Sinne tobten im Blutrausch. Nahkampf. Die Hände des Obergefreiten waren nichts als eine Verlängerung des Spatens. Und der Prophet drosch mit ihnen auf die Schädel der feindlichen Soldaten ein, als seien sie nur dafür geschaffen.

Unteroffizier Dörner hatte dem Kameraden nachgesetzt und gab ihm jetzt fluchend Feuerschutz. Die anderen kauerten an der Brücke und lernten das Fürchten. Noch immer verwirrte den Feind die russische Uniform, die Jonas trug. Vielleicht hat ihn dieser Umstand bis jetzt gerettet.

Der Prophet folgte keinem Ziel, nur einem Trieb. Seitdem er den kleinen Czerny erhängt am Baum gesehen hatte, war eine Sicherung in ihm durchgebrannt. Aus einem perfekten Soldaten wurde ein tollwütiger Amokläufer. Jonas sah nicht links und nicht rechts. Er stürmte aufrecht, schnurgerade. Nur wer ihm gegenüberstand, interessierte ihn.

Unteroffizier Dörner sieht jetzt, wie er stürzt, wie zwei, drei Russen herankommen, wie der erste sich über ihn beugt. Nimm den Kopf weg, Prophet, denkt er inbrünstig. Und dann muß er auf gut Glück abdrücken. Der Iwan fällt um wie ein Kegel. So leicht? überlegt Dörner flüchtig. Ein winziger Druck mit dem gekrümmten Glied des Zeigefingers, die Feder entspannt sich und schnellt den Schlagbolzen gegen die Patronenhülse! Ganz einfach, primitiv geradezu. So leicht läßt sich eines Menschen Leben und Sterben erklären?

Der Unteroffizier schüttelt die Gedanken ab, während der nächste Russe im Visier seiner MP tänzelt. Der Prophet kommt wieder hoch, rast gegen den nächsten Iwan, übersieht den Jungen, der rechts von ihm steht und aus drei Metern auf ihn anlegt. Der Soldat sieht das entmenschte Gesicht von Jonas, zögert im Schreck, da trifft ihn der Spaten, bevor er abdrückt.

Czerny, Czerny, fiebert es in Jonas, peitscht ihn vorwärts. Er fragt nicht nach Recht. Und schon gar nicht nach Menschlichkeit.

Dörner kann ihm nicht mehr helfen. Er kämpft um sein eigenes Leben. Er kauert hinter einer dürftigen Deckung und wirft Handgranaten gegen die Herankommenden. Eine Minute noch oder zwei, denkt er verbissen. Während er feuert, sieht er noch, wie den eingekeilten Jonas eine Me 109 im Tiefflug rettet. Dann detoniert neben ihm der Einschlag der Bordkanone. Aus dem Augenwinkel heraus verfolgt er, daß ihm die Kameraden zu Hilfe kommen. Die sollen doch bei der Brücke bleiben, denkt er verbissen . . .

Dann platzt etwas vor Dörners Augen. Violett. Grell. Laut. Das Trommelfell, überlegt er. Nein, die Augen, korrigiert er sich. Verdammt, mich hat's erwischt, denkt er zuletzt . . .

Dörner weiß nicht wie, nicht wo. Auf einmal ist er in Watte gepackt, und das Gefecht geht ihn nichts mehr an. Er hat seine Ruhe, seinen Frieden. Er sieht nur noch, wie sich sein Waffenrock verfärbt, während seine Sinne verblassen.

Keine Brücke mehr. Kein Czerny. Kein Jonas. Keine Iwans. Nacheinander gehen sie weg, leise, wie auf Zehenspitzen, wie auf Geisterhänden. Aber etwas bleibt, beugt sich über ihn, macht die Stille laut und die Ruhe stürmisch. Ein Gesicht, das ihm alles war, das er hundertmal liebkost hatte, das er in allen Nuancen kannte, gelöst und erregt, beglückt und müde. Und er hört Worte, die die letzten Monate verschüttet hatten, und er spürt Hände an seinen Schläfen, die er haßt, weil er sie liebt. Aber sie sind weich und zärtlich.

Eva, denkt er, du bist zurückgekommen ... du hättest früher bei mir bleiben sollen ... Während sich die fremde Uniform mit seinem Blut vollsaugt, verläßt ihn jede Bitterkeit. Auf einmal ist alles, wie es immer war.

Das letzte, was Unteroffizier Dörner auf dieser Welt zu spüren glaubt, sind Unteroffizierslitzen, die seinen Hals wie Seile würgen ...

Jonas entkommt den Russen, ohne zu flüchten. Er läuft aus dem Gefecht, ohne es zu merken. Seine Hände zucken immer noch am Spatenstiel. Er geht wie durch einen Sumpf, quer durch den Nebel seines Bewußtseins. Er fühlt ein Brett vor dem Kopf und eine Schlinge um den Hals. Es ist das Kabel, an dem der kleine Czerny endete.

Der Prophet läuft ziellos, doch wie von einem Magnet gezogen. Er steigt blicklos den kleinen Hügel hoch. Er hört Gelächter und faßt am Griff nach. Die Männer, die ihm entgegenkommen, sprechen seine Sprache, aber der Obergefreite versteht kein Wort. Jonas begreift nichts mehr.

Es sind Infanteristen. Deutsche. Sie haben den raschen Sieg in der Tasche und die ersten Blasen an den Füßen. Schnaufpause. Sie rauchen, essen, reißen Witze oder wetten, wie lange dieser schnelle Krieg noch dauert. Der Kompaniepessimist setzt auf sechs Wochen.

„Na, so was ...“ sagt ein Unteroffizier und deutet auf Jonas.

„Der ist besoffen“, ruft ein sommersprossiger Obergefreiter und entsichert seinen Karabiner.

„Nicht schießen ...“ sagt ein Feldwebel. Er geht auf den Propheten zu, faßt ihn an der Schulter, blickt in Jonas’ fieberglänzende Augen: „He, Iwan, wo willst du hin?“ fragt er scharf.

Jonas reagiert nicht. Er atmet tief. Es hört sich an, als ob er röcheln würde. Der Obergefreite horcht. Czerny hat jetzt ausgelitten, denkt er ...

„Du gehst in die verkehrte Richtung“, ruft der Unteroffizier dem Russen zu und deutet nach Osten.

„Der will doch zu seiner Braut“, ruft der Sommersprossige. Er tritt zu dem stehengebliebenen Jonas hin, nimmt dem Willenlosen den Spaten aus der Hand. „Nee . . .“ fährt er dann gemütlich fort, „jetzt sind wir da . . . das besorgen alles wir . . .“

Czerny wird nie mehr ein Mädchen haben, überlegt der Prophet . . .

Ein junger Leutnant tritt an die Gruppe heran.

„Wir haben Besuch, Herr Leutnant“, grinst ein Oberschnäpser.

Ob es Czernys Mutter je erfährt, wie es mit ihm zu Ende ging? fragt sich der Prophet.

„Welche Einheit?“ vernimmt der Offizier den vermeintlichen Gefangenen, der, ohne zu reagieren, ihm mit seltsam starren Blick in die Augen sieht.

„Der spricht bloß russisch“, kommentiert der Sommersprossige schlau.

„Macht nichts“, erwidert der Leutnant zufrieden, „die Russen werden bald deutsch lernen . . .“

Czerny wird nie wieder ein Wort sprechen können, denkt Jonas . . .

„Herrschaften!“ ruft ein Leutnant und sieht auf die Uhr, „in drei Minuten geht's weiter!“ Er steckt sich rasch noch eine Zigarette an. „Übermorgen machen wir in Moskau Feierabend.“

„He, Iwan“, fragt einer der Infanteristen den Obergefreiten, „wie sieht's denn bei euch mit Weibern aus?“

Wie Czerny aussah, rumort es in Jonas. Das Grauen schüttelt ihn.

Sein Blick ist noch irr, aber sein Atem geht jetzt ruhig. Seine Arme hängen so schwer in den Gelenken, als ob sie gleich abfallen würden. Müde setzt er sich auf einen Stein.

„Geht nichts über Bequemlichkeit“, mault der Unteroffizier.

Der Filmtrupp einer Propagandakompanie fährt über die

Straße von Augustowo nach Grodno. Der Kameramann sieht die rastende Einheit, und dann erkennt er Jonas.

„Mensch“, sagt er zu seinem Beifahrer, „Schwein gehabt...“

Der Wagen hält. Die PK-Leute steigen ab.

„Herr Leutnant“, fragt einer und deutet auf Jonas, „der sieht zu schön aus, den würden wir gern aufnehmen . . .“

Der Leutnant zuckt die Schultern.

„Dahinten liegen an die zwanzig tote Russen“, entgegnet er, „das ist doch viel interessanter.“

„Geht nicht“, antwortet der PK-Mann, „das soll ja in die Wochenschau . . . wissen Sie, für die Frauen und Kinder ist das nichts . . .“

Sie gehen mit der Kamera in Stellung. Sie surrt. Jonas wird von allen Seiten aufgenommen. Er starrt gleichgültig in die Linse. Die Haare hängen ihm in der Stirn. Sein Gesicht ist verdreckt. Er sieht stumpfsinnig von unten nach oben. In einer Zeitung wird vierzehn Tage später das Bild sein und darunter der Text:

„Das Gesicht des bolschewistischen Untermenschen.“

Den Landsern wird die Filmerei zu langweilig. Der Leutnant befiehlt den Abmarsch. Die PK-Gruppe fährt weiter.

„Was machen wir denn jetzt mit dem?“ fragt der Unteroffizer und deutet auf Jonas.

„Am besten umlegen“, erwidert der Sommersprossige.

„Wir schicken ihn nach hinten“, befiehlt der Leutnant.

„Damit er uns noch davonläuft“, meckert ein Gefreiter.

Czerny buddeln sie jetzt als Russen ein, denkt Jonas . . .

Ein offener Lastwagen rollt zurück. Verwundete. Die Landser stehen auf der Straße. Der Lkw bremst. Ein Feldwebel ruft lachend, auf die Verwundeten deutend:

„Heimatschuß G. m. b. H.!“

Dann sieht er das eingefallene, fahle Gesicht von Leutnant Pflug und schweigt betroffen.

Auch Jonas sieht es. Und auf einmal fällt der Nebel von ihm, weicht das Brett, lockert sich die Schlinge um den Hals.

Er geht auf den Wagen zu, hält sich an der Rampe fest.

Leutnant Pflug erkennt ihn in diesem Moment.

„Herr Leutnant . . .", sagt Jonas mit der dünnen Stimme eines Kindes, „Herr Leutnant . . . sie haben Czerny . . . den kleinen Czerny . . ."

Der Prophet bricht zusammen, bevor noch sein Zugführer das Mißverständnis aufklärt . . .

Auch im Osten beginnt der Krieg mit einem deutschen Blitzsieg. Aufgelöste, entsetzte Scharen der Russen fluteten zurück, wurden von deutschen Panzern überrollt. Im Radio überschlugen sich die Sondermeldungen. Ihnen folgten PK-Berichte. Dekorierte Offiziere wurden genannt, Einheiten erwähnt. Nur darüber, daß auch hier die ersten Erfolge mit dem Blut der Brandenburger bezahlt worden waren, schwieg der Äther. Aus Tarnungsgründen.

Am 22. Juni erreichte das erste Bataillon Przemysl, um am nächsten Tag den San zu überschreiten. Es gelang, bei Walawa einen deutschen Brückenkopf zu bilden. Von da ab stieß die Einheit überraschend nach Lemberg vor. Zum erstenmal waren ukrainische Legionäre des Regiments Brandenburg im Einsatz. Es war ein Bataillon, das im Auftrag der Abwehr II/Amt Ausland im Winter 1940/41 auf dem Truppenübungsplatz Neuhammer aufgestellt wurde und den Namen „Nachtigall" erhielt. Es setzte sich aus westukrainischen Freiwilligen polnischer Nationalität zusammen, die schon eine gründliche militärische Ausbildung bei der polnischen Armee erhalten hatten. Politisch standen sie dem ukrainischen Nationalistenführer Stefan Bandera nahe, der auch nach dem Zweiten Weltkrieg mit seiner Aufständischenarmee von sich reden machte. Ihr Ziel war die Schaffung einer autonomen Ukraine. Der Offizier, der diese Legionärstruppe betreute, ahnte damals noch nicht, daß er viele Jahre später den Konkurs der Ostfront verwalten sollte. Er heißt Dr. Theodor Oberländer. Er war zwar SA-Führer, lebte aber als Wissenschaftler längere Zeit in der Sowjetunion, wo er mit den Ostvölkern in unmittelbare

Berührung gekommen war. Als stellvertretender Kommandeur des Bataillons „Nachtigall“ stand er der unverantwortlichen nationalsozialistischen Ostpolitik ablehnend gegenüber und widersetzte sich der dumm-überheblichen Ansicht des damaligen Reichsorganisationsleiters Dr. Robert Ley: „Rußland ist unser Afrika, die Russen sind unsere Neger . . .“

Der Handstreich auf Lemberg glückte am 30. Juni. Hier zeichneten sich die Brandenburger nicht nur durch Kriegstat, sondern auch durch Friedensleistung aus. Sie befreiten aus der brennenden Kathedrale den Kirchenfürsten der Ukraine, Bischof Graf Czepticki. Vom gleichen Tag an war der wichtige Verkehrsknotenpunkt Lemberg fest in deutscher Hand.

Und weiter trugen sich die Brandenburger mit ihrem eigenen Blut in das Kriegstagebuch ein. Unter Oberleutnant Knaak sicherte die achte Kompanie, wiederum in russischen Tarnuniformen, die Brücke bei Dünaburg, bei deren Verteidigung der Kompaniechef fiel.

Dann kamen Angehörige von Brandenburg als Fallschirmspringer zum Einsatz. Der Angriff aus der Luft gelang. Die Brandenburger siegten, wie meistens, wenn auch vergeblich. Die Panzerdivision, die hinüberrollen sollte, blieb aus. Sie nahm einen anderen Weg, sei es, weil das OKW selbst nicht an das Gelingen des verwegenen Einsatzes glaubte, oder weil der General es vergessen hatte, oder weil eine Vorausabteilung es verschlief, oder weil sie von Russen aufgehalten wurde. Die bereits geflüchteten Iwans kamen mit Übermacht zurück. Der Krieg machte seine barbarische Rechnung glatt: die Fallschirmspringer von Brandenburg kämpften, unter Leutnant Lütke, bis zur letzten Patrone und fielen bis zum letzten Mann . . . für eine nie geklärte strategische Panne.

Das gleiche Schicksal erlitt ein Lastenseglereinsatz des ersten Bataillons gegen die Sperrbefestigung der Insel Ösel. Der Bravourakt der diesmal in deutschen Uniformen eingesetzten Brandenburger unter Oberleutnant Benesch scheiterte, Männer der gleichen Einheit fingen zwischen dem 15. und 17. Juni 1941 als Vorausabteilung der vierten

Gebirgsjägerdivision vor Winniza einen sowjetischen Entlastungsangriff auf; fünf Offiziere fielen.

Der genaue Blutzoll der Brandenburger ist nicht bekannt. Die Sondertruppe führte keine Verlustliste. Fraglos überlebte nur ein kleiner Teil der eingesetzten Kommandos den ersten Rußlandeinsatz. Um den Ersatz brauchte man sich bei der Abwehr II keine Sorgen zu machen. Von allen Einheiten strömten Freiwillige zu dem Regiment, das Schlange und Schwert im Wappen führte. Die Mundwerbung besorgten die Brandenburger selbst: der Freund zog den Freund, der Bruder den Bruder, der Vetter den Cousin nach. In der Garnison, zwischen den Einsätzen, konnte der Dienst gelegentlich das Gepräge eines gemütlichen Familienbetriebs annehmen.

Im Frühherbst 1941 wurden die letzten Brandenburger für neue Aufgaben aus der Ostfront herausgezogen. Der Rest der zehnten Kompanie, die bei den Biebrzaeinsätzen verheizt worden war, fand nach und nach wieder zusammen. Von Jonas, dem Propheten, wich allmählich der Schock. Nur manchmal, mitten im Gespräch, sah er plötzlich ins Leere. Dann jeweils hatte er wieder das Bild des kleinen Czerny vor Augen. Als die Zeitung mit seinem Bild erschien, auf dem er als „bolschewistischer Untermensch" bezeichnet wurde, konnte er schon wieder lachen. Seine Eltern, die ihn erkannten, lachten weniger. Sie schlugen Krach beim Wehrkreiskommando, und Jonas erhielt vier Wochen Sonderurlaub, um seine Angehörigen wieder zu beruhigen.

Als erster meldete sich Leutnant Pflug zur Spezialausbildung auf dem Quenzgut bei Brandenburg. Seine Verwundung war rasch ausgeheilt. Das EK I, das man ihm verliehen hatte, wurde zum Trostpflaster, das den Schulterschuß der ... Erkenntnis bedeckte.

Über das Schicksal Unteroffizier Dörners wußten die Kameraden noch nichts.

Auch der brennende Wunsch des kleinen Czerny ging in Erfüllung. Er erhielt das EK I, das die vermeintliche Schande seines Namens auslöschen sollte.

Dörner, der sich für Jonas geopfert hatte, wurde noch am Hauptverbandsplatz provisorisch zusammengeflickt. Ihn hatte es am schwersten erwischt: Splitter im Unterschenkel, Streifschuß am Kopf, durchschossener Oberarm. Er sah aus, als ob er sich das goldene Verwundetenabzeichen auf einmal hätte verdienen wollen. Aber der Unteroffizier war durchgekommen.

Auf Umwegen landete er im oberschlesischen Heimatlazarett. Mit sechs Mann liegt er in einer Krankenstube. Sie geben es auf, mit ihm ins Gespräch zu kommen. Nur sein Bettnachbar, der rundliche Obergefreite Schultze aus Berlin, erreichte gelegentlich Unterhaltung.

Auch Dörners Wunden heilen schließlich. Aber die Ärzte sind mit ihm unzufrieden. Der Patient bleibt apathisch. Konstitutionsschwäche, meint der Stabsarzt. Der Unteroffizier könnte aufstehen, aber er tut es nicht. Man reicht ihm zur Herzstärkung Sekt, aber er schenkt ihn seinen Kameraden. Selbst das Frischobst läßt er stehen. Manchmal, zwischen Wachsein und Einschlafen, sieht er das Bild einer jungen Frau wieder. Eva. Dann spürt er Schmerz in den vernarbenden Wunden; auch dann, wenn die anderen Besuch haben. Einmal brachte ihm die Frau eines Kameraden Schokolade mit. Dörner erschrak so darüber, daß er sich nicht bedanken konnte . . .

„Post“, sagte der aufgekratzte Schultze und wirft den anderen lachend Briefe zu. „Du bist wieder leer ausgegangen“, wendete er sich dann betroffen an Dörner.

„Laß mich in Ruhe“, wehrt Dörner ab.

Aber Schultze gibt nicht auf. Vielleicht ist es Mitleid oder nur Schwatzsucht. Jedenfalls weicht er dem verschlossenen Unteroffizier nicht von der Pelle. Er fragt ihn nach Einheit, dem Einsatz und erhält widerwillig Auskünfte über das legendäre Regiment Brandenburg.

„Mensch“, sagte der Berliner unvermittelt, „Freiwillige seid ihr? . . . Da kann man sich melden? . . . Meinste, daß sie mich bei eurem Sauhaufen nehmen?“

„Laß lieber die Finger davon“, rät ihm Dörner.

„Ick muß weg von meinem Verein", erwidert Schultze, „der Spieß kann mir nich riechen . . ." Er klopft Dörner auf die Schulter.

Die Tage vergehen in der Norm der Langeweile. Der Brandenburger sieht ängstlich dem Termin entgegen, auf den sich die anderen freuen: dem Genesungsurlaub.

Wieder liegt er in seinem Bett und grübelt. Wohin? Vielleicht in die bayrischen Berge. Wozu? Na, irgendwohin muß ich ja schließlich, gibt er sich selbst die Antwort. Ob ich mich gleich wieder zurückmelden soll? Vielleicht das Beste, sinniert er weiter. Und so überhört er die Begeisterung des plappernden Schultze.

„Mensch", ruft er den anderen zu, „ne Biene hab' ick jesehn. . . . einfach doll . . . det kann ick euch sagen . . . so 'ne blonde Kühle, die dir gleich heiß macht."

„Wo?" fragen die anderen, erfreut über das Thema Nummer eins.

„Beim Chef . . . und ein Fahrgestell, Mensch . . . du kriegst die Motten!"

Dann reißt dem rundlichen Obergefreiten die aufgehende Tür den Satz vom Mund.

„Det is se ja", sagt er noch zu den anderen und wird verlegen.

Die junge Frau, die von einer Schwester begleitet wird, zögert eine Sekunde in der Tür. Sie ist groß und schlank, vielleicht eine Kleinigkeit zu schlank. Das Gesicht ist schmal, das Lächeln matt. Sie kommt langsam auf Unteroffizier Dörner zu, der sie wie ein Gespenst anstarrt.

„Eva . . .", sagt er halblaut, als sie sich setzt.

Dann sind sie zwei Meter nebeneinander, und haben sich nichts zu sagen. Oder doch? Die Kameraden der Krankenstube schütteln den Kopf über die lange Pause.

„Ich erfuhr, daß du hier bist . . .", sagt Dörners Frau stockend.

Er nickt.

„Ich wollte nur mal sehen . . . wie es dir geht . . ."

„Gut", erwidert er.

„Und sonst?"

„Weiß nicht, was du meinst", antwortet er. Seine Stimme klingt wie Blech.

„Ich hätte nicht kommen sollen . . ."

Dörner sieht an ihr vorbei.

„Aber ich wollte es . . . einmal nur . . . versuchen . . ." fährt die junge Frau im dunkelblauen Kostüm fort. „Nur sehen . . . nur dir sagen . . ." Sie bricht wieder erschöpft ab.

Der Unteroffizier starrt stur geradeaus.

„Es tut . . . mir ja so leid . . .", setzt sie fast flüsternd hinzu und zaudert ein paar Sekunden, in denen Dörner mit dem Kopf gegen die Wand seiner Gefühle rennt.

„Vielleicht . . .", Eva kramt in ihrer Handtasche, „siehst du dir das einmal an . . ."

Sie reicht ihm ein Foto in Postkartengröße. Dörner greift nicht danach; es fällt auf die Bildseite.

Die junge Frau geht jetzt, besonders schnell, die Schultern leicht angehoben, als ob sie durch klatschenden Regen liefe. Zwölf Augen sehen ihr nach. Nur Dörner selbst glotzt stumpfsinnig zur Decke.

Dann greift er so langsam, als wäre seine Hand gelähmt, nach dem Bild, dreht es um.

„Mensch!" brüllt Schultze neben ihm und stößt ihn in die Rippen, „du bist vielleicht 'n Idiot! . . . So 'ne Frau . . . So wat läßt du loofen . . . bist du stumm wie'n Fisch, und hölzern wie 'n Zaunpfahl!"

Dörner hört es nicht. Er sieht das Bild an, und glaubt zu träumen. Er starrt in ein erstes Kinderlächeln und hört das Blut in seinen Ohren. Seine Hand zittert. Das Bild verwackelt. Das macht nichts. Wohin der Unteroffizier auch sieht: er betrachtet zum erstenmal, ergriffen, wie betroffen, seine Stirn, seine Augen, sein Kinn, seinen Mund, halbgeöffnet, wie vor Erstarrung im Gesicht eines Kindes.

Und ich weiß nicht einmal, wie er heißt . . . denkt Dörner gepreßt. Mein Junge, hämmern seine Gedanken spröde, meiner meiner . . .

„Mit so 'ner Puppe ging ich bis ans Ende der Welt!" ruft der dicke Schultze wie aus weiter Ferne . . .

Die Sonne pfeift auf Sperrbezirke; sie scheint, wenn sie scheint, auch der Hexenküche der Abwehr in den Pulvertopf. Der Spätsommer weht seinen warmen Atem über die norddeutsche Tiefebene. Der Himmel ist seidig-blau. Das hermetisch abgeriegelte Quenzgut bei Brandenburg liegt da wie ein Idyll. Helle Mauern, langgestreckte Stallungen, saftgrüne Wiesen, und im weiten Geviert um das Hauptgebäude schnurgerade Kanäle. Im Hintergrund der kleine See. Das geheime Militärgelände gleicht eher einer friedlichen Landwirtschaft als einem Schulungsplatz der unsichtbaren Front.

Hier erleben die Angehörigen der mysteriösen Einheit Brandenburg den seltsamsten Lehrgang der deutschen Wehrmacht. Die Verpflegung ist gut, die Laune blendend. Soldaten sind bescheiden: eine ruhige Kugel, ein voller Bauch, und ein Mädchen in der Kreisstadt . . . und schon leben sie wie der liebe Gott in Frankreich.

Gemessen an diesen Landsergenüssen wird das Leben auf dem Quenzgut von den Lehrgangsteilnehmern als wahres Paradies gewürdigt.

Jonas läßt ein halbes Schnitzel liegen, schiebt das Geschirr weit von sich und sagt:

„Satt sei der Mensch, versoffen und faul . . ."

Er ist für sechs Wochen zum Quenzgut kommandiert; schon zum zweitenmal erhält er eine Spezialausbildung in dem arisierten Musterbetrieb, der früher einem jüdischen Schuhfabrikanten gehörte. Rußland ist weit, und die Vergeßlichkeit groß. Neben ihm auf der Bank der Kantine sitzt sein früherer Zugführer. Pflug ist jetzt Oberleutnant, und Jonas mit ihm per du.

„Ich hau' mich aufs Ohr . . .", sagt Pflug, „ist ja noch Zeit . . ."

Der Prophet sieht an dem zu kurz gewordenen Ärmel seines Anzugs entlang auf die Uhr.

„'ne Stunde", sagte er, „Sprengstoffkunde . . . heute nachmittag." Er gähnt offen. „Den Zauber kenn' ich schon."

„Weck mich rechtzeitig", entgegnet der Oberleutnant und klopft den Umstehenden auf die Schulter: dem schlaksigen Möller, genannt „das lange Elend", dem rundlichen Schultze, einem Novizen, der sich als Vorbote von Unteroffizier Dörner meldete, und seinem zu dünn geratenen Kumpel Auer, der gleich mitkam, weil der Spieß auch für seinen Geschmack zu laut brüllte.

Die beiden Neulinge — die Kameraden nennen sie „Pat und Patachon" — beglückwünschen sich jeden Tag zur gelungenen Flucht. Sie horchen herum, um die typische Eigenart des verlorenen Haufens zu erfassen. Aber es klappt nicht. Die alten Hasen von Brandenburg sprechen nur über die Verdauung, Ausgang und Weiber. Keiner berichtet, wie Freß-Sack am Brückenpfeiler verreckte, daß Freudenreich von der eigenen Infanterie erschossen wurde, wie der kleine Czerny am Baum schaukelte, wie Jonas überschnappte und Pflug seinen Magen in den Sand kotzte. Wozu auch? Sie wissen nur zu gut, daß sie lebender Vorrat des Heldentods sind . . .

Von außen gesehen gibt sich der Kurs mit dem Lehrfach Sabotage pomadig, beinahe lax. Die Soldaten fahren auf Rädern zum Dienst, weil sie zu faul sind, freiwillig auch nur einen Schritt zu gehen. Statt der Uniform tragen sie Zivil. Kämen Kameraden üblicher Wehrmachtseinheiten, die irgendwo unter dem Gebrüll eines beschränkten Zwölfenders den Kasernenstaub auflecken, hierher, so glauben sie sich ins militärische Schlaraffenland versetzt. Auf dem Quenzgut fehlt eigentlich alles, was sonst beim Barras den Menschen zur Kreatur macht: hier gibt es keine schikanösen Appelle, kein Robben durch Dreckpfützen, kein Gewehrpumpen, kein Singen unter der Gasmaske, keine eingerissenen Betten. Und die Ausbilder tragen auch kein Kriegsverdienstkreuz, nicht einmal erster Klasse . . .

Jede Eliteeinheit hat ihre spezifische Arroganz; ihr Schick sind ihre kleinen Modetorheiten, um sich vom großen Haufen zu unterscheiden. Die Fallschirmspringer tragen bunte Halstücher, weil es verboten ist; die Marine macht ihre Hosenschläge besonders weit, weil es die anderen nicht dürfen; die Jagdflieger montieren die Drahtgestelle aus ihren Mützen, um durch verwegene Formen anzudeuten, wer sie sind; die U-Boot-Leute lassen sich nicht nur im Einsatz die Haare über den Nacken wachsen; und die Panzersoldaten braten demonstrativ Spiegeleier auf ihren sonnenheißen Stahlplatten. Bei Brandenburg, dem vielleicht zackigsten Haufen der deutschen Wehrmacht, trägt man Lässigkeit . . .

Um fünfzehn Uhr stehen fünfundzwanzig Mann des Lehrgangs zur praktischen Ausbildung. Ein paar grinsen auf Vorschuß, weil's gleich knallen wird. Der Feuerwerker gibt sich wie ein Magier vor dem großen Illusionsakt.

„Also", sagt er, „das ist ganz einfach . . .", und deutet auf seine Pülverchen, „Mixtur à la Brandenburg", ruft er mit erhobener Stimme.

Oberleutnant Pflug schüttelt das ungläubige Kindergesicht. Jonas lächelt verächtlich, denn gehabt ist gehabt.

„Man nehme . . ." verrät der Ausbilder das Höllenrezept, „etwas Mehl . . . gibt's überall", kommentiert er lächelnd, „und dann noch Staubzucker . . ."

„Der nimmt uns auf den Arm", brummeln Pat und Patachon fast gleichzeitig.

„Und dann . . .", fährt der Feuerwerker fort, „noch Pottasche . . . das ist beinahe alles . . . Ihr könnt das Zeug in jedem Laden kaufen . . . So . . .", setzt er hinzu, „und nun geht's los! Steck deinen Zinken zurück", sagt er zu Möller, dem langen Elend, und gibt ihm einen Klaps. Dann steckt er genüßlich die Zündschnur an.

Zuerst freuen sich alle, weil das Experiment schiefgeht, und dann knallt's: eine Fontäne spritzt aus der Erde. Die Blechteile fliegen den Soldaten um die Köpfe.

„'n mittlerer Furz", sagt Jonas anerkennend.

„Damit kannst du deine Alte umbringen", verheißt der Feuerwerker, stolz wie ein Alchimist, der das Gold erfand.

Oberleutnant Pflug will es nicht glauben. Er besteht darauf, daß die Explosion wiederholt wird, mischt das Zeug selbst. Wenn ihn der Ausbilder nicht zurückrisse, würde er sich am liebsten noch draufsetzen.

„Prima", sagt er, als es zum zweitenmal losgeht.

Und weiter geht der Unterricht in Theorie und Praxis. Geheimschrift — langweilig! Fälschen von Ausweispapieren. Ausbildung an sämtlichen feindlichen Handfeuerwaffen.

„Vielleicht kann man's brauchen", feixt Patachon.

Russischer Unterricht . . . Pflug rümpft die Nase.

Jetzt stehen sie in einer hellen Halle. Fünfzehn bis zwanzig Meter vor ihnen eine mannshohe Scheibe, neben ihnen zwei Inder mit Turban und wilden schwarzen Bärten, die mit rasierklingenscharfen Messern in der Gegend herumfuchteln. Messerwerfen. Die Inder zeigen den Brandenburgern jeden Trick. Höchstes Ziel: auf diese Entfernung die Halsschlagader eines Mannes zu treffen; höchstes Gebot: lautlose Arbeit . . .

Dann wird ganz unvermittelt für ihn aus dem langweiligen Ernst fröhlicher Spaß. Er soll eine Kompanie Ukrainer übernehmen. Für seine vorzeitige Abkommandierung wird er beneidet wie bedauert. Gerüchte wirbeln durcheinander, wollen von einem verwegenen Himmelfahrtskommando wissen.

„Na, Oberleutnant", sagt Jonas, der Prophet, zu ihm, „Halsschmerzen?" Er deutet an die Ritterkreuzstelle.

„Halts Maul!" entgegnet Pflug geschmeichelt.

„Dann mach's gut", sagt der Prophet, ernster als er will.

„Unkraut verdirbt nicht", antwortet Pflug und reicht ihm die Hand.

Der Abschied fällt ihnen schwer. Gezwungen betrachen sie sich eine Sekunde, um dann schnell aneinander vorbeizusehen.

Vielleicht wird's mit dem Spaß doch ernst, schießt es dem Offizier durch den Kopf.

Sei vorsichtig, alter Narr, möchte Jonas warnen.

Er weiß nicht, wie bald er von Pflug schon hören wird. Ganz anders, als er denkt . . .

Der Himmel hängt schwer über den Dünen, wie eine rabenschwarze, feuchte Stola. Am Horizont steht kein Stern, in Swinemünde brennt kein Licht. Verdunklung. Es ist kurz vor Mitternacht. Und hier, wo sich früher die Lampions der Strandbäder wie Perlenketten an der Ostsee entlangzogen, ist kein Mensch mehr unterwegs. Die Saison endete, bevor sie begann.

Wo einst Kinder Sandburgen bauten, sind heute Küstenbefestigungen; wo Ehepaare ihren Urlaub verbrachten, oder sich junge Leute aneinanderschmiegten, die es werden wollten, gehen jetzt junge Soldaten am Stock, auf Krücken oder mit weißen Verbänden um die blassen Gesichter. Von rechts kommt eine frische Brise. Sie schmeckt nach Salz, nach Erde, nach Herbst.

Sie weht von der Ortschaft Liebesseele her, und so seufzt der Wind auch . . .

Der Posten der Küstenbatterie hebt sehnsüchtig den Kopf. Hier steht er seit Stunden, seit Monaten, sinnlos, wie vergessen, und starrt in die Nacht. Dahin, wo sie leben, im schönen Ostpreußen, irgendwo bei Königsberg. Die Frau, die Kinder, das Haus, der Garten — Heimat eben . . .

Der Gefreite, ein Reservist, sucht mit dem Glas die Nacht ab. Auf dem Meer schaukelt sanfte Dünung. Hier, links, liegt das taktische Ziel. Weiter nach rechts! Nichts zu sehen. Wie immer. Nie etwas zu sehen. Man steht an einem Ort, wo man Urlaub machen müßte, zu einer Zeit, in der man ins Bett gehörte.

Der Posten sieht auf die Uhr. Zwanzig Minuten noch bis zur Wachablösung. Na ja, es gibt weiß Gott Schlimmeres im Krieg. Hier sind die Russen weit, und England liegt auf der anderen Seite. Das hier in Swinemünde ist schon keine Etappe mehr; das ist beinahe Frieden . . . Bloß die Langeweile. Die Kameraden in der Unterkunft pennen auch schon. Sie haben ein paar

Kästen Bier geholt und Skat geklopft. Dauerskat. Jetzt hört man nichts mehr.

Mechanisch starrt der Posten auf das Meer. Ist da nicht ein länglicher Schatten? Unsinn. Der Reservist horcht angespannt. Halluzination? Es ist schon richtig kühl. Die Uniform saugt sich mit Meeresdunst voll. Der Gefreite fröstelt leicht.

Plötzlich wird er zur Erde gerissen. Vier, fünf Gestalten liegen über ihm. Er will schießen. Sie reißen ihm das Gewehr aus der Hand. Er möchte schreien. Derbe Hände pressen sich auf seinen Mund. Er beißt zu und hört einen Fluch. Sie stecken ihm ein Tuch in den Mund. Sie binden ihm die Arme zusammen.

Jetzt sieht er sie deutlich und erschrickt. Fallschirmspringer, denkt er, Engländer. Agenten, schießt es ihm durch den Kopf. Er fängt ein paar undeutliche Wortfetzen auf. Soviel hat er von seinem Realschulenglisch noch behalten, um zu merken, daß es keine Briten sind. Russen ... mein Gott, Russen, hier mitten in Deutschland ...

Er stemmt sich gegen die Fesseln. Es nützt nichts. Die Schatten sind weitergehuscht. Nach links, wo der andere Posten steht. Verdammt, der müßte es doch merken, flucht der Gefreite.

Er möchte schreien, aber seine Zunge wird bloß dick. Er fiebert vor Spannung. Dann hört er ein Röcheln. Und die im Unterstand pennen, denkt der Überfallene verbittert ...

Es geht so schnell, daß es hinterher keiner genau erzählen kann. Der feindliche Sabotagetrupp stürzt sich in die Batterieunterstände. Lautlos und blitzschnell. Bevor die Artilleristen noch begreifen, was los ist, werden sie überwältigt und gefesselt.

Dann zieht sich der Feind zurück. Ganz plötzlich verwächst er mit dem Schatten in der Nacht, taucht unter, mitten in der Heimat, wo er nichts zu suchen hat. Wie viele? überlegt der gefesselte Posten. Wie groß ist der Vorsprung? Er weiß nicht, wie lange er so in seiner Stellung liegt.

Plötzlich beugt sich etwas über ihn. Ein Mann. Ein Gesicht.

Unteroffizier Brennicke, erkennt der Posten, und schon wieder besoffen . . .

Er wird rasch nüchtern. Er reißt seinem Kameraden den Knebel aus dem Mund, begreift überhaupt nichts, geht zum nächsten.

„Heiliger Bimbam", murmelt der Unteroffizier, „eine schöne Bescherung!"

Fünf Minuten später stolpert die Batterie durcheinander. Einer brüllt den anderen an. Die Reservisten stürmen heraus, entsichern das Gewehr. Aber sie zielen bloß in die Nacht, in die Luft.

Die Drähte glühen. Die Meldung geht weiter. Alarm in und um Swinemünde. Autos rasen hin und her. Die Abwehr wird verständigt. Scheinwerfer suchen die Küste ab. Irgendwo schießt einer aus Nervosität. Kein Mensch kennt sich aus in dem Durcheinander. Selbst die Parteibonzen holt man aus den Betten.

Was ist los?

Die überfallene Küstenbatterie macht Inventur. Was fehlt? Haben sie die Schußtabellen mitgenommen? Haben sie die Verschlüsse der Geschütze ruiniert? Wollten sie bloß Uniformen erbeuten? Haben sie die Funkstelle zerstört?

Was fehlt um Gottes willen?

Sie suchen wie im Fieber. Sie wühlen sinnlos ihre Sachen durch. Dreimal, achtmal, zwanzigmal. Der Schreibstubenhengst wird immer winziger unter dem Gebrüll des Spießes.

„Sie müssen doch das finden, worauf die es abgesehen haben!" schreit er. „Wenn ich nicht bald Meldung habe, dann zieh' ich Ihnen die Beine lang!"

Es hilft nichts. Ob der Spieß mit Rußland droht, oder dem Kriegsgericht, oder dem Strafbataillon, oder mit Schleiferei: der Mann findet nichts.

Nach neunzig Minuten liegt die endgültige Meldung vor: Der mysteriöse Feind hat einen vollen und einen halbleeren Kasten Bier erbeutet.

Am frühen Morgen wird die Fahndung ruhiger, aber sie

bleibt zwecklos. Jetzt greift auch die Kriminalpolizei ein. Der Ortskommandant ist über Nacht zum Wrack geworden. Fragen, die er nicht beantworten kann, Anschisse, die er mit „Jawohl“ quittiert.

Dann kommt das Schlimmste für ihn: die Lösung.

Vor ihm steht ein blutjunger Oberleutnant. Der alte Oberst begegnete ihm einmal im Kasino. Er muß von den Leuten sein, die auf der „Gorch Fock“ herumturnen, leichte Pionierausbildung, komische Kommandos, Russen unter ihnen, die von deutschen Offizieren ausgebildet werden. Ukrainer. Pst, nicht darüber reden . . . Steht's denn so schlimm um den Krieg? dachte der Ortkommandant damals, daß sie schon Iwans brauchen?, bevor er sich wieder seinem Rotspon zuwandte . . .

Jetzt steht der Kerl wieder vor ihm. Oberleutnant Pflug vom Regiment Brandenburg. Er meldet:

„Übung beendet, Herr Oberst!“

„Herr!“ brüllt der Ortskommandant los, „Sie!“ schnaubt er, und weiß nicht, woher er die Luft nehmen soll, „ich bring Sie vors Kriegsgericht! . . . So was! . . .“

„Ziel erreicht“, meldet Pflug weiter.

„Sabotage!“ schreit der Oberst, „hier mitten in der Heimat . . . . wie können Sie? . . . Mann . . . Mensch, die Folgen . . . nicht auszudenken!“

„Bitte Herrn Oberst melden zu dürfen“, fährt der schnoddrige Offizier fort, „daß die Generalprobe für alle Beteiligten sehr nützlich war . . . einmal für uns . . . und dann außerdem . . .“, er lächelt hinterlistig, „auch für die Küstenbatterie . . . die schläft so schnell nicht mehr.“

Die Meldung des aufgebrachten Kommandanten wandert über den Dienstweg in den Papierkorb . . .

Als Jonas von dem Streich seines abkommandierten Oberleutnants erfuhr, geriet er ebenfalls in Atemnot. Der Lehrgang war zu Ende. Sie feierten lärmend Abschied. Sie ließen Pflug hochleben, daß ihnen die Tränen aus den Augen kullerten. Sie verliehen ihm das Ritterkreuz h. c. so lange, bis sie unter dem Tisch lagen. Der Fall Swinemünde zählte heute abend mehr als eine Eroberung des Urals. Soldaten sind merkwürdige Burschen. Bei den Fallschirmjägern gab es einen Hauptmann, der hatte das belgische Fort Eben Emael erobert, fast ganz allein. Davon sprach er nie. Aber, daß er in Frankreich mit einer Nebelkerze eine Nahkampflinie ausgeräuchert hatte, unterstützt von zwei Oberjägern, machte ihn stolzer als das Eichenlaub zum Ritterkreuz. Der Offizier lebt nicht mehr. Kopfschuß . . .

Jonas und seine Kameraden hatten nicht weit zu ihrem neuen Standort. Sie kamen vorübergehend in die Generalfeldzeugmeisterkaserne in Brandenburg, das ihrem verwegenen Haufen den Namen gegeben hatte. Hier blieben sie auf Abruf. Nebenan, in der Waffenmeisterei, wurde an einem lautlosen Gewehr gebastelt. Vielleicht konnten sie es zum nächsten Einsatz mitnehmen . . .

Auf einmal fand sich auch Unteroffizier Dörner wieder ein. Jonas, der Prophet, war bei der ersten Begegnung fast verlegen.

„Ohne dich", sagte er stotternd, „würde ich jetzt nicht mehr . . ."

„Unsinn", erwiderte Dörner.

„Ich vergeß' dir das nie", fuhr der Prophet fort.

„Gib lieber einen Schnaps aus", schloß der Unteroffizier das Gespräch, jetzt auch ein wenig hilflos.

Sie saßen sich in der Kantine gegenüber. Jonas sah sich den Kameraden an. Etwas ist mit dir anders geworden, dachte er, du bist gelöster, freier, und doch drückt dich noch etwas. Der Prophet weiß nicht, daß die Veränderung Dörners von einem Postkartenbild herrührt, das er jetzt im Soldbuch trägt. Wie viele, wie Millionen anderer Kameraden hat er jetzt etwas, woran er denken kann, wenn's wieder soweit ist.

Und Eva, die Frau?

Dörner schafft es nicht ganz, über seinen Schatten zu springen. Er konnte die Wand der Gefühle nicht einreißen, so sehr er auch mit dem Kopf dagegen tobte. An geraden Tagen glaubte er sie zu hassen, an ungeraden sehnte er sich nach ihr; oder auch umgekehrt. Er setzte sich hin und wollte Eva schreiben. Morgen, dachte er, wenn er auf das leere Blatt sah. Daß es immer ein Morgen gab, wurde zu seinem Verhängnis. Einmal hatte er sich aufgerafft. Am Abend. Der Telefonhörer zitterte leicht in seiner Hand. Seine eigene Stimme kam ihm fremd vor.

„Ja . . .", rief er, „Frau Dörner . . ."

Er wartete. Eine Ewigkeit lang, die aus fünfzig Sekunden und hundertvierzig Herzschlägen bestand.

„Nicht da . . ." hörte er dann und legte auf.

Der Speichel in seinem Mund schmeckte bitter. Nicht da? Zu dieser Stunde? Mitten in der Nacht? Und das Kind? Mein Kind? Er dachte nicht daran, daß Eva bei ihren Eltern sein könnte, er dachte es doch, nur gab er es nicht zu . . .

„Wird schon bald wieder hinausgehen . . .", begann Jonas wieder.

„Ja", erwiderte der Unteroffizier und fuhr aus seinen Gedanken hoch.

„Hoffentlich bleiben wir zusammen . . .", antwortet der Prophet.

„Bestimmt", versetzt Dörner zerstreut.

„Ich bin dir ja noch eine Revanche schuldig . . .", schloß Jonas das Gespräch.

Dann traten sie an. Neue, alte Brandenburger kamen an. Irgendwoher, für irgendwohin. Durchgangsstation. Das Schicksal schlug die Türen zu. Sie begrüßten einander, als ob sie sich seit Jahren kennen würden. Manche kannten sich tatsächlich schon lange.

Gerade, als der Spieß „Achtung!" rief, erkannte Jonas Schnitzler. Er sprang aus dem Glied und lief auf den Hauptmann zu.

„Mensch!" schrie er, „du hier?"

Die Kompanie achtete nicht auf die Meldung. Sie verfolgte das Schauspiel, wie ein Gefreiter und ein Hauptmann einander umarmten.

„Jonas!“ brüllte der Hauptmann, „Mensch!“

„Wegtreten!“ befahl der Hauptfeldwebel.

„Komme eben von da unten . . .“, sagte Schnitzler, „nicht mehr viel los . . .“

„Schade“, antwortet Jonas. Sie bemerkten gar nicht, daß sie immer noch Hand in Hand dastanden. „Und Mariu, die Flotte?“ fragte der Prophet weiter.

„In Rumänien gibt es zu viele Marius“, erwiderte der Hauptmann.

Sie gingen langsam weiter, auf die Unterkunft zu, Seite an Seite, wie damals. In Rumänien. Mit jedem Schritt, den sie machten, lief die Erinnerung ein paar Wochen zurück. Sie standen wieder an der Donau und grinsten. Sie betrachteten das Schwarze Meer und warteten. Sie sahen todschicken Frauen nach und dachten an etwas ganz anderes. Und Jonas hatte wieder einen Fußballdreß an, schoß ein Tor und lachte sich dusselig darüber. Denn seine Stiefel waren zu groß und seine Beine zu lahm.

Es war Sport. Aber ganz anderer, als die Zuschauer erwarteten. Sport auf Leben und Tod. Und der Ball landete nicht im Netz, sondern er prallte dem britischen Secret Service gegen den Kopf...

Das schönste, das lustigste, das nötigste Abenteuer der Brandenburger feierte gerade seinen einjährigen Geburtstag. Die Bilanz der deutschen Abwehr schloß aktiv. Mit einigen Superlativen. Rumänien war am spannendsten, am erfolgreichsten, und am blutigsten . . .

1940, Balkan, Bukarest, Klein-Paris. Der dunkelhaarige Gentleman am Straßentisch des Boulevardcafés arbeitet für England. Die Reisekosten des glatzköpfigen Zeitungslesers neben ihm zahlt Frankreich, solange die Maginotlinie noch hält. Der schlanke Herr neben der lächelnden Dame tarnt nur sehr notdürftig den Offiziersrang unter dem Zivilanzug. Für seinen Flirt kommt Canaris auf, über die Hauptbuchhaltung

Brandenburg. Er heißt Schnitzler. Aber in seinem Paß steht ein anderer Name.

Er ist noch nicht lange hier, aber er weiß: wo vier Männer an einem Tisch sitzen, sind fünf Geheimdienste vertreten, denn mindestens einer trägt auf beiden Schultern.

Am eleganten Boulevard Elisabeta, der Prunkstraße der rumänischen Hauptstadt, hier, bei „Dragomir", ganz nahe der ehemaligen österreichischen Gesandtschaft, brodelt das Leben und kocht das Abenteuer. Hier trifft sich die feine, die allerfeinste Welt zu Cocktail und Pastrama, dem leckeren, luftgedörrten Ziegenfleisch. Hier spricht man alle Sprachen, außer der eigenen. Und bei schönem Wetter findet der Krieg im Freien statt . . .

Dazwischen liegt der Boulevard wie ein Laufsteg, über den pausenlos der Vorbeimarsch von Anmut und Luxus flutet. Mädchen, nein, Frauen; keine Frauen, Damen! Gekonnte Haltung, aparte Rasse, einmalige Klasse! Balkankenner wissen längst: gibt's in Ungarn die beste Salami, in Bulgarien die schneidigsten Offiziere, in Jugoslawien den feinsten Schafkäse, dann hat Rumänien die schönsten Frauen. Auf dem „Elisabeta", den Champs-Elysées von Bukarest, trifft man sie auf Schritt und Tritt. Und keiner weiß, ob sie promenieren oder spionieren . . .

In Klein-Paris braut sich das Leben eine Story zusammen, die sich in Öl gewaschen hat. Lebte Edgar Wallace noch — „es ist unmöglich, von ihm nicht gefesselt zu werden" —, neben diesem Drama müßte er rot werden, beschämt von seinem Mangel an Phantasie. Die Zeit zieht alle Register. Ihr Repertoire reicht von Flirt bis Mord. Was sich ansieht wie ein schillernder Operettenkrieg, ist in Wirklichkeit eine dreckige Ölschlacht. Petroleum stinkt . . .

Deutschland braucht das rumänische Erdöl um jeden Preis für den Krieg. England will das mit allen Mitteln verhindern. London weiß, daß es mit den deutschen Blitzsiegen vorbei ist, wenn Hitler allein auf das synthetische Benzin angewiesen wäre. Berlin weiß es ebenfalls.

Das ist die Lage im Frühling des Jahres 1940. Eine unterirdische Schlacht auf neutralem Boden: hie Secret Service, da Brandenburg, zwielichtige Front in der rumänischen Beinahe-Demokratie. Das Parlament ist auf Urlaub, auch König Carol bei Madame Lupescu. Nur die Geheimpolizei schläft nicht . . .

Ob das Öl nach Deutschland kommt oder von den Engländern geschnappt wird, ist Bukarest zunächst einerlei. So oder so würde ein offener Krieg das ganze Land vernichten; und das soll vor allem verhindert werden. Kulturell tendiert Rumänien nach Frankreich, politisch nach England, wirtschaftlich nach Deutschland. Die Angst wird den Balkanstaat zwingen, sich mit der Partei anzufreunden, die er am wenigsten mag . . .

Das Ölland ist in der Zange: an der Nordgrenze steht Hitler. Östlich lauern die Ungarn, neben den im Süden rüstenden Bulgaren, die alten Erbfeinde Rumäniens. Im Nahen Osten halten die Engländer eine Million Soldaten unter Waffen, darunter Fallschirmjäger, die es jeden Tag vom Himmel regnen kann, ja muß, wenn die Öltanker weiter donauaufwärts nach Deutschland ziehen.

Das schwarze Gold, im Frieden der Segen des Landes, ist jetzt sein Fluch; die Anlage von Ploesti sein Schicksal. Von fünf Bohrtürmen gehören vier englischen, französischen oder holländischen Firmen. Der fünfte Turm fördert hauptsächlich Öl für den König, der damit die Juwelen für seine Freundin bezahlt.

Es ist eine paradoxe Situation: Alliierte Firmen müssen den Treibstoff für deutsche Panzer liefern, die gegen britische Soldaten rollen. Sabotieren sie, dann rasseln die Panzerketten gegen Rumänien. Natürlich hatten sich die Firmen geweigert, die Tankschiffe des „Bayerischen Lloyd" zu füllen. Aber die Rumänen zwangen sie dazu, gegen ihre Überzeugung, aus Selbsterhaltungstrieb.

Die britische Antwort blieb nicht aus. Die Engländer verdreifachten ihr Botschaftspersonal. Unter dem Schutz der

Diplomatenpässe reisten die alliierten Agenten in die gesperrten Hafengebiete am Schwarzen Meer.

Der erste Secret-Service-Plan war ganz einfach und harmlos. Im Donaudelta gibt es eine Menge Flachstellen, die nur eine kleine Gruppe streng gewerkschaftlich organisierter Lotsen genau kennt. Ausnahmslos Rumänen. Jedem einzelnen von ihnen boten die Engländer eine Million Lei, wenn sie den Dienst quittierten. Zwanzigtausend Mark für Dauerurlaub. Die Donausschiffer lehnten auch noch ab, als die Abwehr auf fünfundzwanzigtausend erhöhte. Nicht aus Liebe zu Deutschland, sondern aus Existenzangst. Einmal trauten sie der Währung nicht, und dann hatten sie, ähnlich den Franzosen, ihren kleinbürgerlichen Rentnertraum. Der rumänische Staat garantierte ihnen Pensionen. Sie fürchteten, sie zu verlieren, wenn sie das Angebot annahmen.

Fehlschlag also . . .

In London wird man nervös. In Berlin erwartet man den nächsten Coup. Beide tasten sich ab. Beide Parteien pumpen den bedrohten Donaustaat mit Agenten voll. Jeden Tag kann die Bombe platzen, die das Land vernichten muß.

Hauptmann Stefanescu, der wendige rumänische Abwehroffizer, liebt die Engländer und weiß, daß er ihnen in den Arm fallen muß. Sein Land hat schon einen Ölkrieg hinter sich. 1916 kämpfte es auf alliierter Seite und bezog Prügel. Die „Entente" beschwor die zurückflutenden Rumänen, die Öltürme nicht zu sprengen. Die Rumänen taten es und bereuen es heute noch. Bis 1922 warteten sie auf eine Entschädigung. Dann kam Léon Wenger ins Land, ein Franzose, der sich jetzt, 1940, wieder in Bukarest herumtreibt. Er handelte eine berechtigte Forderung von eineinhalb Milliarden Pfund auf ein besseres Butterbrot herunter, und die Rumänen mußten es noch annehmen und mit ansehen, wie die Ölraffinerien, die sie für die Alliierten vernichtet hatten, zu achtzig Prozent an die geschäftstüchtigen Verbündeten fielen.

Und jetzt wollen die Engländer wieder die Schlagader abdrehen? Wie lange werden die Tanker noch träge donauaufwärts fahren? Wo immer zwei Menschen zusammentreffen, stellen sie sich diese Frage . . .

Auch Admiral Canaris, der alte Fuchs vom Tirpitzufer, weiß nicht, was kommt, aber er baut vor, und das heißt: Brandenburg an die Front! Die Abwehr durchsetzt die bekannteste Reederei, den „Bayerischen Lloyd“, mit ihren Leuten. Zwei geschworene Landratten, Offiziere von Brandenburg, werden seekrank und spielen Dampfschiffahrtsgesellschaftkapitän.

Auf polnischem Gebiet, dicht bei der rumänischen Grenze, wird eine Spezialeinheit als Feuerwehr z. b. V. stationiert. Beobachter reisen nach Ungarn. Der hitlerhörige Reichsverweser von Horthy macht keine Schwierigkeiten. Die Bulgaren, am anderen Ende der Zange, sind traditionell deutschfreundlich. Für dieses Land heckt die Abwehr II noch einen besonderen Plan aus. Nach Rumänien selbst schickt man KdF-Reisende, Weinhändler, Zigarettenverkäufer, Werkzeugvertreter, Eisenbahningenieure oder private Sommerfrischler — alles sprachkundige Soldaten in Zivil, einzeln oder in winzigen Trupps, die miteinander Fühlung halten oder auftragsgemäß bewußt selbständig handeln.

Den Zufall, daß Oberleutnant Schnitzler neben der bildschönen Mariu Lepanowski Pernod trinkt, hat die Abwehr gestellt. Im Hintergrund lauert ein Mann, der sich wie ein Herr gibt, und doch nur ein deutscher Obergefreiter namens Jonas ist. Er beglückwünscht sich zu seinen Sprachkenntnissen, die ihn auf diesen Posten gestellt haben, wenn er auch bei „Dragomir“ Zeitung lesen muß, während sein Chef flirten darf. Immerhin schneidet sich der Prophet mit den Augen eine Scheibe ab. Hübsch, denkt er, einfach toll . . . die sieht aus wie eine Gräfin, die merkwürdigerweise bei den Zigeunern zur Welt kam und statt Spiegeleier jeweils Brillanten frühstückt.

„Zerstreut, *mon ami*? . . .“, fragte Mariu Lepanowski.

„*Pardon, Madame*“, entgegnet der Mann, der hier nicht

Schnitzler heißt, lächelnd. Obwohl er französisch mit der Rumänin spricht, merkt sie natürlich, daß er Deutscher ist.

Was er alles über sie weiß, kann sie nicht ahnen. Die Abwehr lieferte ihm eine ganze Akte frei Haus. Achtundzwanzig Jahre alt. Steinreich. Dreimal geschieden. Vielleicht auch viermal. Dabei versagte die Recherche. Eleganter Salon. Hier prostet sich alles mit dem Glas zu, was sich sonst den Schädel einschlagen möchte. Die rassige Gastgeberin hört, sieht und erlebt viel. Sie ist nicht feil, aber doch zu haben, in keinem Fall aber für Geld. Sie liebt das Leben ein bißchen zu sehr, und hält alles für langweilig, was harmloser als Dynamit ist . . .

„*Que fait la guerre?*“ fragt sie mit ihrer hellen Stimme. „Was macht der Krieg?“

„Der Krieg?“ antwortet er lachend, „was schon . . . , außer Unfug?“

„Sie würden einen prächtigen Soldaten abgeben . . .“, sagte Madame Lepanowski.

„Ich könnte mir was Schöneres vorstellen“, lügt er.

Madame versteht, ein wenig zu schnell.

„Gestern war der britische Attaché bei mir zum Tee“, sagt sie tändelnd. Ihre gepflegte, schmale Hand kommt Schnitzler zuvor, zündet ein Streichholz an, und hält das Flämmchen gegen die Zigarette. Mariu zündelt gern, sei es mit Streichhölzern oder Bohrtürmen . . .

„Der Attaché?“

„Neugierig?“ fragt sie zurück.

„Wer ist das nicht?“ erwidert der Begleiter.

Die Rumänin sieht ihn prüfend an.

„Haben Sie Zeit?“

„Aber ja . . .“

„Dann kommen Sie“, fordert Madame ihn auf.

Jeder sieht ihnen nach, als sie das „Dragomir“ verlassen. Jeder denkt sich seinen Teil. Kein Neid auf die Frau. Kampf ums Öl.

Jonas, der Prophet, hat es da einfacher, als er seinem Chef mit den Augen folgt, der Mariu Lepanowski galant den Arm reicht, und dann mit ihr so lässig über den Boulevard schlendert, als sei es seine einzige Sorge, die Rumänin gut zu unterhalten.

Der hat's gut, denkt Jonas, immer diese Offiziere . . .

Während die beiden das Spiel der Abwehr aufnehmen und die ersten dünnen Fäden ziehen, während jeder jeden belauert, und sich dabei gelangweilt gibt, löst ein fanatischer Zufall, unerwartet für Freund und Feind, die rumänische Höllenmaschine aus . . .

Mit dem welken Gesicht der geronnenen Zeit hängt an diesem Tag der Himmel über Rumänien, bleischwer und endlos. Er spannt sich über Bukarest wie ein schlaffes, schlampiges Zelt, das gleich in die brennende Ölsuppe stürzen muß. Das unter seiner farblosen Decke liegende Klein-Paris kennt keiner wieder, der es liebt.

Niemand achtet auf die eleganten, rassigen Frauen auf der Calea Victoriev oder dem Boulevard Elisabeta, keiner verfolgt sie mit den Augen, oder fragt sich, ob sie promenieren oder spionieren. Die Passanten stauen sich zu Gruppen und starren den rasselnden Panzern nach. Wo sonst galante Herren den Hut im Dutzend vor der weiblichen Anmut ziehen, stehen Posten mit Stahlhelm und starren Gesichtern. Wo man sonst lacht, schweigt man jetzt, und die Aperitifs auf den Marmortischen der Straßencafés sind jetzt vergessen. Wenn die Rumänen, bekannt durch ihren gesunden Vormittagsschlaf, schon so früh aufstehen, dann ist der Teufel los . . . Das Durcheinander hat System. Zwar ist der König bei Madame Lupescu, und erholt sich das Parlament am Schwarzen Meer; zwar ist Rumänien neutral, und schien gestern noch die Sonne, aber heute bricht die Hölle los. Ein Blitzgespräch mit England zwingt die Siguranta, die Geheimpolizei des Landes, das mit dem Herzen in Paris, mit dem Kopf in London und mit der Brieftasche in Berlin steht, zum plötzlichen Sturm.

Punkt elf Uhr. Das Straßenbild wechselt wie bei Wolkenbruch. Es schlägt um von einer Minute auf die andere: Reiche Snobs werden zu Zechprellern. Die Telefonkabinen sind überfüllt. An den Zeitungskiosken stehen Schlangen. Um jedes Radio scharen sich die Menschen. Die Uniform beherrscht das Straßenbild.

Der deutsche Oberleutnant Schnitzler, der gerade im Taxi mit Mariu Lepanowski unterwegs ist, ist hellwach. Das kennt er. Er spürt es wie ein Invalide das Gewitter. Der fünften Kolonne sechster Sinn. Damals in Polen, vor Warschau, bückte er sich ohne Grund. Die Kugel des Scharfschützen zischte eine Sekunde später über ihn hinweg. Und jetzt? Was ist los? Er starrt hinaus. Die elegante Dame an seiner Seite lächelt vor sich hin, belustigt und schmollend.

„*Mon ami* . . .“, beginnt sie, „Sie vernachlässigen mich schon wieder . . .“

„*Pardon, Madame*“, erwidert er. Verdammt, denkt er. Da spiele ich hier den Gigolo, und es geht los. Er faßt sich an den Hut und schiebt ihn unwillig zurecht, als sei es kein Borsalino, sondern ein schäbiger Filz. Der Zivilanzug drückt an den Schultern. Dabei wurde er in einem ersten Berliner Salon gearbeitet, bezahlt von Canaris, gefaßt in der Kleiderkammer von Brandenburg.

Verdammt, denkt der Offizier, die anderen stülpen sich jetzt den Stahlhelm über, einen holländischen oder belgischen vielleicht, schlüpfen in die Tarnuniform, trinken einen Schnaps und rauchen eine Zigarette — und erwarten das Eichenlaub zum Birkenkreuz . . .

„Sehen Sie doch . . .“, sagt er dann, und deutet auf die erregt diskutierenden Gruppen

„Ich bin nicht blind“, entgegnet die Rumänin.

Einen Moment kämpft ihr Begleiter mit dem Gedanken, einfach auszusteigen und sie allein weiterfahren zu lassen. Dann erinnert er sich an den unmißverständlichen Befehl der Abwehr, die ihn mit Mariu zusammenbrachte.

„Was denken Sie?“ fragt die Dame.

Schnitzler überlegt einen Moment, während ein mechanisches Lächeln in seinem Gesicht aufflammt. Er deutet wieder hinaus und sagt:

„Ich bewundere Ihre Ruhe."

„Das läßt sich ganz einfach erklären", antwortete Mariu, lächelnd, die wie eine Gräfin aussieht, obwohl sie von Zigeunern abstammt.

„Und?"

„Verhaftungswelle."

„Wer?"

„Sie nicht", versetzt die Rumänin lachend, „diesmal ist die andere Seite dran."

„Welche andere Seite?" fragte Schnitzler gereizt.

„Sie sind doch Deutscher . . . oder?"

„Von mir aus", erwidert er leichtsinnig.

„Die Razzia gilt Engländern, Franzosen und Belgiern."

Der Oberleutnant in Zivil überlegt. Ruhe, sagt er sich. Sie weiß natürlich Bescheid. Sie hat Verbindungen. Sie steht auf keiner Seite. Ihre Heimat ist das Abenteuer.

„Meinen Sie?" fragt er.

„Ich weiß es . . ."

„Und warum so plötzlich?"

„Lesen Sie nie Zeitung?"

„Zeitung?" wiederholt Schnitzler gedehnt.

„Ja . . . die ‚Daily Mail' zum Beispiel . . ."

Der Offizier stutzt. Natürlich, der Ansturm auf die Zeitungsstände, die bedauernden Gesten der Händler, die vier, fünf Straßenpassanten, die gierig mit anderen mitlesen.

Er gibt dem Fahrer ein Zeichen, zu halten.

„Aber, *mon cheri* . . .", lächelt ihn die Rumänin an, „was glauben Sie . . . bei mir liegen alle Zeitungen auf . . ."

Nicht nur diesem deutschen Oberleutnant fällt heute das Lächeln schwer. Er ist nicht allein in Rumänien. Die Schnitzlers sind längst Dutzendware. So viele schickte die Abwehr, oder der Secret Service, oder die Sûreté. Und sie alle stürzen jetzt an Telefone, wie an Gewehre. Die Verwirrung spricht in vielen Sprachen. Und die Drähte glühen, auch wenn sie angezapft sind. Die unsichtbare Front telefoniert. Die Geheimpolizei dechiffriert. Die Armee mobilisiert.

Denn die Bombe ist geplatzt.

Ihr Mantel ist Papier. Der Sprengstoff Druckerschwärze. Die Zündschnur Zufall. Die Höllenmaschine trägt den Stempel: „Daily Mail". Tägliche Post.

An diesem Tag geht die Post in Rumänien mit hundert Sachen ab . . .

Nie gab es einen unschuldigeren Brandstifter. Jeder, der mit dem schmutzigen Ölkrieg zu tun hatte, kannte ihn. Er hieß Gordon Beckles und hatte eine Vorliebe für Turburet, den jungen, kaum vergorenen Wein. Seine Tüchtigkeit ließ ihn über das Sprengkabel stolpern. Er war Journalist. Und er sah aus, wie sich ein Filmproduzent einen Reporter vorstellt: Baskenmütze schräg auf dem Kopf, umgehängte Kamera, jederzeit bereit zu der Frage, warum die Donau eigentlich in das Schwarze Meer fließt . . .

Durch Phlegma und Sportsgeist wies sich Beckles als Brite aus. Er sammelte auf den Boulevards Eindrücke, daß heißt, er lungerte herum. So sah ihn jeder in den Cafés: hinter einem Glas, neben sich einen Informanten, vor sich die Einreise in das Sperrgebiet der Ölzone.

Es juckte ihm in den Fingern. Er wußte, daß er eine Sensationsreportage schreiben würde. Er sah alles mit dem wachen Blick des Reporters. Verdammt, was für eine Story! Beckles plante ein paar Zeilen für die Frauen ein, und ein paar Ausrufzeichen für Klein-Paris. Dann wollte er zur Sache kommen. Welche Sache! Ein Land, das vom Trinkgeld beherrscht wird und es plötzlich ablehnt. Kapitäne, denen man die vierfache Fracht bezahlen will, wenn sie faulenzen. Lotsen, die fünfundzwanzigtausend Mark verschmähen, weil sie auf zweihundert Mark Pension erpicht sind. Und dazu all die anderen, die Bummelagenten des unsichtbaren Krieges, bezahlt mit amerikanischen Dollars, englischen Pfunden, französischen Francs, holländischen Gulden, deutschen Reichsmark, anonymen Kugeln oder einheimischen Messerstichen . . .

Der Journalist ahnte nicht, daß er längst unter die Lupe genommen war. Fast gleichzeitig erkundigten sich die Rumänen und die Deutschen in London über ihn. Die Auskunft war eindeutig. Beckles war prominent genug, daß er unter seinem Namen schreiben konnte. Selbst sein Bild wurde beschafft. Ein harmloser Irrer, dachte man, ein zeilenschindender Reporter, wenn auch für ein Weltblatt. Man gönnte ihm das Honorar. Nur, als er nach Ploesti reisen wollte, schüttelte die Siguranta abweisend den Kopf: Sperrzone für alle Ausländer.

Der Reporter lächelte, ging zu seiner Botschaft und wurde für vierzehn Tage Hilfskraft des Presseattachés. Der Diplomatenpaß öffnete ihm die Sperrzone. Beckles trank Whisky mit den Managern der Firmen, die zähneknirschend ihr Öl dem Feind lieferten, und auch dafür von Hitler bezahlt wurden, als gäbe es keinen deutsch-englischen Krieg. Beckles sprach mit Ingenieuren, die im Auftrag ihrer Firmen unter tausend Vorwänden so wenig Öl wie möglich förderten. Rumänen klopften ihm auf die Schulter und sagten:

„Diese verdammten Deutschen!"

„Dann dreht doch den Petroleumhahn ab . . . und der Krieg ist aus", riet Gordon Beckles.

Sie zuckten die Schultern.

„Aber ihr müßt doch etwas tun, wenn ihr schon moralisch auf unserer Seite steht", antwortete der Journalist aufgebracht.

„Vielleicht haben wir schon im Ersten Weltkrieg zuviel für unsere Gesinnung getan", erwiderten sie mit balkanesischem Lächeln.

Dann hatte es der britische Reporter eilig, wegzukommen. Er feilte an seinem Bericht. Ein Ölmann riet ihm, ein Stück an der Donau entlangzufahren. Beckles wollte ablehnen, aber der Mann nahm ihn im Wagen mit. Und so fuhr er an den Umschlaghäfen entlang. Er stand am Kai in Giurgiu und sah den träge dahinziehenden Schleppern nach. Sie fauchten auf Umwegen nach Norden, nach Deutschland. Und sie entluden ihre Last direkt in die deutsche Kriegsmaschine.

Beckles spuckte aus, aber es nutzte nichts.

Sie fuhren weiter. Nach Orsova. Überall das gleiche Bild.

„Nun reicht's mir", sagte der Engländer.

Aber der ihn begleitende Ölmann riet ihm, noch das Eiserne Tor zu besuchen. Ganz in der Nähe, wie geschaffen für die Touristen. Märchenhafter Postkartenblick. Verengung des Flußbettes, links und rechts grimmige, steile Felsen, wie von einem plumpen Baumeister in die Gegend gesetzt. Ein wildes Schauspiel der Natur.

Der Journalist stand fasziniert davor. Aber er dachte nicht an Romantik, sondern an Dynamit.

„Sagen Sie ...", fuhr er zu dem Ölmann herum, „wenn man diese Felsen sprengen würde ..."

„Das wäre gar nicht notwendig", erwiderte der Begleiter, „ein paar mit Zement beladene Kähne in der Fahrrinne versenken ... und aus wär's mit den Transporten ..."

„Wieso?"

„Ganz einfach ... hier kann die Donau nur über ein paar Tiefen passiert werden ... machen sie sie flach, dann kommt kein Kahn mehr durch ..."

„Und warum tut das niemand?" fragte Beckles heftig.

„Fragen Sie die Schlafmützen in London", versetzte der Ölmann gereizt.

Beckles tat es nicht. Er nahm ein Flugzeug. Er holte in der Nacht seinen Chefredakteur aus dem Bett. Der ewige Traum des Reporters erfüllte sich: die Story seines Lebens! Der Journalist mußte sie in der Redaktion schreiben. Das Telefon stellte man ab. Man bewachte ihn wie einen Augapfel. In der Konferenz wurde das Thema unterschlagen. Nur zwei, drei Ressortchefs wußten von der Titelstory. In England ist die Presse frei. Auch noch im Krieg. Einer der Zeitungsleute wollte das Kriegsministerium anrufen. Aber sie zitterten alle um ihre Sensation. Und so unterblieb es.

Die Nachricht raste durch die Rotation. Beckles stand

daneben mit der wilden Freude des Reporters, dessen Geschichte am Morgen durch Millionen Hände wandert. Bevor das Kriegsministerium das erste Exemplar der „Daily Mail“ in der Hand hielt, war es schon passiert: der Bericht enthielt sozusagen die geheimste Planung des Secret Service.

Sie kannten sie alle, die sie nichts anging: die Deutschen. Die Rumänen. Der War Secretery dementierte. Zu spät. Vergeblich. Die Rumänen schlugen zu. Stunden später spielte ihnen der deutsche Botschafter eine Liste aller verdächtigen Elemente in die Hand. Die Abwehr war nicht kleinlich gewesen und handelte nach dem Grundsatz: *in dubio pro reo.* Und die Siguranta flüchtete aus der Furcht vor den Deutschen in die Angst vor den Engländern.

Hunderte von britischen Agenten wurden festgenommen. Mit ihnen die letzten polnischen Emigranten, die noch auf freiem Fuß waren. Nach ihnen auch harmlose Zivilangestellte der Franzosen, Holländer, Belgier. Man schaffte die Verdächtigen einfach per Lastwagen an die Grenze und trieb sie hinüber. Für immer oder bis zum nächstenmal. Gleichzeitig berief die rumänische Armee zwei Jahrgänge ein und erklärte einen Streifen von dreißig Kilometer entlang der Grenze zur Sperrzone. Und während die Rumänen vorübergehend, zufällig und unfreiwillig, zu Handlangern der Deutschen geworden waren, starrten sie ängstlich zum Himmel, von woher britische Fallschirmjäger kommen konnten.

Ein kleiner, wenn auch prominenter Reporter hat aktiv in die Weltpolitik eingegriffen und durch seinen gesunden Menschenverstand den Geheimdienst seines eigenen Landes außer Gefecht gesetzt. Der Krieg leistete sich eine seltsame Kapriole. Und Mr. Beckles verwünschte den Traum seines Berufes.

Oberleutnant Schnitzler folgte Mariu durch den eleganten Salon, an dessen Wänden die vergilbten Porträts martialisch aussehender Ahnen hingen, die sich Madame vermutlich von einem Antiquitätengeschäft ausgeliehen hatte. Er sieht auf ihre schlanken Beine und denkt an die Landung der Engländer. Die Rumänin führt ihn in einen kleinen, intimen Nebenraum, holt eine Flasche „Bisquit“ und geizt nicht beim Einschenken. Sie hebt das Glas.

„Auf das Leben, das wir lieben“, sagt sie.

„Auf uns ...“ erwidert Schnitzler.

„Sie lügen ...“, entgegnet Mariu lächelnd, „aber Sie tun es wenigstens mit Charme ...“

Sie tritt ganz dicht an ihn heran. Der Duft ihrer Haare streift ihn, aber er riecht nur Petroleum. Ihre langen, affektiert abstehenden Wimpern berühren ihn fast. Ihre dunklen Augen brennen wie Öl, das die Briten vermutlich heute in Brand stecken.

„Setzen Sie sich doch“, sagt Madame Lepanowski.

Er folgt. Etwas steif. Wie auf die Aufforderung seines Kommandeurs im Kasino.

„Nervös?“ fragt sie.

„Etwas“, versetzt Schnitzler.

„Leider nicht meinetwegen“, fährt sie kokett fort, „aber ich könnte sie beruhigen.“

„Ich wäre nicht undankbar“, antwortet er.

Mariu rückt ihren Stuhl dichter an ihn heran, setzt sich so, daß sie sich an seine Schulter leicht anlehnt. Feindberührung, denkt Schnitzler leicht beunruhigt und greift nach dem Glas. Er trinkt etwas zu schnell und ein wenig zuviel. Die Rumänin lacht ihm zu.

„Sie machen Fortschritte, mein Lieber ... und jetzt biete ich Ihnen eine Wette an.“

Er betrachtet sie fragend.

„Die Engländer werden ausbleiben ...“, fährt sie fort, „sie kommen heute nicht, kommen morgen nicht ... und in den nächsten Wochen nicht ...“

„Und woher wissen Sie das?“

„Sie haben ganz andere Pläne ...“

„Die Sie auch kennen, Madame?“

„Vielleicht ...“ antwortet sie. Mariu bläst sich eine Strähne aus der Stirn und steht auf. „Schwül heute ... ich ziehe mir etwas Leichteres an ..."

Schnitzler sieht ihr nach. Sie geht wie ein gezähmter Wildbach, jederzeit bereit zum plötzlichen Ausbruch, elastisch in den Knien, leicht schwingend in den Hüften, gelernt, gekonnt, gehabt ...

Also doch, überlegt Schnitzler, natürlich, die sind ja keine Idioten bei der Abwehr. Sie werden schon wissen, was sie wollen, wenn sie mich in diesen Salon abkommandieren. Er spürt, daß er heute noch wichtige Informationen erhalten wird und ist auf einmal ganz zufrieden mit diesem Kriegsschauplatz, dessen Schlachten auf dem Parkett stattfinden, dessen Uniform der Smoking, und dessen Waffe das Sektglas ist. Oder auch Kognak, überlegt der Leutnant, und gießt sich nach. Wozu eigentlich die Aufregung? Der Feind wird ausgewiesen, und wir siegen sozusagen wieder einmal aus der Fracktasche.

Auch ein ganz schöner Krieg, denkt der Oberleutnant, obwohl mir ja der andere an der Front besser liegt. Marschieren und siegen: ein verdammt einfaches Rezept! Na, ja, etwas Glück muß man haben. Der arme Braun, schießt es ihm unvermittelt in den Kopf, Granatsplitter in den Unterleib. Er schrie wie ein Tier. Sie hielten es nicht aus. Sie stopften ihm zwei Taschentücher in den Mund. Er lief rot an, dann blau.

„Der erstickt doch", brüllt Aschauer.

Sie rissen ihm den Knebel aus dem Mund. Die Lippen waren starr geworden, steif. Sie wußten nicht, ob er erstickt oder verblutet war. Sie hatten auch keine Zeit nachzudenken, denn die Polen kamen.

Aber wir sind mit ihnen fertig geworden, denkt Schnitzler und nimmt einen Schluck. Aber Aschauer, der arme Hund ... Kopfschuß. Beide Augen weg. Blind. Die ewige Nacht des früheren Kameraden macht ihn einen viel zu kurzen Augenblick hellsichtig. Was soll's? denkt er unwillig und nimmt noch einen Schluck.

Dann kommt Mariu zurück. Sie trägt ein hauchdünnes Nachmittagskleid aus Seide und darunter noch etwas Seide. Es raschelt leicht, wie Laub im Herbst, nein, überlegt Schnitzler, im Frühling. Er spürt ihre langen, gepflegten Finger auf seiner Hand.

„Ich mag die Deutschen", sagt sie unvermittelt, „sie sind so blond ... und so stark ..."

„Danke", erwidert er, das Kompliment tut ihm gut.

„Ich schätze auch die Engländer", fährt sie lockend fort, „sie sind so blond und sportlich ..."

„Wen mögen Sie nun eigentlich wirklich?" fragt Schnitzler leicht aufgebracht.

Die Rumänin sieht ihn fest an, kommt näher, legt ihre Arme um seine Schultern, zieht ihn an sich, küßt ihn leicht, hauchfein.

„Den Sieger", raunt sie ihm zu.

„Mit Ihrer Hilfe", entgegnet Schnitzler zögernd, „könnten wir es sein ..."

„Vielleicht", antwortet sie. „Ich könnte Ihnen etwas sagen ...", setzt Mariu dann tändelnd hinzu, „aber dann würden Sie gehen ... ich möchte aber, daß Sie ... bleiben."

„Ich würde gehen und gleich wiederkommen", geht Schnitzler auf ihren Ton ein und versucht überzeugend auszusehen.

Sie betrachtet ihn einen Moment lächelnd, lehnt sich zurück, reckt sich wohlig in ihrem Sessel, spielt mit ihren Gliedern wie eine schläfrige Katze.

„Machen wir einen Versuch", beginnt sie unvermittelt, „Sie kennen den Schwarzmeerhafen Sulina?"

„Natürlich."

„Da ist gerade ein ganz schöner Aufmarsch", fährt Mariu fort, „die Schlepper ‚Lord Byron', die ‚Princess Elizabeth', die ‚Thermondt', die ‚King George', und noch ein paar andere ... ich kann mir die Namen nicht alle merken ..."

„Und?"

„Morgen läuft die ‚Mardinian' ein ... mit einer ganz besonderen Fracht ... mit einem bestimmten Auftrag ..."

Während Mariu spricht, lernt der Leutnant jedes Wort auswendig. Er versucht, unbeteiligt auszusehen und weiß, daß es kläglich scheitert.

„Waffen... glaube ich... sie werden ein bißchen auf der Donau spazierenfahren... sagen wir... bis zum Eisernen Tor..."

Das ist's, denkt der Leutnant, genau das! Und sie werden die Schiffe auf Grund setzen und das rumänische Öl blockieren. Und unsere Panzer können mit Wasser rollen, statt mit Benzin.

„Woher wissen Sie das?" fragt er.

„Ich sagte Ihnen schon", erwidert Mariu, „daß gestern der britische Attaché zum Tee bei mir war."

„Reden denn die Engländer immer so viel?" fragt Schnitzler spöttisch.

„Es kommt darauf an... an welchem Ort...", antwortet die Rumänin ernsthaft. Sie deutet lässig mit dem Kopf zur Tür, die in die intimeren Gemächer führt.

„Und warum sagen Sie mir das?"

Mariu lacht laut. Dann sprudelt sie heraus:

„Nehmen Sie an, ich mag Sie... oder ich langweile mich... oder ich möchte sehen, was Sie jetzt unternehmen... *voilà*..."

Der Oberleutnant möchte davonstürzen, aber er weiß, daß er die Stellung halten muß. Sein Blick sucht das Telefon, aber er überlegt, daß er von hier aus kein Gespräch führen darf.

Der livrierte Diener nimmt ihm den Entschluß ab. Er bringt auf einem goldenen Tablett eine Visitenkarte. Madame nimmt sie und lacht. Sie hält sie Schnitzler hin und fragt:

„Möchten Sie mit dem Ersten Sekretär der britischen Botschaft sprechen?"

„Danke, es muß nicht sein", versetzt Schnitzler gedehnt und steht auf.

„Dann nehmen Sie", erwiderte Madame spöttisch, „den Ausgang für Lieferanten." Sie küßt ihn flüchtig. „Und kommen Sie so bald wie möglich wieder..."

Er nickt.

„Ich könnte Ihnen noch viel mehr sagen..."

„Ich möchte noch recht lange bei Ihnen bleiben", antwortet er und versucht einen geordneten Rückzug...

Canaris, der deutsche Abwehrchef am Tirpitzufer in Berlin, hätte allen Grund, sich an diesem Tag die Hände zu reiben. Aber er unterläßt es. Einmal, weil er den Telefonhörer nicht aus der Hand legen kann, und zum zweiten, weil er fast betroffen darüber ist, daß die Rumänen auf seine Vorschläge prompt wie auf Rizinus reagieren. Für ihn zieht die Verhaftungswelle zu große Kreise, ist der Schlag der rumänischen Geheimpolizei eine Nuance zu schnell und zu laut. Die Siguranta könnte, durchaus ungewollt, den Briten einen Grund zur Kriegserklärung an Rumänien in die Hand spielen. Das käme der deutschen Wehrmacht, die ihre Visiere gerade auf die Maginotlinie richtet, und in den nächsten Tagen in breiter Front zum Blitzkrieg gegen Holland, Belgien und Frankreich antreten wird, mehr als ungelegen. Die Engländer wären zweifelsohne auf dem Balkan schneller. Zwar ist Admiral Canaris sicher, daß es gelingen würde, sie wieder aus Rumänien hinauszuwerfen, aber sie hätten in jedem Fall, wie schon im Ersten Weltkrieg, Gelegenheit und Zeit genug, die Ölfelder um Ploesti unbrauchbar zu machen.

Man zweifelt am Tirpitzufer auch nicht daran, daß für jeden heute ausgewiesenen britischen Agenten morgen fünf neue über die grüne Grenze kommen werden. Der verdammte Artikel in der „Daily Mail" zwingt die Engländer, jetzt mehr oder weniger offen, zu handeln. Schon aus Prestige; und dann, weil jetzt Millionen von Briten die bislang verschleierte Tatsache kennen, daß ihre eigenen Firmen Hitler direkt mit Benzin beliefern.

So zittern durch den Fuchsbau des Admirals die Fragen: Kommen sie? Wann? Wie stark? Was können wir dagegen tun? Während man in Berlin noch keine Antwort weiß, ist die Haustruppe der Abwehr, soweit in Rumänien verstreut, bereits in ihrem Element. Im Element Brandenburg. Niemand löste den

Alarm aus. Aber sie handelten automatisch, wie im Fall X. Sie sammeln sich unauffällig. Sie erwarten Befehle.

Der Gefreite Jonas zum Beispiel las bei „Dragomir" die „Daily Mail" und wußte, was er zu tun hatte. Er kannte nur seinen Vorder- und seinen Hintermann, darüber hinaus ein paar Leute von der deutschen Botschaft, mit denen er offiziell nicht verkehren durfte. Für den Ernstfall hatte man ihm eine Adresse in der Calea Rahovei genannt.

Es war ein geschickt gewählter, viereckiger Häuserblock. Selbst wenn er von Rumänen beschattet wurde, hatte man noch eine Chance, unbemerkt ins Haus zu kommen. Gleichgültig, wie ein besonders fauler Müßiggänger, schlendert Jonas, der Gefreite z. b. V. in Zivil, an der Calea entlang, wechselt in die Seitenstraße und geht durch die Toreinfahrt an ein paar spielenden Kindern vorbei in den Hinterhof. Zwei Minuten später klingelt er an der genannten Wohnungstür und erlebt hier die erste Überraschung.

Ein dunkelhaariger Bursche mit einem Schnurrbart öffnet ihm. Er hat ihn bisher für einen Armenier gehalten. Nun stellt er sich als Brandenburger heraus. Vor ein paar Tagen war Jonas in einer Kneipe mit ihm aneinandergeraten. Der Mann mit dem Schnurrbart hatte abfällige Bemerkungen über den Führer gemacht. Hitler war dem Gefreiten Jonas wurscht, aber der Krawall machte ihm Spaß.

Jetzt begrüßen sich die beiden wie alte Kameraden. Die meisten lernen sich zum erstenmal kennen. Den Anführer nennen sie „Major", obwohl er bei der deutschen Botschaft einen ganz anderen Titel führt. Er begrüßt Jonas flüchtig und fährt in seinem Vortrag fort:

„Vielleicht ist alles nur blinder Alarm ... Die Rumänen sind zu den Engländern ausgesucht höflich, und die Ausweisung ist durchaus flüchtig ... Aber wir müssen uns auf eine Luftlandung vorbereiten."

Die Anwesenden nicken. Drei Dutzend Leute. Ein paar von ihnen kennt Jonas aus der Garnison, andere vom Wegsehen. Sie alle haben ohne Befehl nach den Gesetzen ihrer Einheit gehandelt: „Hie guet Brandenburg allewege." Alle Wege führten heute in die Calea Rahovei.

„Bei dem ersten Alarm", fährt der Major fort, „schnappt ihr eure Waffen und schlagt euch bis zum Ölgebiet durch... Wir sammeln in der ersten Bodega von Campina... bei einer Invasion müssen wir stoßtruppartig die Ölfelder besetzen, und die Sprengung verhindern... saure Sache", setzt er hinzu, „aber irgendwie wird's schon schiefgehen..."

Wieder klingelt es an der Tür. Und dann sieht Jonas grinsend seinem Oberleutnant entgegen. Schnitzler ist außer Atem. Der Major unterbricht seinen Vortrag und geht mit ihm ins Nebenzimmer.

„Sulina...", stößt er atemlos hervor, „die ‚Mardinian'... Eisernes Tor..."

Der Major begreift sofort. Längst war er auf diesen Fall vorbereitet. Während Schnitzler noch Bericht erstattet, weiß er bereits, was er zu tun hat.

„Kein Aufsehen mehr", befahl man in Berlin, „so unaufdringlich wie möglich handeln... spielen, nicht kämpfen... die Rumänen nur dann zum Eingreifen zwingen, wenn es unumgänglich ist..." Der Mann von der deutschen Botschaft geht zu den anderen zurück.

„Drei Freiwillige!" ruft er und muß dreiunddreißig zurückweisen.

Unter den Ausgesuchten ist Jonas, dem Anzug nach ein Herr. Aber er strahlt jetzt wie ein deutscher Gefreiter beim Empfang der Marketenderwaren.

„Hört zu", sagt der Major, „für euch habe ich eine todschicke Sache... ihr haut sofort ab... nach Sulina..."

„Sperrzone", erwidert einer.

„Quatsch!" antwortet der Major. Er zieht drei Blankoformulare aus der Tasche. „Hier, eure Einreisegenehmigung..."

Er erklärt den Auftrag. Der Befehl scheint lustig zu sein, daß sie zu viert sich lachend auf die Schenkel schlagen. Selbst der Major verzieht stumm das Gesicht.

„Los", sagt er zu Jonas, „verduftet... Geld spielt keine Rolle." Er übergibt dem Gefreiten eine Aktentasche mit ein paar Millionen Lei.

„Kann ich nicht mit?" fragt Schnitzler zaghaft.

„Nee, Oberleutnant", brummt der Major, „Sie brauche ich noch." Er erwidert lässig die Ehrenbezeigung der drei Brandenburger. „Ist doch ganz hübsch... die Dame?"

„Aber ich eigne mich nicht für so was...", versetzt der Oberleutnant brummig.

„Denken Sie", entgegnet der seltsame Major gönnerhaft. Er geht auf Schnitzler zu, klopft ihm beruhigend auf die Schulter und setzt hinzu: „Wissen Sie, Schnitzler, Sie haben so etwas Treu-Deutsches..." Er grinst breit. „Das zieht bei den Weibern immer..."

Während Schnitzler mißmutig in seine Wohnung zurückstapft und die immer wieder verunglückte Smokingschleife zurechtzupft, erfüllt die Gruppe Jonas den wohl seltsamsten Auftrag der deutschen Abwehr...

Die Kaschemme nennt sich „Gelber Affe"; sie könnte genauso gut „Roter Papagei" heißen. Kneipen dieser Art gehören zum Hafen wie Warzen zum Gesicht einer Hexe. Jetzt, am späten Nachmittag, ist nicht viel los. Schläfrige Mädchen kauern an den Tischen und träumen gelangweilt vor sich hin. Die schmierige Wirtin wabbelt hinter der Biertheke auf Jonas zu und begrüßt ihn wie einen alten Stammgast. Die anderen beiden halten sich im Hintergrund.

„Wie viele Mädchen hast du?" fragt der Prophet.

„Für dich werden sie bestimmt reichen", entgegnet die Wirtin grinsend.

Jonas unterhält sich weiter in der landesüblichen Sprache: er läßt ein Päckchen Lei-Scheine auf die Theke rieseln.

„Wie viele?" fragt er dabei zum zweitenmal.

„Elf."

„Kannst du Verstärkung besorgen?" fragt Jonas weiter.

„Sicher", erwidert sie und reibt Daumen und Zeigefinger gegeneinander.

„Ich zahle alles", erwidert der Gefreite großartig. „Geschlossene Gesellschaft ... ein Fest für heute abend ... nur für meine Freunde."

„Zahlst du auch im voraus?" fragt die Wirtin lachend.

Die beiden werden sich einig. Tische werden aneinandergerückt. Eine Kapelle bestellt. Schnaps organisiert. Animiermädchen herbeigeholt.

„Es kommt Leben in die Bude!" sagt Jonas und grinst.

Die Falle ist gestellt. Was sich wie ein Jux ansieht, ist ein Tanz auf dem kochenden Öl. Und eine Handvoll Brandenburger steht bis zum Hals im Petroleum.

Draußen an der Mole liegt die „Mardinian" mit kleiner englischer Stammbesatzung und angeheuerten Rumänen, Bulgaren und Ungarn. Aus Tarnungsgründen. Die „Mardinian" soll die Donau blockieren. Sie hat falsche Frachtpapiere und echte Soldaten an Bord. Vielleicht verhindern die Rumänen morgen die Weiterfahrt. Aber darauf kann man sich nicht verlassen. Hier, in Sulina, heißt es: Wer zahlt, schafft an.

Wie Jonas. Die Abwehr hat richtig vorausgesehen, daß sie buntgemischte Rasselbande der „Mardinian" über Nacht nicht an Bord bleiben wird, einmal, weil die Matrosen meutern würden, und dann wäre ein im Hafen liegendes Schiff, dessen Besatzung keinen Ausgang erhält, verdächtig. Jonas hat den Befehl, die Besatzungsmitglieder durch Schnaps oder Mädchen, oder durch beide, außer Gefecht zu setzen, und so zu deponieren, damit der Kapitän morgen gezwungen ist, andere Seeleute anzuheuern.

Sie stehen schon bereit. Und sie wurden von Brandenburg gemustert.

So maskieren sich am frühen Abend Jonas und seine beiden Kameraden als Schlepper des Nachtlebens, stellen sich an der Pier auf, sehen den Matrosen der „Mardinian" entgegen und flüstern ihnen in gebrochenem Rumänisch zu:

„Billiger Schnaps ... schöne Mädchen ..."

Die Schiffer wollen weitergehen, aber der Prophet nennt Preise, bei denen sie aufhorchen. Die erste Gruppe entschließt sich, einen Versuch im „Gelben Affen" zu machen. Indes schlägt Jonas weiter die Werbetrommel, so geschickt, als hätte er sein Leben lang nichts anderes getan.

Es gelingt auf Anhieb. Immer mehr „Mardinian"-Leute drängen in die lärmende Beize, nicht ahnend, daß sie heute Gäste der deutschen Wehrmacht sind. Sie scharen sich um eine blonde Griechin, die sich in dem Bewußtsein aalt, hier Mangelware zu sein...

Während die Nacht ihre dunklen Schleier über den rumänischen Ölhafen Sulina wirft, läuft in der Kaschemme „Zum gelben Affen" die Lebenslust auf vollen Touren. Klaviertasten, gelb wie Raucherzähne, zaubern eine Flut falscher Töne. Seiner Majestät Schiff „Mardinian" liegt bis auf das britische Stammpersonal vereinsamt auf Reede, während seine zusammengeheuerte bulgarisch - rumänisch - ungarische Fremdenlegion im Schnaps von Heute die Angst vor dem Morgen ertränkt. Der Hafen macht die Seeleute zu Matrosen, die das versäumte Leben von Monaten in Stunden nachholen möchten. Sie vertauschen die Weite der See und die Enge des Schiffs mit dem Hunger auf Durst und mit der Sehnsucht nach Liebe oder deren Ersatz, den alle Häfen der Welt gegen die Heuer feilbieten.

In dieser Bude spricht keiner von Geld. Der Alkohol fließt wie Wasser, denn Canaris zahlt die Zeche. So oder so. Die Abwehr tauscht Schnaps gegen Öl. Wenn's sein muß, eins zu eins. So wackeln die Lampen und ächzen die Bohlen, und der Raum schnauft in Platznot. Für zwei Gäste ein Stuhl, nach einem Mädchen greifen vierzehn, sechzehn Männerhände. Friedlich noch. Der Schnaps beizt die Stimme und trübt die Augen.

Der Gefreite Jonas, heute Zahlmeister der Wehrmacht in Diensten Brandenburgs, schleppt Flaschen, soviel die Hände tragen. Vor der Tür steht der rundliche Gefreite Nützel und macht schmierige Honneurs. Der träge Ostpreuße Kugelmann paßt auf die blonde Griechin auf, mit der es gleich Ärger geben muß. Kühl schürt sie das Feuer, lächelt mit dem einen, flirtet mit dem zweiten, tanzt mit dem dritten und steigt über den am Boden liegenden vierten, der ihr zuliebe den Kanal voll hat. Der Prophet übersieht sein Werk und denkt ahnungsvoll: Man soll die Nacht nicht vor dem Morgen loben...

Inzwischen kämpft die unsichtbare Front auf allen Wellenlängen. In der deutschen Botschaft am Boulevard Elisabeta brennt noch Licht; in der britischen auch. Selbst der rumänische Geheimdienst arbeitet die Nacht hindurch, höflich und auf beiden Schultern tragend. Längst ist die verdächtige „Mardinian" nach Berlin gemeldet. Die Abwehr verlangt Beweise, die der deutsche Botschafter auf diplomatischem Weg den Rumänen unterbreiten soll. Jede List sei erlaubt, aber die Form ist zu wahren...

Zwanzig, dreißig Männer der Einheit Brandenburg sind schon unterwegs nach Sulina, um sich morgen — als Ausländer getarnt —, mit falschen Papieren versorgt, als Matrosen von den Briten anheuern zu lassen. So viele „Mardinian"-Leute hat Jonas im Lauf der Nacht zu Schnapsleichen zu machen. Mit deutscher Gründlichkeit, denn der Kater soll nicht Stunden, er soll Tage andauern.

Andere V-Leute des deutschen Geheimdienstes werben inzwischen alle arbeitslosen Matrosen von Sulina ab, um sicher zu gehen, daß die Engländer auch nehmen, was ihnen Canaris bietet. Die Pläne von Monaten rollen in Stunden. Lautlos, schnell, minutiös. Präzisionswerk, made in Germany...

Jede Panne wäre tödlich. Der „Bayerische Lloyd" ist gewarnt. Die beiden als Donau-Dampfschiffahrtsgesellschaftskapitäne getarnten Offiziere der Einheit Brandenburg wissen Bescheid. Ein Schlepper geht auf Lauer, gleich hinter dem Eisernen Tor. Der deutsche Gegenschlag muß wie Zufall aussehen. Noch in der Nacht beziehen auf beiden Ufern der Donau von Tulcea über Braila, Harsova, Silistra, Giurgiu, Corabia, Orsova bis Gradiste Beobachter der Abwehr ihre

Stellung. Wenn alles klappt, sind „Hilfsmatrosen“ von Brandenburg am Morgen als Trojanisches Pferd an Bord eines britischen Schiffes. Die Kriegslist ist geblieben, die Zeiten haben sich geändert. Bei Troja ging's um eine schöne Frau; in Rumänien geht's um dreckiges Öl. Doch daran denkt keiner in dieser unruhigen Nacht: Frauen kann man lieben, aber Öl muß man haben...

Im „Gelben Affen“ kassiert Jonas kurz vor Mitternacht dezent die ersten Alkoholleichen. Kugelmann faßt mit an. Sie zerren die schnarchenden Matrosen unter den Tischen hervor und befördern sie nach oben in einen vorbereiteten leeren Raum. Vorher bekommen sie noch einen Schlummertrunk. Schlafpulver, nicht zu kleinlich bemessen; sozusagen mit IG-Farben gegen HMS „Mardinian“. Der Prophet steht im Raum und zählt seine Beute stolz wie der Teufel die armen Seelen.

„Sieben“, sagt er zu Kugelmann, „es werden nicht mehr.“ Er schluckt trocken, weil der Dienst heute kein Schnaps ist, und setzt süchtig hinzu: „Unbegabte Trinker.“

„Wie 'ne Reklame fürs Blaue Kreuz“, entgegnet der Ostpreuße, „wär' 'n Titelbild für die Trinkerfürsorge...“

Von unten dringt der Lärm nach oben. Das Lachen der Mädchen windet sich wie eine zierliche Girlande um die rauhen Stimmen der Matrosen. Die beiden haben es eilig, wieder nach unten zu kommen. Jonas sieht nach den leeren Gläsern, Kugelmann starrt fasziniert auf die kühle blonde Griechin.

„Von der sollten wir zehn haben...“, murmelt er vor sich hin. Aber es ändert nichts an der Tatsache, daß zehn Männer um sie sind.

Ihr kleinen Affen, denkt der Ostpreuße und stemmt sich zwecklos gegen den Neid. Soldaten sind einander ähnlich, über die Fronten hinweg normt sie der Stumpfsinn der Kaserne, verbindet sie der Nihilismus der Uniform. In allen Mannschaftsstuben schmeckt der Mief gleich und tönt dieselbe Rede: eine Flasche am Mund, ein Mädchen auf dem Schoß, und morgen Helm ab zum Gebet oder zum Kunsthonigfassen. Träfen sich die Soldaten beider Seiten im „Gelben Affen“ und kämpften um ein Mädchen, es wäre patriotisch nutzlos, aber vergleichsweise sinnvoll: leichter stirbt sich's für ein Hafenmädchen als für einen fordernden Staat. Und in beiden Fällen faßt man Fusel vor dem Angriff.

So steht der Gefreite Kugelmann mit belämmertem Gesicht im Trubel, trinkt in Gedanken jedes Glas leer, küßt jeden Kuß mit, vollendet jeden Alkoholwahn... bis ihn ein Rippenstoß des Gefreiten Jonas wieder in die Wirklichkeit zurückbefördert.

„Paß auf den Ungarn auf!" raunt ihm der Prophet zu.

Natürlich, der schöne Joszi, denkt Kugelmann verdrossen. Von Anfang an war er ihm aufgefallen: eine Art Anführer oder zumindest der Stolz der ungarischen Kolonie auf der HMS „Mardinian". Zuerst saß er in der Ecke und verfolgte die Griechin mit schmachtendem Hundeblick, dann trank er in sich hinein. Und jetzt bellt er, denkt der Ostpreuße, während er an ihn herantritt.

„Du komm!" sagt Joszi zu der Griechin.

„Gleich, Lofas...", erwidert sie lachend.

„Sofort!" versetzt der Ungar und fuchtelt mit der Faust wie ein Zigeunerprimas, der seine Geige an ihrem Kopf zerschlagen möchte.

Er versucht die Griechin von einem Bulgaren loszureißen. Und auf einmal gibt es zwei Fronten in der Kaschemme: einen geschniegelten Ungarn gegen einen baumlangen Bulgaren. Und hinter Joszi die anderen Pußtasöhne.

„Daß diese verdammte Mischpoke doch immer zusammenhält, wenn sie auf einem Haufen steht", knurrt Jonas, der verfolgt, wie auch der Bulgare Verstärkung erhält.

„Ist doch ganz gut, wenn sie aufeinander losgehen", murmelt ihm Kugelmann zu.

„Idiot!" zischt der Prophet. „Die hetzen uns doch die Polizei auf den Hals."

Kurz bevor die Schlägerei Ungarn kontra Bulgarien im „Gelben Affen" ausbricht, tritt Jonas dazwischen, ein Geldstück in der Hand, wortreich wie noch nie in seinem Leben.

„Kopf oder Zahl?“ redet er den beiden Parteien ein und hofft inbrünstig, daß die Münze auf die ungarische Seite fällt. Dann lacht er. Natürlich, geklappt.

Der Prophet blinzelt der Griechin zu. Sie nickt unmerklich zurück, während sich Kugelmann hinter ihr aufstellt. Joszi, der Sieger, geht erhobenen Kopfes aus dem Raum. Sein Gesicht strahlt rot; seine Haare glänzen blauschwarz, Produkt der Natur plus Pomade.

Aber er kommt nicht weit mit der Griechin. Der Ostpreuße schlägt ihn im Gang nieder, mit mittlerer Wucht, wenn auch mit Wonne. So landet der Ungar als Nummer acht im Reich der Träume, erster Stock.

Langsam füllt sich hier das Nirwana. Bei den meisten ersetzt der Schnaps den Totschläger. Der unterlegene Bulgare übt solange Purzelbäume, bis er einfach liegenbleibt. Die rothaarige Zdenka vergiftet gleich drei Verehrer mit Schlaftabletten. Die schlaksige Nilla will es ihr nachmachen und greift nach dem falschen Glas. Während sie sich mit letzter Kraft gegen den Schlaf aufbäumt, zeigt Joana ihren Schleiertanz.

Dann stürzt der vor der Tür postierte Gefreite Nützel hinter einem neuen Gast herein. Aber Jonas ist bereits gewarnt. Ein Blick genügt. Der schlaksige Bursch mit Sommersprossen, an dem der Zivilanzug wie das schlechte Gewissen schlottert, ist unverkennbar ein britischer Offizier, vermutlich von der „Mardinian“. Ein paar Gäste grüßen ihn, andere lassen es, zwei oder drei verkrümeln sich.

Der Prophet übersieht schnell die Bescherung, die er angerichtet hat. Übungsziel erreicht, sagt er sich, aber wenn die auf dem brititschen Schiff Lunte riechen, ist alles umsonst. Auf sein Zeichen holt der Klavierspieler das Letzte aus dem gequälten Instrument heraus. Der Brite spricht mit ein paar Bulgaren, fährt sie an. Sie zucken die Schultern, weisen auf Jonas. Der neue Gast betrachtet ihn mißtrauisch. Der Prophet geht auf ihn zu, kratzt sein Schulenglisch zusammen:

„Ich feiere Geburtstag, Sir . . . darf ich Sie einladen?“

„*Thank you*", entgegnet der Brite steif.

„Einen Drink nur?"

Der Mann sieht durch ihn hindurch. Jonas schaltet schnell.

„Würden Sie mit mir auf das Wohl des britischen Königs trinken?" fragt er.

„Auf Seine Majestät?"

Der Prophet nickt.

„*Yes*", entgegnet der Engländer knapp. Er geht prompt in die Falle. So einfältig macht der Patriotismus . . .

Kugelmann bringt zwei Wassergläser herbei, gefüllt mit einer Flüssigkeit, die so höllisch brennt, wie sie farblos aussieht.

„Ex!" sagt Jonas.

Sie trinken korrekt, Glas in Brusthöhe, Toast auf Georg V., ein Ruck, ein Schluck, und dann stemmen sich beide gegen den Husten. Der Brite will gehen, aber Jonas deutet auf einen Tisch, während Kugelmann nachfüllt. Und inmitten des Hexensabbats entrollt das seltsame Duell. So nach und nach trinken Jonas und sein Gast auf die gesamte königliche Familie, auf die Royal Air Force, auf die Army und schließlich auf die Navy. Bevor der junge Offizier der „Mardinian" unter dem Beifall der angeschlagenen Zuschauer einschläft, glaubt er auf einem riesigen Meer von Schnaps zu treiben.

Langsam lichtet sich die Nacht, gezählt nach Stunden, gewogen nach Schnäpsen, geteilt nach Hafenmädchen. Theoretisch, denn sie sind fast alle noch da. In der Nacht kommen V-Leute und holen die Betrunkenen ab, befördern sie, in fünf, sechs Schlupfwinkel, wo man ihnen am Morgen mit Wasser erneut ein Schlafmittel einflößen wird.

Um vier Uhr ist die Schlacht geschlagen, und Jonas verabschiedet sich mit einem letzten Trinkgeld. Die Griechin lächelt ihn an. Tolle Mischung, denkt der Prophet, dunkle Augen, helle Haare, und dann auch noch bloße Schultern . . .

„Komm!" sagt sie.

„Keine Zeit", brummelt er.

„Ich hab' auf dich gewartet . . ."

„Schade."

„Wir zwei . . ." entgegnet sie und kommt noch näher.

„Verdammt", flucht der Prophet auf Deutsch.

„Was hast du gesagt?" fragt das Mädchen.

„Ich komm' ja wieder . . ." übersetzt Jonas schlechtgelaunt. Befehl ausgeführt, denkt er gereizt und träumt dabei von der verdammten Griechin mit dem Farbkontrast.

Beim Frühappell auf dem Oberdeck macht der Kommandant der „Mardinian" ein Gesicht, als ob er mit dem linken Bein zuerst aufgestanden wäre. Dabei hat er die ganze Nacht nicht geschlafen. Er schaut grimmig auf den erwachenden Hafen und schmeckt das unbestimmte Gefühl, daß etwas Unheimliches auf ihn zukommt.

Dabei hatte er gewarnt. Von Anfang an. Er wies darauf hin, daß man auf dieses Himmelfahrtskommando, wie es im Logbuch steht, britische Patrioten und keine heimatlosen Abenteurer mitnimmt. Er bat um Seeleute, die sich das Viktoriakreuz verdienen wollten, und nicht um solche, deren einzige Moral das Geld war. Aber die Leute von der Admiralität lachten, klopften ihm auf die Schulter und sagten:

„Davon verstehen Sie nichts . . . Fahren Sie nach Sulina, löschen Sie blitzartig Ihre Fracht, und dann . . . verduften Sie, so schnell Ihr alter Pott noch blubbert . . ."

Blitzartig, denkt der alte Seebär der britischen Handelsmarine jetzt ironisch und spuckt verächtlich über die Reling in das trübe Hafenwasser. Dabei hat man Sulina geschickt gewählt. Der Umschlaghafen liegt gleichzeitig am Schwarzen Meer, wie an einem Arm des Donaudeltas. Backbord der „Mardinian" lauern die Schlepper „Princess Elisabeth" und „Lord Byron", dahinter sechs Donaukähne, die die Transitwaren der „Mardinian" für Budapest übernehmen sollen. Bloß einmal um die Ecke, und die abenteuerliche Fahrt zum Eisernen Tor kann beginnen.

Könnte . . .

Der Kommandant hat ganz bestimmte Gründe, das Umladen mit eigenen Leuten vorzunehmen. Achtzig Mann Besatzung waren an Bord, von denen nach dem Umladen siebzig mit den Kähnen donauaufwärts schippern sollten. Das geht schon deswegen nicht, weil heute nacht achtunddreißig verschwunden sind. Der Kapitän der „Mardinian“ hatte längst zuverlässige Leute von Bord geschickt, um die unzuverlässigen wieder einzusammeln. Es half nichts. Das einzige, was sie mitbrachten, waren zwei betrunkene Rumänen, die gar nicht bis zum „Gelben Affen“ gekommen waren, weil sie sich gleich in der allernächsten Kneipe vollaufen ließen. Weder waren sie zerknirscht, noch wußten sie etwas über den Verbleib der anderen, die der Hafen spurlos verschluckt zu haben schien.

Schon während der Fahrt über das Schwarze Meer hatte es die ersten Schwierigkeiten mit einigen von ihnen gegeben. Wenn die Ungarn, Rumänen oder Bulgaren, die der britische Geheimdienst irgendwo im Nahen Osten aufgetrieben hatte, einen Befehl nicht befolgen wollten, schüttelten sie einfach den Kopf und verstanden kein Wort Englisch. Gestern abend war es fast zu einer offenen Meuterei gekommen, als ihnen der Kommandant den Ausgang sperrte. Er sehnte sich nach den besseren Zeiten der christlichen Seefahrt, als man Aufrührer einfach in Eisen legen konnte. Aber er mußte nachgeben. Und deshalb hat er jetzt das Nachsehen.

„Sir“, meldet der Erste Offizier, „der Hafenkommandant hat sich in einer Stunde angesagt . . .“

Der Kapitän nickt lustlos. Er braucht mindestens einen Tag länger, um die Fracht zu löschen. Solange verzögert sich das Unternehmen „Eisernes Tor“. Um soviel länger haben die Rumänen Gelegenheit, die Fracht zu kontrollieren. Und die Deutschen zu warnen. Und das Schlimmste: selbst wenn die Fracht umgeladen wäre, könnte der Schleppzug nicht auslaufen: auch der flotteste Kahn fährt nicht ohne Matrosen.

Zwar blieb auf der „Mardinian“ das Stammpersonal: zweiundvierzig Mann, sehnige, trainierte Briten vom reinsten Schrot und Korn, bereit, es mit Tod und Teufel aufzunehmen.

Vor allem aber mit diesen *damned Germans*. Aber diese drahtigen Elitesoldaten der britischen Armee sind keine Seeleute, sondern Pioniere. Sturmpioniere. Sie haben keine Ahnung, wie man einen Donaukahn durch die Untiefen bringt, aber sie wissen, wie man turmhohe Felsen so sprengt, daß massive Brocken auf eine genau berechnete Stelle niederprasseln.

Zu Hause, in ihrem Übungscamp, haben sie das Eiserne Tor ein dutzendmal in die Luft gejagt. Nun drängt es sie weg vom Sandkasten, hinein nach Rumänien. Dynamit an Bord. Waffen auch. Eine Explosion, und dann werden sie in neutrale Länder auseinanderstieben und sich irgendwo wieder in das gute, alte Britannien durchschlagen. Kinderspiel, denken die Männer des britischen Sabotagetrupps, wenn wir erst einmal an Ort und Stelle sind, am Eisernen Tor, dann biegen wir es um wie Blech.

Die jungen englischen Soldaten an Bord der „Mardinian" sind genauso unbekümmert, mutig und verwegen wie ihre deutschen Gegenspieler von Brandenburg. Irgendwie sehen sie auch genauso aus. Sie haben dieselbe Moral, den gleichen Elitewahn. Geographisch liegt Brandenburg in Preußen, militärisch bei allen Himmelfahrskommandos der Welt . . .

Der Hafenkommandant von Sulina kommt pünktlich, geschniegelt und gebügelt. Er tritt mit einem Schwall von Worten und einer Wolke von Parfüm auf den Kapitän der „Mardinian" zu. Sie reichen sich die Hand. Dann führt der Brite seinen Gast in seine Offizierskammer, die auch nicht feiner aussieht als der ganze vergammelte Schrottkasten. Der Rumäne scheint seinem Schnurrbart mehr Aufmerksamkeit zu schenken als den Schiffspapieren.

„Achtzig Mann Besatzung?" fragt er verwundert, „so viele? Ich hatte nicht den Eindruck . . ."

„Achtunddreißig sind heute nacht getürmt", erwidert der Engländer, „einfach so davongelaufen . . ." Er macht eine wegwerfende Geste mit der Hand. „Diese verfluchten Hafenweiber . . ."

Der Rumäne lächelt wissend.

„Transitware?“ sagt er dann, mehr höflich als erstaunt. „Nach Budapest?“ Er sieht noch einmal auf die Papiere. „Proviant? . . . Autoersatzteile?“ Er zieht eine schnelle Grimasse, als wollte er sagen: Liefern denn die Engländer jetzt Salami nach Ungarn? Oder fährt man in Budapest einen Rolls-Royce?

„Darf ich Sie zu einem Drink einladen?“ fragt der Kapitän.

„Gern“, erwidert der Hafenkommandant und verwünscht den frühen Whisky, weil er einen schwachen Magen hat.

„Ich bin in einer bösen Klemme . . .“ sagt sein Gegenspieler beim Einschenken, „ich brauche Matrosen . . .“

„Schlecht, ganz schlecht“, antwortet der Rumäne. „Gestern wurden sie alle angeheuert . . .“ Wieder lächelt er seinen Gedanken nach.

Er hat es nach Bukarest gemeldet: Ein eleganter Mann war aufgetaucht, ein Herr, wenn auch ein Deutscher. Er hatte alles zusammengekauft, was sich in diesem gottverlassenen Schwarzmeernest herumtrieb. Für einen Schleppzug donauaufwärts und zurück.

Und dann war man im Hafen aufmerksam geworden: Seeleute, die mit der Bahn fuhren? Man hatte sie nicht aus den Augen gelassen. In Braila stiegen sie aus und hielten beide Hände auf. Es regnete Lei. Erst die Anzahlung. Den Rest würden sie erhalten, wenn sie sich in vier Tagen wieder meldeten. So lange durften sie sich in keinem Hafen blicken lassen, das war die einzige Bedingung.

Und heute morgen waren wie Manna vom Himmel plötzlich ganz andere Seeleute herabgefallen.

„Hm“, versetzt der Hafenkommandant, „vielleicht könnte ich Ihnen helfen . . .“

„Ich . . . ich wäre großzügig“, erwidert der Brite. Das Angebot geht ihm nicht so glatt über die Lippen.

„Ich wüßte es zu würdigen . . .“ Der Rumäne verbeugt sich. Mit der gleichen chevaleresken Art schiebt er ein dickes Notenbündel in die Tasche. Von der Fracht wird nicht weiter gesprochen.

Dann geht der Rumäne von Bord und schickt die neuen Matrosen. Der britische Kommandant vernimmt sie einzeln. Sehen gar nicht so übel aus, überlegt er, aber woher kommen sie? Er hat keine Zeit, sich Gedanken zu machen. Er muß nehmen, was er kriegt. Kurzes Verhör. Der ersten sechs kommen glatt über die Runde. Beim siebten gibt es eine Panne. Er verplappert sich, gesteht zögernd, daß er eigentlich Österreicher sei.

„*Sorry*", entgegnet der Kapitän knapp, aber höflich. Einen flüchtigen Moment ist er stolz, den Feind seines Landes erkannt zu haben. Er ahnt nicht, daß dieser Zwischenfall von der Abwehr gestellt ist, um die anderen Brandenburgleute unverdächtiger zu machen.

„Name?" fragt der Kommandant der „Mardinian" den achten Anwärter.

„Georgescu", antwortet Jonas, ohne nervös zu sein.

„Nationalität?"

„Ich bin Rumäne."

Der Kapitän betrachtet ihn scharf.

„Sie sehen aber nicht so aus wie ein Rumäne", sagt er dann nebensächlich.

„Sie wirken auch nicht wie ein Brite", erwidert der Prophet frech . . . und wird genommen.

Eigentlich wollte er ausruhen. Keine Zeit dafür. Jeder Mann wird gebraucht. Man steckte ihn in die Seemannskluft.

„Noch etwas, Sir . . ." sagt Jonas, „ich bin noch nicht lange Schiffer . . . eigentlich Transportarbeiter . . . umgeschult . . . die Zeiten . . ."

„Macht nichts", erwidert der Kapitän und entläßt ihn.

Eine halbe Stunde später ist die „Mardinian" wieder fast vollständig. Die Frachtkähne werden an beiden Seiten herangeschleppt. Die Schlepper bleiben außen, so als ob sie die Löscharbeiten verdecken wollten. Die Neuen packten kräftig zu. Jonas schwitzt. Nützel flucht. Kugelmann stöhnt:

„Heute nacht . . ." raunt er Jonas zu, „das Leben so als Mädchenhändler . . . das war lustiger . . ."

Der Prophet stößt ihn in die Rippen. Ein britischer Maat kommt heran.

„Halts Maul . . ." sagt er.

Jonas steht an der Ladewand und hievt eine Kiste hoch. Der Maat paßt auf. Auf den Kistenbrettern steht eingebrannt: „Austin Corporation". Kugelmann rutscht aus und fällt. Im Sturz nimmt er den Propheten mit. Die Kiste knallt auf das Deck. Holz splittert. Sie gehen alle drei auf die Aufschlagstelle zu und sehen, bevor der Maat sie noch zurücktreibt, ein sorgfältig zerlegtes Maschinengewehr.

Von jetzt ab lassen die Engländer keinen der drei aus den Augen. Am Nachmittag ist die Ladung gelöscht, und die neuen Seeleute werden auf die verschiedensten Schiffseinheiten des Schleppzuges verteilt.

Jonas und Nützel kommen auf die „Princess Elisabeth". Der Lotse geht an Bord. Der Konvoi läuft aus. Fast gleichzeitig lichtet auch die „Mardinian" die Anker und fährt ins Schwarze Meer . . .

Niemand weiß, wie viele Augen den Geistertransport verfolgen. Die beiden Schlepper stampfen auf Hochtouren. Aber der Konvoi zieht so langsam gegen den Strom, als sollten die Nerven der Besatzung wie ein Bogen gespannt werden. Die Stimmung ist lähmend, gespenstisch. Keiner spricht etwas. Die Männer belauern einander. Die britischen Offiziere, die jetzt das Kommando führen, bringen das Glas nicht von den Augen. Es ist wie verhext, als wenn man über einen Platz geht und glaubt, von allen betrachtet zu werden und dann beim Aufsehen keinen bemerkt.

Die Luft riecht nach Wasser, nach Schilf, nach verbrauchtem Gas. Die Landschaft wechselt träge. Weinhügel, Felsen, Berge, Verbreiterungen des Flusses, dann wieder Verengungen, Kurven. Schließlich: das Abenteuer des nächsten Hafens Braila.

Wieder kommt ein rumänischer Offizier an Bord, grüßt

höflich, prüft die Papiere, nimmt Geld und geht. Harsova. Wie gehabt. Cernavoda. Dasselbe Schauspiel. Kapitän Brown, unter diesem Decknamen ist der Leiter des Konvois der Besatzung bekannt, hat schon Routine. Die Rumänen fürchtet er nicht mehr. Die Deutschen auch nicht. Nur, daß sie sich nicht zeigen, das macht ihn nervös . . .

Fast in jedem Hafen tritt der Secret Service mit ihm in Verbindung, beruhigt ihn. Alles in Ordnung.

Dann begegnet dem britischen Transport ein deutscher Geleitzug. Die beiden Kommandanten grüßen sich höflich, aber eisig. Der Brite preßt die Lippen aufeinander. Wenn alles klappt, werden diese Tanker kein Öl mehr an Hitler liefern. Sein Plan ist zweistufig: zuerst werden die Schiffe in der Fahrrinne versenkt, dann die Felsen gesprengt. Doppelt genäht hält besser. Und wenn der Krieg noch zwei, drei Jahre dauern sollte, eine so gründlich verstopfte Fahrrinne können die Deutschen nicht mehr freibuddeln.

Silistra. Jetzt werden auch die Rumänen nervös, die ohne einzugreifen das Duell um das Öl den Engländern und Deutschen überlassen wollen. Wenn das Gleichgewicht stimmt, so denken sie, kommen wir am besten davon. Aber daß die Deutschen jetzt schlafen, ganz bestimmt schlafen, paßt ihnen nicht ins Konzept. Ob der deutschen Botschaft dieser Transitkonvoi nach Budapest bekannt ist? fragt man am Boulevard Elisabeta an.

Der deutsche Beamte winkt ab. Rumänien sei ein neutrales Land. Ungarn auch. Deutschland achte diesen Status. Und im übrigen sei die Fracht von den rumänischen Hafenbehörden ja wohl eingehend überprüft . . .

Jeder Meter, den der Convoy zurücklegt, wird gemeldet. Auf drei verschiedenen Leitungen. Turtucaia in Sicht. Nichts rührt sich. Die Nacht wölbt sich tiefschwarz über die Donau. Am Ufer bewegen sich Schatten wie Spinnenfinger. Alles Halluzinationen, denken die Offiziere am Ausguck.

Die neuen Besatzungsmitglieder führen sich gut. Freilich, ein paar von ihnen sind keine Donauschiffer, aber sie fassen wenigstens beherzt zu. Schwierig wird es erst bei der Sprengung. Man darf sie nicht gefährden, aber sie sollen auch nicht vorzeitig die Rumänen warnen. Es wird schon klappen.

Die Wellen glucksen. Die Schlote fauchen. Es ist einundzwanzig Uhr. Ein paar Männer auf der „Princess Elisabeth" klettern an Oberdeck, um Luft zu schnappen. Der Mann von der Deckwache sieht es. Dann stutzt er. Lauter neue Männer. Seltsam, denkt er und geht näher. Warum sprechen sie nicht miteinander, überlegt er, warum stehen sie so, als ob einer den anderen warnen wollte, bei meinem Auftauchen? Und was ist das ? Eine Taschenlampe, die Kreise zieht! Der Brite steht wie erstarrt. Dann tritt er auf die Gruppe zu. Ein Pfiff. Die Taschenlampe geht aus.

„Was machen Sie da?" fragt er Engländer den Matrosen Georgescu alias Jonas.

„Was werd' ich schon machen?" brummelt der Angerufene. Der Prophet wird mitgenommen zu Kapitän Brown auf die Kommandobrücke.

„Dieser Mann gab Signale", meldet der Wachhabende.

„Quatsch!" brummelt Jonas.

Der Kommandant beugt sich über die Flußkarte, stellt die Position fest: Kurz vor Georgiu, gleich muß der Hafen in Sicht kommen. Eine Schleife noch. Er dreht sich zu Jonas um.

„Was hatten Sie an Oberdeck zu suchen?"

„Schließlich braucht man mal Luft", mault der falsche Georgescu.

„Und die Taschenlampe?"

„Hab' mein Zigarettenetui gesucht ..." Gleichzeitig reißt es Jonas aus der Tasche und zeigt es dem Kapitän.

„Sie sollten sich das Rauchen abgewöhnen", brummelt der Offizier.

Plötzlich starren alle geradeaus. Wie gebannt. Ein Schrei. Ein Schatten. Ein Schemen. Genau ist nichts zu sehen in den ersten Sekunden. „Ausweichen!" brüllt Kapitän Brown.

Und dann sieht er die Bescherung. Ein Tanker. Herrenlos treibt er genau auf die „Princess Elisabeth" zu. Noch schneller.

„Licht!“ brüllt Brown. „Stoppen!“

Da knallt es schon. Seitwärts. Der Hauptaufprall ist vermieden. Aber der herrenlose Schlepper hat sich mit der Ankerkette an der „Princess Elisabeth“ verfangen. Eine halbe Minute tänzeln beide Schiffe umeinander.

Endlich Licht. Scheinwerfer. Kapitän Brown flucht zum zweitenmal. Ausgerechnet ein deutsches Schiff.

„Entschuldigung“, ruft der grüßende Kommandant mit dem Megaphon herüber. Es ist Kapitän Weiß vom „Bayerischen Lloyd“ alias Brandenburg. Und sein angeblich herrenloser Schlepper war von der Abwehr ferngelenkt.

„Dumme Sache das“, erklärt er, „mein Schiff hat sich losgerissen ... bekam es nicht mehr in die Gewalt ... Ich bin schuld ...“

Der Brite nickt. Und dann versuchte man, das Durcheinander zu ordnen. Es dauerte lange. Immer wieder kommt etwas dazwischen. Beide Schiffe treiben dem Ufer zu. Die Schleppkähne werden hinterhergezogen. Die englische Besatzung schuftet wie besessen, um den Konvoi wieder freizumachen. Für Minuten wird die Aufmerksamkeit abgelenkt.

So bleibt unbemerkt, wie von dem hinteren Lastkahn Kisten abgeladen werden. Ein Boot fährt sie an das Ufer. Ein Lastwagen startet. Richtung Bukarest. Sechsundfünzig Kilometer Entfernung.

Der deutsche Botschafter sitzt im Cut in seinem Büro. Anruf beim rumänischen Premierminister. Eilige Sache. Eine knappe Stunde später weist er die Kisten vor. Waffen. Dynamit. Bei einer Havarie zufällig den Deutschen in die Hände gefallen. Deutschland bittet Rumänien um energisches Eingreifen.

Gerade als der britische Konvoi flott ist, geschieht es. Rumänische Polizei mit Kanonenbooten kommt auf den Schleppzug zu, besteigen die Kähne, brechen das Unterdeck auf, legen die Kisten frei, bedauern höflich, aber unmißverständlich. Die gesamte Ladung wird von der rumänischen

Armee beschlagnahmt. Die Briten werden noch in der Nacht auf Lastwagen geladen und ausgewiesen.

Der britische Anschlag auf das Eiserne Tor ist ins Wasser gefallen, aber ganz anders, wie man es sich in London wünschte...

Der deutsche Blitzsieg im Westen richtete die Augen der Welt auf Holland, Frankreich und Belgien. Die rumänische Angst vor den Deutschen steigerte sich zur Panik. Nun war der Rücken frei für einen deutschen Balkanfeldzug. Auch die Russen verschliefen ihre Chance nicht. Sie forderten am 26. Juni 1940 ultimativ innerhalb von drei Tagen die Provinzen Bessarabien und die Bukowina. Bukarest blieb weiter in der Zange der Weltpolitik.

Nach der britischen Schlappe um das Eiserne Tor trat der Ölkrieg vorübergehend von einem Bein auf das andere. Aber selbst jeder einheimische Analphabet konnte sich an den zehn schmutzigen Fingern ausrechnen, daß die Engländer in Rumänien zu einem neuen, entscheidenden Schlag ausholten. Das Land war verurteilt, in den Fluten des schwarzen Goldes unterzugehen, wenn es nicht doppelt wachsam blieb.

So kochte das rumänische Erdöl zwar lautlos aber unaufhörlich weiter. Die Petroleumschlacht war noch nicht entschieden und tobte auf allen Schauplätzen: auf den Ölfeldern von Ploesti, in den Boulevards von Bukarest, in den Kabinetten der Botschaften, in den Amtsstuben der Regierung, in den eleganten Salons von Klein-Paris, wo man Sekt trank und Öl meinte.

Vorwiegend bei Madame Mariu Lepanowski, die an einem Abend oft drei Parteien um sich scharte. Viele neue Gesichter waren inzwischen aufgetaucht. Auf beiden Seiten baute die Abwehr ihre Position aus. Und die schöne Rumänin schwamm als schillernder Fleck auf den Ölwogen, ohne erkennen zu lassen, wohin sie trieb. Einmal galt sie als Freundin des rumänischen Abwehrchefs, dann als Geliebte eines britischen

Attachés und gelegentlich wieder als Vertraute eines deutschen Offiziers, der heute abend neben ihr im Theater saß. Befehlsgemäß . . .

Schnitzler war auf Wunsch der Abwehr in maßvoller Tuchfühlung mit ihr verblieben. Geheimnisvoll wie eine Sphinx hatte ihm der Abwehrmajor befohlen: Keinen Schritt zu weit gehen und keinen Zentimeter zu kurz treten. So hatte er sich mit Anstand durch die letzten Wochen gebalgt. Mariu zeigte sich Schnitzler williger als ihm lieb war, doch er blieb distanzierter, als sie es wünschte.

Der deutsche Offizier saß in ihrer Loge und gähnte sich durch den dritten Akt einer Operette.

„Langweilig?" fragte Mariu.

„Ja", erwiderte er.

„Dann gehen wir doch . . ."

„Nur, wenn Sie wollen", antwortete Schnitzler.

Die Rumänin stand so auf, daß sie das ganze Theater sehen mußte. Schnitzler reichte ihr die Stola. Er wollte einen Wagen nehmen, aber Mariu blieb stehen, atmete tief die Luft ein und sagte:

„Welch schöner Abend!"

„Gut", meinte der deutsche Oberleutnant, „gehen wir spazieren."

Ihre Beine liefen auf Umwegen. Ihre Worte auch. Sie sahen sich an und lächelten. Aber seltsam zerstreut dabei, als ob sie daran dächten, daß in diesen Tagen der Ölkrieg in die entscheidende Runde treten mußte.

„Kommen Sie zu mir auf einen Drink?" fragte Mariu.

„Gern", sagte er lässig.

Die Gasse war dunkel. Eine Lampe mußte ausgefallen sein. Schnitzler spürte das leichte Gewicht der Frau an seiner Schulter. Er atmete ihr Parfüm. Er genoß ihren gefährlichen Flair.

„Schade, daß man Sie immer so bitten muß", sagte sie.

„Vielleicht haben Sie zu viele Freunde . . ." versetzte er.

Und dann war er wach. Hellwach. Vielleicht hatte er nur ein

Geräusch gehört. Oder war es wieder sein sechster Sinn. Er riß sich von Mariu los, bevor er noch den Schatten deutlich sehen konnte. Er duckte sich, schlug mit dem gestreckten Bein gegen den Angreifer. Der Mann fiel vornüber. Aber im nächsten Augenblick sprang Schnitzler ein zweiter an. Von hinten. Der deutsche Offizier wich aus. Ein Messer streifte seinen Arm.

Mariu schrie laut um Hilfe.

Von der anderen Seite näherten sich rasche Schritte . . .

Schnitzler sieht nicht die Hand vor den Augen, aber er spürt die Gefahr im Rücken. Instinktiv weicht er dem zweiten Messerstich aus, fährt herum und schnappt zu. Sein Griff erfaßt das Armgelenk mit dem feststehenden Messer und dreht kräftig von links nach rechts, schmerzhaft und im Uhrzeigersinn. Das Messer fällt zu Boden. Der Angreifer will es aufheben, aber er stöhnt im Drehgriff der Schraube; Schnitzler stößt mit dem Fuß das Messer beiseite, kurbelt dann weiter an der Spirale und kugelt seinem Gegner noch während des Überschlags das Gelenk aus. Hausmacherart à la Brandenburg, denkt der junge Offizier grimmig, einen schönen Gruß vom Quenzgut, direkt aus der Hexenküche . . .

Inzwischen ist Mariu Lepanowski blindlings davongestürzt, um Hilfe zu holen. Aber die näherkommenden Schritte stoppen auf halbem Weg. Entweder haben die Passanten Angst oder zu wenig Lust, sich in den nächtlichen Zwischenfall einzumischen. So bleiben sie in hundert Meter Entfernung stehen und warten ab . . . ganz Bürger eines neutralen Landes.

Der erste Angreifer kommt wieder auf die Beine, noch benommen vom Sturz, aber rasend vor Zorn. Er geht Schnitzler mit eingezogenem Kopf und vorgestreckten Fäusten frontal an. Der Oberleutnant lächelt ihm beinahe mitleidig entgegen. Nahkampf ist sein Element; einer gegen zwei: seine Handschuhnummer. Er stoppt den Mann aus dem Dunkel mit einem rechten Schwinger, dann trifft ihn sein Knie in die Magengegend und wirft den Angreifer gegen die Hauswand. Der Messerheld plumpst wie ein Sack zu Boden, stöhnt vor Schmerzen, während Schnitzler schon wieder nach ihm greift, ihn im brutalen Griff aufstellt und mit einem Schlag des Handrückens „schlafen“ legt. Dabei sieht er ihn zum erstenmal. Nichts Besonderes, überlegt Schnitzler, einer der üblichen Dreigroschenjungen, deren sich die Geheimdienste beider Seiten in Rumänien zu bedienen pflegen, wenn sie sich die Hände nicht selbst schmutzig machen wollen.

„Wer hat dich bezahlt?“ zischt der überfallene Offizier seinen Gegner rumänisch an. Um sich Nachdruck zu verschaffen, klatscht er mit der flachen Hand von der anderen Seite her in das Gesicht des Angreifers.

Halb irr vor Angst murmelt der Mann etwas vor sich hin. Für einen Augenblick werden seine aufgerissenen Pupillen starr und sehen nach rechts, als ob sie etwas erkannt hätten. Schnitzler preßt ihm mit der linken Hand die Gurgel zusammen und schlägt, nur aus den Augenwinkeln beobachtend, mit der Handkante nach hinten. Mit Wucht und Glück trifft er den Komplizen seines Opfers an der Halsschlagader und drischt ihn so endgültig gebrauchsunfähig für nächtliche Überfälle.

„Los . . . mach den Mund auf!“ fährt der Oberleutnant den anderen Messerhelden an.

Er lockert seinen Griff an der Gurgel, zerrt gleichzeitig seinen Gegner an den Haaren und stößt seinen Hinterkopf mit mäßiger Wucht ein paarmal gegen die Steinmauer.

Der Mann brüllt unartikuliert, spuckt und heult gleichzeitig.

„Wird's bald?“ tobt Schnitzler und stößt noch einmal zu.

„Sie bringen ihn ja um“, sagt die zurückkehrende Mariu Lepanowski hinter dem Leutnant gelassen.

„Nicht schade um ihn“, brummelt der Überfallene. Dann quittiert er mit einem abschließenden Fußtritt das Intermezzo.

„Sind Sie verletzt?“ fragt die Rumänin erschrocken.

„Nur ein Kratzer . . .“ antwortet er und zieht sie weiter.

„Ich hab' die Polizei verständigt.“

Polizei, denkt Schnitzler und holt automatisch schneller aus. Protokolle, Vernehmungen, Gegenüberstellung, Überprüfung des Passes, Fragen nach dem Zweck des Aufenthalts ... nichts für mich. Die deutsche Botschaft gab den Befehl: um keinen Preis auffallen!

So zieht der junge Offizier die Rumänin rasch weiter. Er stößt mit dem Fuß gegen etwas — und hebt es auf. Es ist das Messer, das er dem Angreifer aus der Hand schlug. Schnitzler nimmt es zur Erinnerung mit, sieht flüchtig auf die Klinge und flucht, als er das eingravierte Gütezeichen liest: Solinger Stahl.

Zweimal um die Ecke, und er erreicht Marius Prunkwohnung gerade, als er die Pfiffe einer Polizeistreife hinter sich hört. Er legt den Zeigefinger an den Mund und nickt der Rumänin zu. Dann sieht er sie prüfend von der Seite an: hat vielleicht sie die Strauchritter gedungen? Unsinn, überlegt er weiter, ich habe ja vorgeschlagen, vorzeitig das Theater zu verlassen. Aber wollte nicht sie zu Fuß gehen? Noch dazu auf Umwegen? War es ein Hinterhalt?

Was soll's, denkt er weiter und genießt es, von der Gegenseite für so wichtig genommen zu werden, daß man einen Überfall auf ihn inszenierte.

„Toll, wie Sie das geschafft haben", lobt Mariu Lepanowski beim Betreten des Hauses, „Sie sind ja der reinste Samson ..."

„Nicht so schlimm", entgegnet Schnitzler bescheiden, wenn auch stolz, „ich war von klein auf ein Raufbold."

Sie gehen durch das Boudoir. Es riecht nach Mariu. Sie gießt ihrem Begleiter einen Schnaps ein und hebt das Glas: seltsam, auch der Kognak schmeckt nicht anders. Er sieht in ihre Augen und denkt an ihre Lippen. Die Rumänin will einen Arzt rufen, aber der Leutnant winkt lächelnd ab. Sie gibt ihrem Mädchen Weisung, für alle anderen Gäste den Salon zu sperren, bringt Jod und Verbandszeug. Vorübergehend wird eine Brandstifterin zur Samariterin.

Schnitzler sonnt sich in Marius Mitleid, wenn auch die Fleischwunde am Oberarm höllisch brennt. Sie legt ihm die Kissen zurecht und schiebt ihn sanft nach hinten. Er spürt ihre vollen, weichen Lippen auf seinem Mund und pfeift zum erstenmal auf das rumänische Erdöl.

„Du bist mein Patient", sagte die Rumänin leise zu ihm.

„Patienten sind ungeduldig", geht er auf ihren Ton ein.

„Aber ich werde mit ihnen fertig", versetzt Mariu tändelnd.

Er schüttelt den Kopf; ihre Augen glänzen groß und dunkel. Sie betrachtet ihn mit großen Augen, als ob sie ihn zum erstenmal sähe. Dabei sind ihre schmalen, gepflegten Hände an seinen Schläfen schon zu Hause. Er erfaßt ihren Zeigefinger mit den Lippen und küßt ihn. Sie fährt zärtlich an der herben Linie seines Mundes entlang.

„Du . . ." sagte er benommen, „du bist ein Raubtier . . ."

„Stimmt", entgegnet Mariu und lehnt sich voll gegen ihn, „Angst?"

„Nein!"

„Sondern?"

„Hunger."

„Ich auch."

„Bestie."

„Und du stehst auf meiner Speisekarte."

Schnitzler erwidert den Satz mit den Lippen, wenn auch stumm. Er zieht die Rumänin fest an sich, beneidet sich selbst. Er spürt nicht mehr die Wunde am Arm, und er vergißt den Auftrag der Abwehr. Er hat keinen Begriff für die Zeit, aber er versteht den Zauber der Stunde. Er unterliegt der Versuchung, aber er führt nur einen Befehl aus. Daran denkt er jedoch nicht, als er spürt, daß Marius nervöse Vitalität für Stunden auf der Stelle steht, wie ein zur Ruhe gekommener Pendel.

Nie darf diese Nacht zu Ende gehen, denkt Schnitzler zwecklos und ahnt nicht, daß die Frau an seiner Seite ihm als Morgengabe eine Information schenken wird, die ihn über Nacht zu einem As der deutschen Abwehr macht . . .

In dieser Nacht hatte Jonas Glück. Er lag mit ein paar Leuten von Brandenburg seit zwei Tagen auf Lauer, verstärkt von den immer ungeduldiger werdenden Soldaten der Siguranta. Auf einem toten Abstellgleis standen drei

Tankwagen der rumänischen Eisenbahn. Sie waren der Köder, den Jonas auslegte. Ein spielendes Zigeunerkind hatte ihn auf den Gedanken gebracht, als es in den Händen ein kleines Bronzerad hielt.

Seit einigen Wochen hatte sich etwas Merkwürdiges ereignet: an den aus Deutschland zurückrollenden Tankwagen fehlten die Bronzearmaturen, im Krieg schwer ersetzbare Präzisionsinstrumente. Bei der Abwehr tippte man sofort auf eine britische Schweinerei. Die Engländer aber wiesen darauf hin, daß Deutschland arm an Rohstoffen sei, und vermutlich auf diese Weise Buntmetall sammle. Und warum waren nur Waggons ausgeplündert, die auf dem Rückweg heranrollen?

Es war jetzt dreiundzwanzig Uhr. Irgendwo rührte sich etwas. Der Prophet war schon klamm im Kreuz vom flachen Liegen auf der Erde. Er sah auf. Waren es Schatten? Man konnte sie aus der Entfernung nicht sehen. Die Falle war geschickt errichtet. Auf ein Zeichen gingen Scheinwerfer an. Die Diebe standen dann im vollen Lichtkegel und wurden von allen Seiten umringt.

Doch, dachte Jonas. Er hörte gedämpftes Hämmern und Feilen, als ob die Diebe ihre Werkzeuge mit Lumpen umwickelt hätten. Vier, fünf konnten es sein. Offensichtlich schon Spezialisten, denn es war nicht leicht, die Armaturen auszubauen.

Jonas hob die Hand. Die Scheinwerfer funktionierten. Die Unbekannten wollten davonlaufen. Aber sie erkannten, daß ihnen der Fluchtweg abgeschnitten war. Sie streckten fatalistisch die Hände in die Höhe. Die Siguranta griff zu. Bei den Dieben handelte es sich um Zigeuner, die von nichts wissen wollten. Die rumänischen Verhörmethoden waren rüde. Da der örtliche Abwehrchef mit der Auspeitschung drohte, machten die Täter den Mund auf.

Die Spur führte nach Bukarest. Zwei Altmetallhändler zahlten Phantasiepreise für Tankwagenarmaturen. Sie wurden noch in der Nacht festgenommen. Der Fall klärte sich wie von selbst: Die Engländer gaben Gold für Bronze . . .

Gegen Mitternacht hatte der Prophet sein Einsatzziel erreicht. Er war hundemüde. Aber er kam nicht an der kleinen, schmierigen Bar vorbei. Kugelmann wollte zunächst nicht mitgehen, aber folgte dann doch. Seit ihrem verwegenen Einsatz um das Eiserne Tor waren die beiden unzertrennlich. Und die Abwehr warf sie in den Dschungelkrieg. Sie rochierten von einem Auftrag zum anderen. Die Einsätze jagten sich so, daß die beiden nicht immer vorsichtig sein konnten. Die Brandenburger hatten sich an die Gefahr gewöhnt.

Zuerst sahen sie nichts nach dem Eintritt. Der Rauch brannte in den Augen. Sie gingen an die Theke. Ein Mädchen lachte ihnen entgegen. Verdammt, dachte Jonas, die blonde Griechin habe ich auch nicht mehr gesehen, dabei ist es gar nicht so weit nach Sulina . . .

Kugelmann stieß ihn leicht an. Der Prophet grinste. Der schlanke Mann mit den dunklen Haaren auf der anderen Seite der Theke sah aus, als ob er heute nacht in ein Konfektionsgeschäft eingebrochen wäre, um sich einen Anzug von der Stange zu klauen. Unverkennbar ein Engländer, wahrscheinlich Offizier.

„Laß“, warnte Kugelmann.

Aber Jonas war nicht zu bremsen. Seit der turbulenten Nacht von Sulina wiederholte er sein Rezept immer wieder. Er ging auf den Briten zu, der an ihm vorbeisah.

„Sir“, begann er, „ich habe Geburtstag . . . würden Sie mit mir auf den englischen König trinken?“

Der Mann sah beinahe träge an ihm vorbei. Ein anderer in seiner Nähe stand auf und ging hinaus. Jonas bemerkte es nicht. Vielleicht war er zu abgespannt oder er hatte zu schnell getrunken. Er hob sein Glas und sagte:

„Auf King George!“

Jetzt schien ihn der Engländer zum erstenmal zu sehen.

„Warum trinken Sie eigentlich nicht auf Hitler?“ fragte er.

„Wieso . . .“ brummelte Jonas, „scheiß auf ihn . . .“

„Und außerdem arbeiten Sie für ihn.“

„Sie sind verrückt“, erwiderte der Prophet und sah um sich.

Und da geschah es. Rumänische Gendarmen stürmten herein, riegelten die Tür ab. Kugelmann durfte nicht eingreifen. Es gelang ihm gerade noch, sich durch ein Toilettenfenster zu verkrümeln. Dann kamen sie auf Jonas zu. Es half nichts. Sie nahmen ihn mit. Der Brite grinste schadenfroh. Auch ihnen gelang es, ihre Gegenspieler über die grüne Grenze abschieben zu lassen.

Es ging ganz rasch. Eine flüchtige Vernehmung, dann saß der Prophet schon im Lastwagen, höflich behandelt, aber streng bewacht. Richtung Süden. Bulgarien. Jonas haderte mit seinem Schicksal. Jetzt hat Kugelmann Meldung gemacht, und ich stehe da als Idiot, dachte er. Die blonde Griechin ist futsch ... Schnitzler sehe ich nicht mehr ... und die anderen Kameraden von Brandenburg halten mich für einen Armleuchter. Er hob den Kopf und suchte nach irgendeiner Fluchtmöglichkeit. Aber die Rumänen paßten auf wie die Schießhunde, und Jonas wirkte hilflos wie ein Kinderballon, dem die Luft ausgeht.

Der Rumäne hob die Hand an den Mützenrand. Auf der anderen Seite ging die Schranke auf. Während der Prophet durch das Niemandsland ging, arbeitete sein militärisches Denken wieder exakt ...

Der 28. Juni 1940 wird zu einem Fiasko der deutschen Außenpolitik und zu einem schwarzen Tag für das Land des schwarzen Goldes: Die am Dnjestr bereitgestellten russischen Divisionen überschreiten vierundzwanzig Stunden vor Ablauf des Dreitageultimatums die rumänische Grenze. Sowjetische Panzer rollen über die englisch-französische Garantieerklärung der rumänischen Grenzen hinweg nach Bessarabien und in die Bukowina, nicht zuletzt durch eine Dummheit Ribbentrops, der offensichtlich mehr vom Weinhandel als vom Ölgeschäft verstand, in Marsch gesetzt.

Während die T 34 den endlosen Flüchtlingszügen den Weg abschneiden, während die Panik durch Rumänien geistert und das Petroleum wieder im Hexenkessel siedet, sinkt in der deutschen Botschaft zu Bukarest die Stimmung auf den Nullpunkt. Der deutsche Gesandte Fabrizius und seine Männer erleben bange Stunden. Wo werden die Russen stehenbleiben? Haben sie ein Geheimabkommen mit den Engländern, und spielen sie ihnen jetzt Ploesti in die Hände?

Aus Berlin kommt ein Blitzgespräch. Hitler interveniert in Moskau. Keine Antwort noch! Sicherheitshalber läßt Fabrizius die deutsche Kolonie alarmieren und bittet sie, die Wertsachen zu packen und in das Botschaftsgebäude zu kommen, von wo man sie zum „Deutschen Heim" am Boulevard Elisabeta, einem Spinnennetz der Abwehr, weiterleitet.

Der Major geht erregt auf und ab. Er betrachtet das Strandgut des Tages mürrisch. Und dann denkt er sich eine Beschäftigungstheorie aus: die wehrfähigen Männer werden im schalldichten Keller in einer Art Schnellkurs zu Hilfspartisanen ausgebildet. Sie üben mit mittlerem Geschick an der 08-Pistole. Die anderen müssen im Nebenraum Schilder pinseln: Ortsbezeichnungen, Entfernungsangaben, Wegweiser. Alles in doppelter Ausfertigung. Die richtigen Bezeichnungen für einen deutschen Einmarsch, die irreführenden Schilder für eine Invasion britischer Luftlandetruppen.

Der Major, der in Wirklichkeit einen ganz anderen Dienstrang führt, lacht gereizt.

„Wenn die Rote Armee rollt", sagt er zu seinem Adjutanten, „werden die braunen Diplomaten blaß."

„Schöne Bescherung in der Wilhelmstraße", erwidert der Oberleutnant, „vor einem Jahr hat das Auswärtige Amt Stalin versichert, daß es keine Interessen in Rumänien hat . . . na, ja —, nun hat das AA den Salat . . ."

Plötzlich endet der Spuk. Der russische Vormarsch stockt am Seret, was Stalin bald bereuen wird. Rumänien bleibt selbständig und neutral, wenn auch um zwei Provinzen ärmer, und mit der Verpflichtung, von nun ab neunzig Prozent des Erdöls nach Deutschland zu liefern, was groteskerweise die Rationierung im Land des Überflusses notwendig macht.

Die Rumänen erhöhen das britische Fördersoll um ein Drittel. Aber mit dem gepumpten Öl sind keine Wogen mehr zu glätten. England hat die Niederlage um das Eiserne Tor nicht verwunden. In London drückt man auf den Knopf. Schluß machen, heißt das. Unverzüglich. Mit allen Mitteln. Ohne Rücksicht auf Verluste. Keine verwegenen Einzelaktionen mehr, sondern eiskaltes System.

Auch der Major weiß es. Aber damit ist er am Ende seines Lateins. In den letzten Wochen haben seine Gegenspieler ein höllisches Tempo vorgelegt. Dabei begann das Vorgeplänkel der Schlußrunde ganz harmlos. Die Ölfirmen haben allen deutschen Angestellten, die aus der Vorkriegszeit noch bei ihnen beschäftigt waren, höflich aber endgültig gekündigt. Sie wollten die Schotten ihres Werksgeländes dicht machen. Es war eine Rechnung ohne Siguranta. Der rumänische Geheimdienst schickte die Gekündigten am nächsten Tag wieder an ihre Arbeitsplätze zurück. Mit verringertem Personalstand, argumentierte er bedauernd, ließe sich die Produktion nicht steigern.

Die Tommys reagierten britisch; sie kauften in London zusätzliche Arbeitskräfte ein, Praktikanten en masse, die im Ölgebiet zu Ingenieuren ausgebildet werden sollten. So war es immer schon gewesen, nur hatten die Eleven früher anders ausgesehen. Es waren schlaksige Burschen, die taufrisch dem College entlaufen waren. Die Praktikanten des Jahres 1940 wirkten älter und militanter. Sie sahen aus wie Offiziere, die ein Witzbold in Zivil gesteckt hatte. Sie saßen gelangweilt in den Klubräumen der Astra-Romana, der größten rumänischen Ölfirma, einer Tochtergesellschaft der Shell, und warfen das Geld zum Fenster hinaus. Sie erschienen nicht in den Förderanlagen um zu arbeiten, sondern lungerten im Gelände herum, um zu zeichnen.

Der Major der Abwehr II war sich keine Stunde darüber im Zweifel, daß diese seltsamen Ölanwärter Agenten des Secret Service sind. Er ließ sie nicht aus den Augen. Brandenburger beschatteten sie auf Schritt und Tritt. Für den Tag X hielt man sich man ihre Fotos und Tarnnamen auf Vorrat. Manchmal stellten ihnen die Deutschen ein Bein, verwickelten sie in einen Streit mit einer anschließenden Schlägerei, bei der dann immer die Siguranta zur Stelle war und die randalierenden Praktikanten auswies.

Besonders erbittert waren die Rumänen nach dem Attentat auf den Sigurantaoffizier Luca. Während er spazierenging, schossen vermutlich englische Agenten durch das offene Fenster auf sein Bett. Jetzt hagelte es Deportationen. Und der deutsche Major rieb sich die Hände und dachte: ach wie gut, daß niemand weiß, daß ich Rumpelstilzchen heiß . . .

Das, überlegt der Abwehroffizier jetzt, waren noch die besseren Zeiten von Ploesti. Jetzt ist der Teufel los. Jeden Tag gehen die blödsinnigsten Meldungen ein. Die Ölfirmen beginnen Kies und Sand aufzukaufen. Der Offizier kann sich beim besten Willen keinen Reim darauf machen. Eben hat sich der Spezialist bei ihm gemeldet, den er durch Blitzgespräch in Berlin anforderte.

„Hier . . ." beginnt er, „zweihundert Waggon Kies und vierhundert Waggon Sand für Boldesti." Er nimmt gereizt eine andere Meldung zur Hand: „Da, in Moreni, hundert Waggon Kies und zweihundert Waggon Sand." Er betrachtet den Ingenieur aus Berlin gereizt. „Und können Sie mir vielleicht sagen, was die fünfundsiebzig Waggon Kies und hundertfünfzig Ladungen Sand in Ochinri bedeuten sollen?"

„Jede Firma hat Baustellen und braucht das Zeug", antwortet der Ingenieur.

„Aber doch nicht in diesen Mengen!" schreit der Major. „Entschuldigen Sie", setzt er dann ruhig hinzu und bietet ihm eine Zigarette an, „ich sehe mir dieses Spielchen seit drei Wochen an . . . das sind noch lange nicht alle Meldungen . . . es muß doch eine Erklärung dafür geben . . . Was macht man mit Sand plus Kies?"

„Beton", versetzt der Ingenieur ruhig. „Das heißt, wenn man dazu auch noch Zement und Wasser hat."

„Und was macht man mit Beton?"

„Alles ... Hoch- und Tiefbau ... Bunker ... Kellerräume ... was weiß ich ...“

„Nun stellen Sie sich mal vor, Sie wären Engländer“, fährt der Major fort, „und Sie würden Unmengen von ... na, ja Beton ... zusammenkarren ... um die Bohrtürme zu sabotieren ... wie würden Sie das anfangen?“

Der Sachverständige geht ans Fenster, denkt konzentriert nach.

„Tja“, sagt er dann zögernd, „eine Möglichkeit gäb's ...“

„Und?“

„Wenn Sie die Erdölsonden mit Beton füllen und vielleicht noch ein paar kurze, glasharte Stahlstücke hineinklemmen ... dann ist der Ofen aus ... für alle Zeit ...“

„In jede einzelne Sonde?“

„Ja ... aber es dauert dann mindestens drei Tage, bis der Beton hart genug ist.“

„Hm“, entgegnet der Major ungläubig, „das kann nicht sein. Überlegen Sie doch mal: verschiedene Firmen, verschiedene Interessen ... und dann müßte es ja schlagartig gehen ... und zweiundsiebzig Stunden geheimgehalten werden, hier, in diesem Land, wo wir überall unsere Augen und Finger drin haben ...“

Da meldet sich Schnitzler am Telefon. Er gibt das Stichwort: ganz dringend.

Der Major verabschiedet sich von dem Ingenieur aus Berlin.

„Ich bin gleich wieder da“, sagt er und fährt zum vereinbarten Treffpunkt.

„Na, Sie Schwerenöter“, begrüßt er Schnitzler ironisch, „wo brennt's?“

Dann vergeht dem Major der Spott, als der junge Offizier militärisch exakt seine Meldung herunterrasselt:

Erstens: alle Pläne und Vermessungen, Schürfungen und Werksanlagen werden von den Engländern zurzeit nach Ägypten geschafft.

Zweitens: übermorgen findet eine Geheimkonferenz aller Ölfirmen statt, geleitet vom Secret Service. Auf ein bestimmtes Stichwort hin sollen sämtliche Ölsonden des Landes plombiert werden.

„Mensch . . .“, erwidert der Major.

Er macht sofort die Stichprobe. In Constanza schnappt die Siguranta in letzter Minute alle Pläne der Astra-Romana beim Verladen. Madame Lepanowski hat nicht übertrieben. Schnitzler behält recht.

Die Abwehr löst die Stunde X aus. Die Brandenburger werden zusammengefaßt, auf kleine Trupps verteilt, bewaffnet und ins Ölgebiet geschmuggelt. Sie haben sich längst an alles gewöhnt und wundern sich nicht mehr, daß die Höllenmaschinen und Sprengmittel, die sie vor dem Einsatz fassen . . . englische Aufschriften tragen . . .

Jonas war wieder beim großen Haufen gelandet. Die deutschfreundlichen Bulgaren, Preußen des Balkans genannt, hatten ihn über die deutsche Botschaft nach Russe weitergereicht. Der Prophet meldete sich und empfing statt einer Uniform ein Trikot. Sein Oberleutnant Meißner war mit „Sportwart“ anzureden, denn die fünfte Kompanie des Lehrregiments Brandenburg z. b. V. 800 tagte hier als teils Leichtathletikverein, teils als Fußballklub.

Über dem Lager wehte die Reichssportflagge. Der Prophet verwünschte den Augenblick, da er zugegeben hatte, einmal in einer Schülermannschaft gespielt zu haben. Er faßte die ungewohnten Fußballstiefel, mit denen er über den Rasen stakste wie ein Mannequin in hochhackigen Schuhen über den Laufsteg.

Ein cleverer Idiot von einem Manager hatte das Fußballmatch als deutsch-bulgarisches Länderspiel angekündigt. Aber es war nur ein Trauerspiel. Nach zwanzig Minuten stand es sieben zu null für Bulgarien. Und die „deutsche Elf“ mußte sich mit einem Wimpel, einem Fläschchen Rosenöl, einer zweistelligen Niederlage und einer Riesenblamage zufriedengeben. Die Bulgaren kamen aus dem Staunen nicht heraus.

Nein, diese Deutschen, nicht zum Wiedererkennen! Eine Länderelf, die wie eine Provinzmannschaft aufspielte. Da sieht man, was der Krieg aus Männern macht!

Dann jubelten die Zuschauer ihren eigenen Leuten zu. Denn der völkerverständigende Sport hat sein nationales Hinterteil. Was wußten sie schon, daß der Torwart etwas von Werkschutz verstand, daß der Mittelläufer Kompaniechef, der Linksaußen Sprengstoffspezialist und der Halbrechte Brückenfachmann war. Sie sahen auf die Uhr und fluchten vor sich hin. Noch elf Minuten.

Sie konnten das feindliche Tor gar nicht sehen, denn sie hielten Ausschau nach der anderen Seite der Donau: nach dem rumänischen Ufer, nach der Stadt Giurgin, gleich hinter der Insel Ramadan.

Sie sahen nur Unkraut und Sand. Das „Malul rosu", das rote Ufer, ein berüchtigtes Überschwemmungsgebiet, war nur bei Schmugglern beliebt. Ein Katzensprung zur anderen Seite, von da ein Steinwurf ins Ölgebiet. Solange turnten hundertzwanzig untergrundgeschulte Brandenburger auf der bulgarischen Seite harmlos nach der Parole: frisch, fromm, fröhlich, frei . . .

Jonas wußte nicht, wie er das Ehrentor schaffte. Drei Minuten vor Schluß. Eigentlich nur, weil er als linker Läufer viel zu weit vorn stand. Der Ball prallte von seinem Kopf ab. Der Torwart lief nach der falschen Seite heraus. Der Prophet wollte rechts schießen, stolperte und berührte das Leder gerade noch mit dem linken Fuß. Es rollte langsam, wie eine Träne, in das feindliche Tor. Es stand siebzehn zu eins, und der Schlußpfiff war barmherzig . . .

Der Sportwart schüttelte den Kopf über seine Mannschaft. Aber er hatte andere Sorgen. Vor ein paar Tagen waren Waffen für die bulgarische Armee als Geschenk aus Deutschland geliefert worden. Die Engländer zwangen die Bulgaren auf diplomatischem Weg, die Annahme der Sendung zu verweigern. Die Kisten mußten zurück. Zufällig wurden sie in Russe eingeschifft. Nur das Gewicht stimmte noch. Die Waffen hatte sich die fünfte Kompanie Brandenburg unter den Nagel gerissen. Gerade noch rechtzeitig.

Denn das Stichwort war ausgelöst worden: über die Donau hieß das, hinein nach Ploesti, so oder so. Und sie wunderten sich wieder. Die Rumänen empfingen sie auf dem anderen Ufer mit wahrer Gastfreundschaft: die Brandenburger rollten in eigens für sie reservierten Luxusabteilen in Richtung Erdöl...

Die englische Geheimkonferenz tagt im geräumigen Erholungsheim der Astra-Romana im Seengebiet von Snagov, am Rande der Ölsperrzone, fünfundvierzig Kilometer von Bukarest, ganz in der Nähe von Ploesti. Der Secret Service hat die Besprechung mit größter Sorgfalt abgeschirmt. Keine Abhörgeräte, weit und breit kein Unbefugter, nur gewissenhaft ausgewählte Erdölfunktionäre, wie Miller, der Manager der Astra-Romana, Page, ihr technischer Direktor, Geschäftsführer Masterson von der Campina, und Clark, der Besitzer der Kabelfabrik Anglia aus Ploesti. Die getarnte Besprechung unter dem Vorsitz des Colonels aus London ist ein freiwilliger Befehlsempfang.

„Diese zweiundsiebzig Stunden..." fährt der leitende Offizier des englischen Geheimdienstes fort, „die der Beton braucht, um hart zu werden, sind die Krise... wir müssen bluffen... wir müssen gerade in dieser Zeit aus unseren Beständen besonders viel Öl anliefern... Die Aktion muß auf die Minute abgestimmt sein... Meine Leute haben Anweisung, in dieser Zeit jeden Unberechtigten, der das Werksgelände betritt, mit Waffengewalt aufzuhalten..."

Der Colonel sieht sich um. Die Zustimmung ist lautlos. Mancher der Anwesenden hat fünfzehn, zwanzig Jahre auf dem Gebiet gearbeitet, das vor ihren Augen liegt, hat Schweißtropfen investiert, Erfolg geerntet und verflucht jetzt sein Schicksal, das ihn vor die Alternative stellt: entweder das Kapital der eigenen Aktionäre zu vernichten oder den verhaßten Feind mit Brennstoff zu beliefern...

„Und dann... bitte keine Panik beim Rückzug... Die Schiffe für das Zivilpersonal stehen bereit... aber ich mache darauf aufmerksam, daß ein vorzeitiger Rückzug nur die Gegenseite warnt... Am besten... Sie weihen ihre Leute erst eine Stunde vor der Flucht ein... Es wird Verluste geben dabei... aber ich bin bestrebt, die Evakuierung der Zivilisten soweit wie möglich zu decken... Noch eine Frage?"

„Ja", entgegnete Page, „wenn nun nichtenglische Arbeiter vorzeitig den Braten riechen?"

„Festsetzen!" erwidert der Colonel kalt. „Ab morgen früh neun Uhr herrscht Ausnahmezustand."

Einer der Posten stürmt herein, meldet atemlos:

„Die Rumänen."

Die Teilnehmer der Ölkonferenz sehen sich betroffen an. Rumänen? Hier? Auf englischem Grund und Boden? Das haben sie nie gewagt, das kann nicht...

Dann kommen die Offiziere der Siguranta, voraus Rittmeister Stefanescu, hinter ihm Major Luca und ein halbes Dutzend anderer Offiziere, alle höflich, aber kühl bis in die Fingerspitzen.

„Tut mir leid", sagt Stefanescu, der Sonderbevollmächtigte, nach einer Verbeugung, „ich muß einen Durchsuchungsbefehl vollstrecken..."

„Hier bei uns?" brüllt ihn Miller an.

„In Ihren Privaträumen", antwortet der Rittmeister kalt.

„Und warum, wenn ich fragen darf?" tobt Page.

„Dringender Verdacht des Sprengstoffschmuggels."

„Sie sind ja verrückt!" schnaubt Clark.

„Bitte kommen Sie mit mir", versetzt der Rittmeister.

Ein paar Engländer fluchen, andere lachen. So ein Unfug. Sprengstoff. Hier auf diesem Gelände. Bei den Rumänen piept's wohl...

Dann erstarren sie. Im Appartement Millers. Einer der Offiziere geht auf den Schrank zu. Er holt ein Paket heraus, zeigt es vor. Sprengstoff, einwandfrei Dynamit.

„*These damned Germans!*" flucht der Manager, „das ist..."

„Und das?“ fragt Stefanescu und deutet auf die englische Aufschrift.

Die Falle der deutschen Abwehr ist zugeschnappt. In Hotels und Privatunterkünften finden Dutzende von Durchsuchungen statt. Überall das gleiche Bild: Waffen und Sprengmittel britischer Herkunft. Und die Rumänen reagieren unerbittlich. Sie werfen die Engländer aus dem Land.

Gleichzeitig und lautlos besetzen deutsche Soldaten der Einheit Brandenburg, noch immer getarnt und in Zivil, alle Schlüsselpositionen des Erdölgebiets. Der britische Botschafter, Sir Reginald Hoare, protestiert. Aber auf diplomatischem Weg ist nichts mehr zu erreichen. Auch nicht mehr an der unsichtbaren Front. Die Deutschen haben die Ölschlacht gewonnen. Vorläufig. Und die Rumänen fragen sich: wer kommt zuerst in unser Land: die Briten — oder die Deutschen? Oder marschieren die Russen wieder?

Der Nervenkrieg schwitzt aus allen Poren. Auch bei der deutschen Abwehr. Jetzt spätestens müßten die Tommys eingreifen. Sie haben im Nahen Osten eine Million Soldaten zusammengezogen, darunter Elitetruppen der Fallschirmjäger. Jetzt ist ihre letzte Chance, und zugleich ihre Sternstunde. Es ist die Situation, die Deutschland nach dem Frankreichfeldzug hatte: ein offenes England, mäßig gerüstet, frei vor dem Feind liegend. Die deutsche Operation Seelöwe fiel ins Wasser. Auf Befehl eines dilettantischen Führers, auf Weisung eines strategischen Dummkopfs namens Hitler. Gibt es auf der anderen Seite auch einen General oder Befehlshaber, der seine Stunde verschläft?

In dieser, auf der Kippe stehenden Lage, bleibt der Abwehr nichts anderes, als verzweifelt auf die Hoffnung zu setzen:

Nicht jeder Dummkopf heißt Hitler...

Der Himmel flimmert im Brand der Sonne; sie deckt den britischen Fallschirmjägern den Rücken, falls sie landen. Werden sie es? Jeder fragt, keiner kann es wissen.

Plötzlich verdunstet die Spannung; das rumänische Öl kocht ab sofort im braunen Eintopf. Für Deutschland gefördert, gewonnen und gesichert. Ausschließlich.

Warum verschlafen die Engländer ihre goldene Stunde? Während sich im Nahen Osten eine Million britischer Soldaten durch Pokerspiel die Zeit vertreibt, legt man in London den „Royal flash“, die höchste Trumpfposition, ungenützt aus der Hand. Warum? bleibt eine Preisfrage der Kriegsakademie. Vielleicht waren nicht genug Schiffe da; oder man traute keiner Invasion von oben. Erst ein knappes Jahr später wird der Fall Kretas zum erstenmal in der Kriegsgeschichte eine Eroberung aus der Luft zeigen.

Die Schlacht um das schwarze Gold ist endgültig geschlagen und unblutig gewonnen. Die Proteste des britischen Botschafters wandern in den Papierkorb der Weltpolitik. Auf dem Schauplatz Balkan herrscht ab jetzt preußische Präzision, denn Brandenburg steht am Schaltwerk und bringt den Rumänen mit der Stoppuhr Zeitgefühl bei. Deutsche Soldaten in Zivil stecken ein neutrales Land in die Tasche. Ein wenig gleicht das riesige Ölfeld einem sandigen Truppenübungsplatz. Es wird gefördert wie exerziert. Männer wie Jonas werden zu Eisenbahnern, und die Züge verkehren pünktlich. Offiziere wie Schnitzler kontrollieren jede Weiche. Soldaten wie Kugelmann ziehen jede Schraube nach. Es läuft alles so willig am Schnürchen, daß es für sie schon wieder langweilig wird.

Der Untergrund ergibt sich der Fettlebe. Gefreite kommandieren wie Generäle. Unteroffiziere hausen wie Direktoren. Und Jonas, der Prophet, erlebt im Lauf der nächsten Wochen alle Stadien vom Überfluß zum Überdruß: doppelt soviel Geld wie er ausgeben könnte; fünfmal mehr Verpflegung, als sein Magen fassen möchte; und Frauen in Hülle und Fülle, notfalls an jedem Finger zehn, so viele, wie er küssen möchte, und mehr, als er umarmen könnte, wenn auch die blonde Griechin mit einem dunklen Ungarn verschollen ist.

Nur für die Freizeit hat sich Jonas am Stadtrand von Bukarest für einen Sack voll Lei eine Villa gechartert und spielt, assistiert von Kugelmann, bestaunt von Nützel, den Pascha von Klein-Paris. Er trägt statt seines Schnäpserwinkels einen seidenen Morgenmantel. Seine buntschillernden Gesellschaften sind in aller Mund, obwohl man besser nicht von ihnen spricht. Er nimmt an Gewicht zu und lacht darüber: Besatzer sind Besitzer. Und das Öl fließt so glatt nach Hause wie der Schnaps durch die Gurgel.

„Ist das ein Leben“, brüllt der Prophet, schon wieder blau, und schlägt dem dösigen Kugelmann auf den Schenkel.

„Na und ...“, brummt der Freund verdrossen, „wer weiß, wie lang's noch hält ...“

„Ewig“, tobt Jonas, „kann ich dir sagen ...“ Er hält sich die flache Hand vor den Mund und vertraut Nützel das Geheimnis an: „Weißt du, Kumpel .. es gibt kein schöneres Land auf der Welt .. als Rumänien .. “

„Der Appell in Ploesti ist morgen eine Stunde vorverlegt“, dämpft der Gefreite die Begeisterung.

„Wurscht!“ entgegnet Jonas stolz. „Schnaps für alle!“ brüllt er und knallt das randvolle Glas gegen die Wand. „Für Führer, Volk und Zwetschgenschnaps!“

In der nächsten halben Stunde sind sie sich darüber einig, daß sie den schönsten Krieg ihres Lebens feiern. Der Sieg zahlt Prozente. Der Schnaps multipliziert sie.

„Die Helden sind blau“, brummelt Jonas.

„Liebe macht durstig“, versetzt Nützel.

Und fressen macht faul. Denkfaul. Jonas und seine Kameraden haben für Überlegungen keine Zeit. Entweder sie sind im Dienst oder beim Schnaps, oder sie müssen gerade wieder siegen. Und der beste Soldat ist der Landser, der am wenigsten denkt.

Und außerdem ist den Männern, die in Rumänien den Brennstoff für Hitlers Kriegsmaschine sichern, die spätere Rechnung der Fachleute unbekannt: Ohne das Öl von Rumänien hätte der Krieg mit Sicherheit spätestens im Jahre 1943 geendet.

Verloren zwar, aber früher schon. Die Niederlage wäre billiger gewesen, nicht so teuer, wie das vermeintlich geschenkte Erdöl von Ploesti. Jede Tonne, die nach Deutschland rollt, wird den Zweiten Weltkrieg ein Stückchen verlängern. Jeder Waggon ist aufzuwiegen gegen die Tränen der Mütter und das Blut ihrer Söhne. Jeder Lastkahn, der donauaufwärts zieht, wird Hitlers Irrsinn mindestens zwei Jahre länger ermöglichen und all das Leid vergrößern: den Heldentod als Modetorheit ... die Verherrlichung der Verwesung ... den Luftschutzkeller als Massengrab ... die Angst als Wachtraum ... die Todesseufzer von Dachau und die Brandschwaden von Auschwitz ...

Das wissen Jonas und seine Kameraden so wenig wie die anderen Männer von Brandenburg. Die meisten werden auch, bevor sie es noch erfassen können, fallen. Und die Erde verschweigt ihnen die letzte Tragik: Daß sie ihre Tapferkeit an einen Verbrecher verschwendeten, daß sie nicht siegen konnten, ohne ihm in die Hände zu arbeiten. Das Grab wird ihnen die letzte Illusion lassen. Und daß sie heute feiern, ist so selbstverständlich, wie sie morgen fallen ...

Die Bilanz von Rumänien können sie mit einem Erfolg abschließen. Endgültig. Ermuntert durch das Beispiel Rußlands, rühren sich bereits im August 1940 die beiden Erzfeinde Rumäniens: Ungarn und Bulgarien. Im Norden wie im Süden verlangt man eine Revision der Grenzen. So sieht es aus, als ob sich der Balkan seinen Privatkrieg leisten würde.

Berlin greift ein. Unter dem Druck Deutschlands, das einen Konflikt der Balkanvölker untereinander verhindern will, um England keine Chance zum Eingreifen zu lassen, verzichtet die rumänische Regierung im „Wiener Schiedsspruch" auf einen Teil von Siebenbürgen zugunsten Ungarns. Auch Bulgarien soll abgefunden werden. Bevor aber die Verhandlungen noch zu Ende sind, meutert das Parlament, das zehn Jahre lang die Korruptionspolitik des Königs Carol II. hingenommen hatte. Die Abgeordneten legen ihre Mandate nieder und weigern sich auch auf nachdrückliche Bitten des Königs, eine neue Regierung zu bilden.

Ein Bürgerkrieg schwebt in der Luft. Die Eiserne Garde, eine faschistische Organisation, drängt an die Macht. Ihr Führer Antonescu war vor Jahren als Generalstabschef abgesetzt und in ein Kloster verbannt worden. Jetzt ruft ihn Carol als letzte Rettung zurück. Der junge General verlangt und erhält außergewöhnliche Vollmachten. Auf sie gestützt, setzt er drei Tage später den König, der sie ihm gewährte, ab. Carol verzichtet zugunsten König Michaels auf den Thron gegen die Zusicherung des freien Geleits. So verläßt der Monarch, der sein eigenes Land ausgesaugt hatte, mit seiner Freundin Lupescu und einem Güterzug voll erraffter Habe Rumänien.

Inzwischen bringt Antonescu seine Landsleute „auf Vordermann", das heißt, er richtet sie auf Berlin aus. Schon kurze Zeit später schließt sich Rumänien (wie auch Bulgarien) offiziell der Achse Berlin—Rom an und macht damit auf kaltem Weg für die deutschen Panzer die Straßen nach Jugoslawien und Griechenland frei.

Jetzt erst packen die britischen Diplomaten und ihr Anhang die Koffer. Eines dieser Gepäckstücke, das mit in Rumänien übriggebliebenem Sprengstoff gefüllt war, explodiert in Istanbul. Das in die Luft fliegende „Pera-Palasthotel" wirft das letzte Schlaglicht auf die Schlacht um das schmutzige Öl...

Die Nacht war still, finster und unheimlich. Das Firmament wirkte so dunkel, als hätten sich selbst die Sterne vor den Geschützen zurückgezogen. So oft der matte Wind über den verengten Strom blies, gluckerte das Wasser und seufzte das Schilf. In einem namenlosen Dorf winselte ein Hund aus grundloser Angst. Oder aus Instinkt? Die Flugzeuge, die Belgrad bombardieren sollten, waren schon getankt. Sie standen auf dem Rollfeld und wirkten mit ihren gespannten Schwingen wie Aasgeier, die auf Beute lauern.

Es war April 1941. Und das bedeutet auf dem Balkan schon fast Sommer. Aber die Schatten, die sich an der Donau herumtrieben, hatten nichts mit Sommerfrischlern zu tun. Sie trugen

Militärstiefel. Denn der Krieg suchte sich einen neuen Schauplatz.

Viele der jungen Soldaten hatten es schon einmal mitgemacht. Das Herumlungern. Das ewige Warten: auf die Verpflegung, auf die Post, auf den Angriff, auf die Angst. Das alte Landserlied. Wann es genau losging, mochte der Teufel wissen oder der General Sowieso.

Jonas war es egal. Er hatte nicht zu stürmen, sondern zu halten. Auf der neutralen Seite, die der Prophet bewachte, hieß die Donau noch „Dunarea". Drüben, am anderen Ufer, begann Jugoslawien, das die deutschen Truppen im Morgengrauen von Norden her überrennen sollten.

Die schönen Zeiten waren nicht mehr ganz so flott. Jetzt standen mehrere deutsche Divisionen in Rumänien. Das bedeutete Barras, Gebrüll, Schikane. Zwar sahen die Männer von Brandenburg als Spezialisten z. b. V. nur zu, wenn die anderen geschliffen wurden, aber mit den sonnigen Tagen und lärmenden Nächten von Bukarest war es ziemlich vorbei.

„Gestern noch ein kleiner Gott", maulte Nützel, „und heute wieder Gefreiter Arsch ... auf Wache ..."

„Und noch dazu in Uniform ...", versetzte Jonas. Da er sich seit vielen Monaten an saloppe Maßanzüge gewöhnt hatte, kam er sich in Feldgrau nackt vor. Er stieß seinen neben ihm stehenden Freund Kugelmann in die Rippen: „He, pennst du?"

„Nein", antwortete der Ostpreuße zerstreut. Dabei sah er nach drüben.

Es war still. Zu still für seinen Geschmack. Jonas suchte jetzt mit dem Glas die Donau ab. Die Nerven, dachte er und grinste.

„Wir sind aus der Übung", sagte er feixend.

„Macht's gut", versetzte Nützel und verkrümelte sich wieder. Er hatte hier nichts zu suchen und war nur einen Sprung vom Gefechtsstand herübergekommen.

Unter dem Kommando von Oberleutnant Schnitzler, der sich auch längst an angenehmere Nächte gewöhnt hatte, hielt hier vorsorglich ein zusammengewürfelter Sauhaufen von alten Rumänien-Hasen der Einheit Brandenburg, verstärkt durch zwei Flakgeschütze und Spezialisten vom „Bayerischen Lloyd“, gleich hinter der Donaukrümmung am Eisernen Tor sinnlose Wache. So glaubten sie jedenfalls.

Nicht so die Abwehr, auf deren Rechnung man sie postiert hatte. Nur so auf Verdacht. Denn den Serben auf der anderen Seite war nicht mehr zu trauen. Die hitlerfreundliche Regierung von Jugoslawien war gestürzt.

Jetzt sahen die Ratgeber König Peters nach London, ohne zu gedenken, daß die deutschen Divisionen, die sie haßten, ihnen näher standen.

Zwar war Rumänien, das Nachbarland, gesichert und damit die Donaumündung fest in deutscher Hand. Immer noch aber blieb das Eiserne Tor die Siegfriedstelle des Stromes, das strategische Lindenblatt. In einer weitläufigen Postenkette war das Ufer gegen Sabotage gesichert. Wie aber, falls die Serben, angestiftet von den Engländern, diesmal von der anderen Seite den „Fall Mardinian“ durchspielten? argwöhnte man am Tirpitzufer ... und schickte Schnitzler und seinen Leuten den Marschbefehl.

Das alles war Jonas herzlich wurscht. Er führte den Befehl aus, aber er haderte mit seinem Geschick: Erstens war es jetzt in den Morgenstunden dämlich kalt, zweitens stinklangweilig, und drittens wartete in Bukarest vergeblich eine neue, langhaarige Errungenschaft auf ihn. Und hier: Schilf, ein paar Nebelschwaden und der ostpreußische Kugelmann, mit dem heute auch nichts anzufangen war. Ein paar hundert Meter weiter weg, hinter der Biegung, Schnitzler, der feine Pinkel, der sicher schon auf einem Feldbett schlief. Und dann, wieder einen Steinwurf weiter, das Eiserne Tor. Wäre es vor einem Jahr, so meditierte der Prophet in Landserphilosophie weiter, in die Luft geflogen, dann bräuchte ich heute hier nicht Wache zu schieben.

Er hielt das Streichholz so verärgert an die Zigarette, als könnte er die Zündschnur damit in Brand setzen. Rauchverbot auf Wache. Selbstverständlich für alle Soldaten, aber nicht für die Brandenburger, die Dynamitkutscher der deutschen Wehrmacht. Der Zorn von Jonas war schon wieder mit Stolz imprägniert.

Kugelmann kauerte in seinem Erdloch wie ein Trauerkloß. Er starrte noch immer nach drüben, als ob da etwas zu erkennen wäre. Nichts wie Nacht. Er starrte zum Horizont. Es war, als ob ein riesiges Verdunklungsrollo über den Himmel gezogen wäre. Er stieß den Propheten in die Rippen.

„Ob die da oben heute Luftschutzübung haben?“ fragte er.

„Was weiß ich ...“, knurrte Jonas.

Auf dem Strom kreiselte ein Schatten. Die beiden Brandenburger sahen gleichzeitig hin und dann gleich wieder weg. Eine Täuschung der Sinne. Das ist natürlich, lästig und ermüdend. Kugelmann kämpfte gegen etwas Unbestimmtes in seinem Empfinden, etwas, das den Hals trocken machte und sich wie Blei auf die Schultern legte.

Jonas sah auf die Uhr. „Noch sechzehn Minuten“, tröstete er Kugelmann.

„Ich weiß nicht“, begann sein Kamerad jetzt fast widerwillig, „hab' so ein ... verstehst du ... so ein mulmiges Gefühl im Bauch ...“

„Zuviel gefressen“, antwortete der Prophet lakonisch.

„Nee ...“, fuhr Kugelmann fort, „so 'ne richtige Flaute ... so ...“

„Flaute“, feixte Jonas, „Verdauungsbeschwerden ...?“

„Hier ist's ja ... harmlos ... friedlich direkt ...“ Der Ostpreuße kaute auf den Worten herum. „Aber manchmal denk' ich ... schließlich Krieg ... es kann ja ...“

„Du hast wohl 'nen Moralischen?“ unterbrach ihn Jonas.

„Nee ... das nicht ...“ Die Worte kamen so gedehnt, als ob sie an einer Gummischnur aufgereiht wären. „Aber ... das gilt für immer, Jonas ... wenn mir mal was zustoßen sollte ... weißt du ...“

„Und?“ knurrte der Prophet wie ein gereizter Hund.

„Meine Mutter ...“, setzte Kugelmann leise hinzu, „weißt du ... ich hab' mich nie viel um sie ...“

„Halts Maul jetzt!“ schnaubte Jonas abschließend.

Gespräche, die ihm unangenehm waren, pflegte er in der Mitte abzubrechen.

Noch sieben Minuten Wache. Noch immer nichts zu sehen. Noch immer bloß das dämliche Schilf und Schatten, die keine waren, und Geräusche, die einen narrten. Wie jetzt, so als ob eine Gummipistole sich an einem Felsen wetzte... So ein Quatsch, dachte Jonas, als ob man das überhaupt hören würde...

Er sah weiter nach dem Strom. Er stand zwei Meter hinter Kugelmann. Beide hielten sich aufrecht in ihren Löchern. Wieder was?

Im gleichen Moment, als Jonas herumfuhr, fiel ihm sein Kamerad fast in die Arme. Während Kugelmann schwer auf den Boden aufschlug, schoß der Prophet bereits sein Magazin leer. Er hörte einen Schrei. Dann verschwanden die Schatten in der Nacht. Keine Gespenster. Partisanen. Noch schlimmer. Der Prophet beugte sich über Kugelmann und entdeckte fassungslos das Messer in seinem Halsmuskel.

Da ging der Hexensabbat los. Die Einheit Schnitzler feuerte aus allen Rohren. Scheinwerfer rissen die Nacht auf. Und dann sah man die Bescherung. Der serbische Motorschlepper „Junak", dahinter zwei riesige Zementpötte, donauabwärts, gut inszeniert vom Secret Service. Schießen die Deutschen die Kähne ab, dann sinken sie in der Fahrrinne und sperren das Eiserne Tor. Läßt man sie durch, würden sie sich metergenau an der berechneten Stelle selbst versenken.

Schnitzler verstand nichts von Flak. Aber er stand neben dem 8,8-Geschütz und brüllte:

„Los!... Ihr müßt sie treffen!... Hier... sofort!"

Die Kanoniere taten, was sie konnten. Granaten krepierten im Wasser. Treffer? Man konnte es nicht genau ausmachen. Die „Junak" erwiderte das Feuer, aber Schnitzler war von der prekären Situation so gebannt, daß er es zuerst nicht merkte. Noch dreihundert Meter. Entweder traf jetzt in den nächsten Sekunden diese verfluchte Flak, oder das Eiserne Tor war im Eimer...

Jonas kniete mit verzerrtem Gesicht neben dem Kameraden. Seine Hände waren wie gelähmt. Er hatte sich die Uniform vom Leib gerissen, das Hemd zerfetzt, um die Blutung abzubinden. Wo? Er starrte das Messer an, wagte nicht, es zu berühren. Steckenlassen oder herausziehen? Er wußte es nicht.

„Ein Arzt!“ brüllte er, „kommt doch!... Ihr Trottel!... Helft!“

Er hörte seine eigene Stimme nicht, so sehr er auch heulte. Der Gefechtslärm verschluckte sie.

„Abbinden!“ befahl er sich selbst.

Die Halsschlagader?... Da erstickt er doch!

Jonas hörte das Röcheln Kugelmanns. Er starrte in den Verfall dieses Gesichts. Er vernahm Schritte, die nicht kamen, spürte Messer, die ihn nicht trafen...

„So ein Blödsinn“, tobte er, wie gewürgt, „so ein Quatsch!... So ein verdammter Zirkustrick!... Aus sieben Metern ein Messer werfen!... Hundertmal gesehen... Fauler Zauber... er will das Mädchen mit dem Trikot ja gar nicht treffen... nur die Haare streifen... damit sich die Zuschauer gruselnd vergnügen... Und an so einem Bluff soll Kugelmann verrecken?... Hier, am stillsten, feinsten, komfortabelsten Kriegsschauplatz, den es gibt?... Wo Brandenburg die ruhigste und dickste Kugel schiebt?“

Jetzt riß der Verwundete stöhnend die Augen auf. Seine Pupillen waren groß und starr, unnatürlich aufgerissen. Ihnen blieb erspart, was der Prophet sehen mußte: mit jedem Schlag pumpte das Herz Blut aus der Ader, mechanisch und stur, achtzigmal in der Minute.

„Aufhören!“ heulte Jonas, hoffte, daß der Kamerad durchkam, und betete zugleich, daß sein Sterben schneller ginge...

Schnitzler lachte, daß sein Oberkörper in seltsamen Verrenkungen hin und her pendelte.

„So ein Schwein!“ schrie er.

Eine 8,8-Granate hatte die Seitenwand des linken Kahns aufgerissen. Der Zement rieselte aus dem geplatzten Rumpf wie die Körner aus einer gesprungenen Sanduhr. Der Pott hing schwer am Schlepper wie ein riesiger, vollgesogener Sandsack.

„Herrlicher Ballast!“ brüllte der Oberleutnant.

Er sah begeistert, wie der Konvoi nicht weiterkam, wie die verwegenen Seemänner an die Trossen und Haltetaue sprangen und sie mit Beilen und Messern kappen wollten.

„Schießt weiter, Kinder!“ schrie Schnitzler den Artilleristen zu und riß dem erschrockenen Nützel das MG aus der Hand.

Das mußte er selbst tun. Großartig! Die Donau brannte. Der eine Schlepper soff ab. Jetzt wollten sie den anderen ebenfalls im Stich lassen. Zurück konnten sie nicht, also mußten sie versuchen, mit dem Strom an der deutschen Stellung vorbeizukommen und — dann ab durch die Mitte.

Schnitzler zielte sorgfältig. Das konnte der Kommandant sein, dachte er. Das MG spuckte glühende Zähne aus. Der Mann sucht mit den Händen einen Halt, bevor er mit dem Hinterkopf aufschlug. Ein anderer wollte ihm zu Hilfe kommen. Der Oberleutnant schoß ihn im Laufen über den Haufen.

„Maßarbeit!“ applaudierte er sich selbst.

Er sah einen riesigen Serben, der sich an einem Seil verfangen hatte. Schnitzler verschwendete sechs Schuß.

„'ne Wonne!“ rief er Nützel zu, der neue Munitionskästen herbeischleppte.

Der zweite Kahn sank. Eine Flakgranate wuchtete in die „Junak“. Das Schiff schwankte einen Moment so schwer, als ob es sich überlegte, ob es nach links oder rechts absaufen sollte.

„Ein Festessen!“ schrie der Oberleutnant.

Einen Moment sah er auf. Natürlich funktionierten seine Leute. Wie immer. Kaum noch Gegenwehr. Deckung fast überflüssig. Die MP suchten ihre Ziele sorgfältig. Der Kompaniechef mußte sich beeilen, wenn er von der Beute noch eine Scheibe abschneiden wollte.

Der Schlepper drehte sich wie ein Kreisel. Der Strom spülte ihn vorwärts. Mal links, mal rechts, mal hinein in das Feuer, mal heraus. Die Männer, die an Oberdeck herumliefen, konnte Schnitzler so sicher abknallen wie Hasen bei einer Treibjagd.

Der Anschlag auf das Eiserne Tor ging unter. Die Zementkähne lagen weit vor dem Ziel auf Grund. Der herrenlose Schlepper trieb auf die jugoslawische Seite zu. Obwohl sich auf Deck nichts mehr rührte, feuerte Schnitzler dem Kahn noch nach.

„'ne Hochzeit!" brüllte er. Seine Stimme überschlug sich vor Begeisterung. „Was, Leute?"

Indessen war Jonas, der Prophet, ein halbes dutzendmal gestorben, bevor noch sein Kamerad tot war. Er wollte davonlaufen. Er wagte es nicht. Kugelmann versuchte, ihm etwas zu sagen. Immer wieder. Aber es waren nur Silben. Nichts weiter. Dann ein zischendes Geräusch, als ob eine Gummischnur gerissen sei oder ein Ventil Luft ausließe...

Der herrenlose Schlepper trieb vorüber. Jonas sah es nicht. Seine Kameraden lärmten in Siegerfreude. Jonas hörte es nicht. Der Boden schien unter seinen Füßen nachzugeben. Er glaubte, im Morast zu stehen. Etwas hämmerte an seinen Schläfen. Wieder und noch den gleichen Satz. Stumpfsinnig, rotierend, wie eine gesprungene Grammophonplatte: du bist schuld... er hat es gewußt... du hättest ihn wegschicken sollen... das Messer galt dir, er stand in der Mitte... er geht drauf, für dich..., Todesart à la Brandenburg... Aber doch nicht so viehisch!... so verdammt... so...

Der Prophet richtete sich auf.

„Mensch", schrie hinter ihm Nützel, „die haben wir zu Sau gemacht!... Denen haben wir's aber..." Er war dicht an den Propheten herangekommen. „Was hast du denn?" fragte er betroffen.

Da erst folgte er den Augen von Jonas und erkannte den toten Kugelmann.

Der Handrücken des Propheten fuhr mit automatischer Geste gegen die Stirn. Etwas klebte. Schweiß, dachte er. Er starrte gleichgültig hin. Es war Blut.

Jonas kam nur zwei Schritte weit, lehnte sich gegen einen Felsbrocken, weil sich sein Magen umdrehte. Und während er das schöne Militärleben nebst Saus und Braus in den Dreck kotzte, schmeckte der Schnaps nach Blut, die Nacht nach Tod.

Der erste Gefallene des Jugoslawienfeldzuges, der unmittelbar nach dem Anschlag auf das Eiserne Tor, in der Nacht vom 5. auf den 6. April 1941, begann, der Gefreite Kugelmann, liegt jetzt schon neun Monate unter der Erde. Seine Einheit verlieh ihm nachträglich das EK. Aber Tote tragen keinen Schmuck. Wohl aber ihre lebenden Kameraden, besonders hier, im Hauptquartier von Brandenburg. Es ist keine Seltenheit, daß sich drei Ritterkreuze an einem Tisch begegnen. Bei dieser Einheit fallen schon mehr junge Soldaten auf, deren Waffenrock noch kahl ist, „Frischlinge" also...

Nach der Feuertaufe im Westen, nach der Ölschlacht im Süden, nach dem Blutzoll im Osten bringt der Krieg das Regiment Brandenburg jetzt ganz groß ins Geschäft. Die Keimzelle dieser Truppe an der Havel gleicht dem Hauptbahnhof zur Front, von dem die Züge in verschiedenen Richtungen, zu einem Ziel fahren, denn Admiral Canaris schreibt großzügig die Fahrkarten zu den Heldenfriedhöfen aus...

Hier, am Stammsitz des verlorenen Haufens, wird ein raffiniertes Attentat auf Gibraltar bis in alle Einzelheiten vorbereitet und dann plötzlich abgeblasen, wie ein Jahr zuvor die „Operation Seelöwe", die Landung in England, für die die Brandenburger bereits Straßenkämpfe in Dover geübt hatten.

Auf dem fast hauseigenen Truppenübungsplatz Zossen werden die Soldaten der Abwehr fit gemacht für den Einsatz in polaren Zonen. Die Körper müssen erst auf Eistemperaturen gedrillt werden. Deshalb schickt man die Freiwilligen in eine Art Kälteschleuse, zu General Dietl, in das Waldlager von Rovaniemi. Nach der Umstellung sollen sie zu den Finnen weitergeleitet werden, um die Murmansklinie zu sprengen, auf der der sowjetische Nachschub rollt. Andere Brandenburger bleiben in der ewigen Nacht von Nordnorwegen, die auch britische Agenten zu nützen verstehen.

Am gleichen Tag verabschieden sich Kameraden, die bei Lavrion in Südgriechenland für die Wüste gedopt werden, um kurze Zeit später als Sonderverband 288 und selbständige Kampfgruppe eingesetzt zu werden. In der Ruinenkaserne von

Potsdam übt gleichzeitig der Schwesterverband 287, der Wüstenbrigade Felmy (Arabische Legion) unterstellt, den Überfall auf den Suezkanal.Rommel braucht Hilfe, denn ewig kann er nicht mit Volkswagen Panzerangriffe vortäuschen. Von jetzt ab werden Brandenburger an allen Fronten des Afrikakorps, das seine Entstehung dem italienischen Rückzug in Libyen verdankte, kämpfen. Der Wüstenkrieg wird auf beiden Seiten die Kommandotruppen berühmt machen und — verheizen.

Die falschen Beduinen vom Quenzgut, die gerade den Koran auswendig lernen, werden in Wochen schon am Nil, mitten im britischen Hinterland, stehen. Inzwischen sollen die Sonderverbände 287 und 288 vom Kaukasus starten, über Irak und Iran nach Ägypten eindringen.

Sonderhaufen und Spezialgrüppchen schießen nur so aus dem Kasernenboden. Gesucht werden Leute, die Skifahren können oder in Afrika geboren sind; gebraucht werden Bergsteiger, Hundeführer, Langstreckenschwimmer, Segelflieger, Sanskritkundige, Motorradfahrer, Dialektforscher, Laienpriester. Benötigt werden Freiwillige mit kroatischer, serbischer, slowenischer, albanischer, griechischer oder sonstiger Balkangroßmutter.

„Wer will freiwillig Fallschirmspringen erlernen“, fragt der Spieß jeden Morgen. „Wer ist tropenfest? ... Wer verträgt Kälte gut? ... Wer hat eine Braut in Finnland? ... Oder riskiert eine KdF-Reise nach Norwegen?“

Ob der Spieß witzelt oder die Front seiner Leute darüber lacht, sie wissen alle: Brandenburg bietet jede Art von Ausflugsmöglichkeiten zum Heldentod ...

Hier ist die große Durchgangsstation, der Warteraum des Schicksals, in dem sich mitunter zwei Freunde treffen, die aus entgegengesetzten Richtungen kommen, sich unsentimental begrüßen und dann sofort ihre Neuigkeiten ausbreiten: Wer das Ritterkreuz erhielt. Wo man Schnaps organisieren kann. Wer gefallen ist. Wo die tollsten Nahkampfdielen sind. Und wer am Holzbein humpelt ... So vertreibt man sich standesgemäß die Zeit bis zum nächsten oder letzten Himmelfahrtskommando.

So begegneten sich Schnitzler und Jonas wieder und ließen Rumänien hochleben, sprachen von rassigen Frauen und dachten an den toten Kugelmann, den der Prophet schon fast vergessen hatte, weil er seit Rußland immer nur den kleinen, von den Sowjets gehängten Czerny vor sich sah. Ein Strick prägt sich tiefer in das Bewußtsein als ein Messer. Und Jonas steht jetzt wie unschlüssig zwischen zwei Frontabschnitten: dem flotten Krieg von Bukarest mit Wein, Weib und Gesang und dem Wahnsinn von Rußland, bei dem er vorübergehend überschnappte.

Wie es weitergeht, wissen Schnitzler und Jonas nicht, nur, daß sie zusammenbleiben wollen. An ihrem Tisch sitzt Unteroffizier Dörner, der seine Frau haßt und liebt und sein Kind noch immer nicht gesehen hat. Zuerst hatte ihm der Mut und später die Gelegenheit gefehlt. Auch die beiden neuen, der rundliche Schultze und sein zu dünn geratener Kumpel Auer, unblutige Anfänger bei Brandenburg, träumen mit vom Balkan. Sie alle ahnen nicht, wie sehr er zu ihrem Schicksal werden wird, daß der Tag kommt, wo sie ihn zehnmal, hundertmal so stark verfluchen werden, als sie sich je hinwünschten ...

Heute kommt auf einen Sprung auch Oberleutnant Pflug vorbei, der an der Biebrzabrücke bei Lipsk für ein paar Stunden das Fürchten gelernt und es jetzt wieder vergessen hat. Der junge Offizier hat nicht viel Zeit. Er muß weiter. Abgestellt. Richtung Süden.

„Na, tu nicht so geheimnisvoll ...“, brummelt Jonas. „Wohin geht's denn mit deinen Iwans?“

„Weiß nicht genau ...“, versetzt der Oberleutnant.

„Was für ein Einsatz?“

„Ein Scheißgeschäft“, antwortet Pflug und versucht, den Stolz zu verbergen.

Der Prophet sieht ihm nach. Der kriegt auch noch mal das Ritter- oder das Birkenkreuz, denkt er, während er Schnitzler auf die Schulter schlägt und drängt:

„Nun sag schon endlich, was mit dieser schwarzen Hexe los war."

„Welcher?"

„Na, Mariu Lepanowski..."

Der Oberleutnant bringt es fertig, vielsagend zu lächeln und nichts zu sagen...

Dann kommt der Tag, erwartet seit Wochen, gefürchtet seit heute. Zum Teufel, denkt Oberleutnant Pflug, der als erster wieder hinausgeht, mach's Kreuz hohl! Ist ja lächerlich...

Aber er kann es nicht ändern. In seiner Speiseröhre fährt der Adamsapfel auf und ab wie ein „Paternoster". Der Sack auf dem Rücken drückt, als berge er Goldbarren statt des Fallschirms. Und dann diese Hühnerleiter zur alten Ju 52. Er geht voraus und stolpert.

„Links... gelingt's", murmelt er vor sich hin.

Seine Leute folgen ihm dicht aufgeschlossen in den Rumpf der Maschine. Was für Leute! Kleine Kinder würden erschrekken, wenn sie sie sähen. Vielleicht wird die Milch sauer, wenn sie an einer Kuh vorbeigehen, denkt der junge Offizier und weiß, daß er rettungslos in ihre Hände gegeben ist.

Sie sitzen in der Maschine wie in einer Falle. Was sie vorhaben, kann kein Mensch von ihnen verlangen. Aber sie tun es freiwillig. Was sie wagen, ist verwegen, ist ungeheuerlich, ist eigentlich schon Frevel.

Oberleutnant Pflug hockt in der Ju und lächelt. Sein Gesicht verzieht sich ein wenig klamm und fahl. Aber das Streichholz in der Hand zittert nicht. Er bietet Zigaretten an. Die Männer nehmen sie, mehr aus Höflichkeit, denn Zigaretten haben sie soviel wie Mut. Nikotin brauchen sie nicht. Glück müßten sie haben, unvorstellbares Glück...

Die Leiter wird weggezogen. Die Falle schließt sich. Endgültig. Oberleutnant Pflug sitzt als einziger Deutscher unter vierunddreißig Russen, die vorgeben, glühende Antibolschewisten zu sein, und rechnet sich seine Chance weit im sowjetischen Hinterland, weit von der deutschen HKL entfernt, aus: Es gibt eine Unmenge Möglichkeiten, überlegt er zum hundertstenmal. Schon beim Anflug heruntergeholt zu werden oder an einem Felsvorsprung hängenzubleiben, mit einem gebrochenen Bein vielleicht, und dann zu verhungern oder zu verdursten. Vielleicht fassen mich die Iwans bei der Landung oder später...

Sollte das alles nicht eintreten, denkt der junge Offizier, dann gibt es noch drei Möglichkeiten: Die kaukasischen Dorfbewohner, die wir zum Abfall von Stalin überreden sollen, hetzen uns die GPU auf den Hals. Er sieht an seinen... Kameraden mit den geschlitzten Augen, den breiten Backenknochen, den seltsamen Stimmen und dem nervösen Flackern in den Augen entlang... Oder meine eigenen Leute bringen mich um, um ihre Haut zu retten.

An die dritte Möglichkeit wagt er nicht zu denken. Aber er setzt auf sie:

Durchkommen...

Die Maschine rollt auf die Piste. Einen törichten Moment lang hofft der verwegene Offizier, daß die Ju nicht von der Rollbahn hochkäme.

Dann löst sie sich sanft vom Boden wie zu einem Sonntagsausflug...

Die Maschine donnert so zielstrebig nach oben, als wüßte die alte, vielgediente Ju, daß sie in ein letztes Himmelfahrtskommando schlingert. Drunten flimmert im blauen Dunst das Schwarze Meer. Für Sekunden wird es dunkler im Laderaum des Schicksals. Fast alle wenden den Kopf und sehen, daß während der Linkskurve der rechte Flügel der Maschine das Licht beschneidet. Die zitternde Schwinge ist aus Blech, Wellblech, als hätte selbst die brave Ju noch eine Gänsehaut. In der nächsten Windböe flackern die Lampen wie nervöse Augenlider. Die Motoren brummen mechanisch und stur: arme Irre... arme Irre... arme Irre...

„Na, wie fühlt ihr euch?“ ruft Oberleutnant Pflug strahlend, während er sich aus den Gurten schält.

„Prima", erwidert der dunkle Hanefi.

„Fliegen ist doch besser als tippeln", setzt der Offizier hinzu und rappelt sich vorsichtig hoch.

„Sicher ...", entgegnet der Kaukasier.

Er spricht etwa halb so gut deutsch wie Pflug russisch. Der Oberleutnant büffelte in den letzten Monaten Vokabeln wie nie in seinem Leben, denn er lernte um sein Leben. Jetzt versteht er seine Leute ganz gut. Aber wenn sie schnell sprechen, werden ihre zischelnden Lippen für ihn noch immer zum Silbenrätsel.

Pflug sieht sie an, lächelt ihnen zu und geht dabei noch einmal ihre Qualitäten durch. Auf Fahrten kreuz und quer durch Deutschland, in den russischen Kriegsgefangenenlagern irgendwo, hat er sie eigenhändig ausgewählt. Jeden einzelnen, aus Hunderten. Fast immer pfiff er auf die Ratschläge der Lagerkommandanten und auf die Meinung der Heerespsychologen. Er entschied sich kraft Blankovollmacht, die ihm Canaris gegeben hatte. Und was bisher für den jungen Offizier ein Preisrätsel war, ist seit einer halben Stunde eine Lebensfrage.

Im Nordosten tauchen die ersten Höhenzüge des kaukasischen Berglandes auf. Die Ju dreht eine Ehrenrunde, um in einer Schleife Höhe zu gewinnen. Der Kopilot vergleicht die Armaturen. Die Karte, die man ihnen mitgab, ist keinen Schuß Pulver wert.

Genau in der Einflugschneise steht eine Flakbatterie. Die Sprengwölkchen liegen zu tief. Bevor die Russen ihre Meßwerte verbessern, ist die Ju durch.

„Die müssen auch noch schießen lernen", brüllt Pflug erleichtert.

Seine Iwans nicken ihm zu. Es ist mehr Höflichkeit als Interesse. Und das zerrt dem Oberleutnant an den Nerven. Diese Burschen, diese verdammten, sitzen hier, als sei ihnen alles so wurscht, wie es mir sein sollte, denkt er verbittert. Er zündet sich eine Zigarette an und bläst den Rauch heftig aus. Die haben's ja auch leichter, überlegt er, sie glauben an Allah:

wenn das Unternehmen „Schamyl“ schiefgeht, ist es für sie bloß Kismet, für mich aber Feierabend...

Deutsche Truppen kämpfen auf der Krim. Die HKL verläuft ungefähr am Don. Die Spitzen drängen gegen Rostow. Aus beiden Richtungen will die Wehrmacht Stoßkeile gegen den Kaukasus ansetzen. Die dortigen Bergstämme waren noch nie in der Geschichte gute Russen und schon gar keine überzeugten Kommunisten. Seit der Oktoberrevolution hatten sie geduldig auf eine Chance gegen das gehaßte Moskau gewartet. Jetzt brächte ihr Aufstand die Sowjets am Südabschnitt der Ostfront in die Zange. Man ist sich in Berlin sicher, daß sich die wilden Bergvölker erheben würden, wenn sie die Situation übersehen könnten. Aber wie sollten sie das? Sie hausen in abgeschlossenen Tälern, in unwegsamen Höhen, in abgeschnittenen Dörfern, auf Plateaus, die, von der Geographie vergessen, keine Karte nennt.

Wenn sie wüßten, daß deutsche Panzer schon am Don stehen!

Sooft man im OKW nicht weiterkommt, wendet man sich an die Abwehr; dann hat der Fuchsbau einen Plan auszuhecken, und schließlich sucht Admiral Canaris bei Brandenburg wieder Verrückte, die es nicht lassen können: Kaukasus, gewiß eine Chance, überlegte man am Tirpitzufer: vielleicht zehn zu neunzig. Man hatte schon für viel aussichtslosere Experimente weit mehr Blut ausgegeben. Was riskierte eine „Organisation Schamyl“ schon? Eine alte Ju, einen jungen Offizier und eine Handvoll Hiwis...

Man exerzierte die Sache auf dem Papier durch, suchte und fand Oberleutnant Pflug, lobte ihn auf Vorschuß und gab ihm Vollmacht. Und der Offizier steckte siegestoll den ganzen Kaukasus in die Tasche. Was gestern noch am Sandkasten geübt wurde, ist heute durch die Tat zu beweisen.

So fliegen vierunddreißig verwegene Fallschirmspringer ihr Einsatzziel an, lachen, rauchen, zerkauen Bonbons oder Erinnerungen. Und Pflug, der deutsche Führer eines russischen Stoßtrupps im sowjetischen Hinterland, geht von einem zum anderen, reicht ihm Schnaps und impft ihn mit Mut, hoch in der Luft, die keine Balken hat. Er stochert in der Zuversicht von gestern. Er starrt hinunter und vergleicht die Skizze mit der Wirklichkeit.

Papier ist geduldug, flucht der Oberleutnant innerlich. Was auf der Karte ein Millimeter war, ist hier ein Felsenchaos. Was ein winziger Zirkelansatz umschloß, ist ein endloses Steinmeer. Eine kleine Bleistiftspitze ist gleich dreitausend Meter hoch. Und die schnelle Handbewegung des Abwehrmajors verwischte einen aufgelegten Selbstmord ...

Natürlich hatte er auf den Wahnsinn des Einsatzes hingewiesen und die minimalen Chancen, ihn zu überleben, Pflug vorgerechnet, um ihm dann den Rücktritt freizustellen. Ein Bluff bloß, eine Geste nur, ohne ernsthafte Bedeutung: als ob sich je ein Brandenburger von einem Himmelfahrtskommando hätte ablösen lassen! Als ob die Moral des Verlorenen Haufens so etwas dulden würde! Als ob die Blamage nicht tödlicher wäre als der Heldentod!

Tödlicher? wägt Oberleutnant Pflug in Gedanken jetzt und spürt eine Empfindung, die ihm wie Sodbrennen langsam die Speiseröhre hinaufkriecht. Gegen einen übersäuerten Magen kann man Natron nehmen, aber was hilft gegen diese Angstwehen verspäteter Vernunft?

Der Offizier sieht, wie der Flugzeugführer dem Kopiloten den Steuerknüppel übergibt, aufsteht und seine Arme reckt. Fast befriedigt verfolgt Pflug, wie auch der Luftkutscher im nächsten Windloch in die Knie geht und mit dem Kopf seitwärts anschlägt. Diese Schlipssoldaten, denkt er voller Neid ... Und auf einmal wird ihm bewußt, daß die Besatzung der Ju ja wieder nach Hause fliegen wird. Nach Hause ... dröhnt es in seinen Ohren, zurück, zu einem Ort, der schon so weit von ihm entfernt ist wie seine Erinnerung, der nach Abschied riecht und nach Tränen schmeckt.

Und der Offizier beginnt das Abenteuer zu erfassen, in das er zieht, zu spüren, wie steinhart, eiskalt und blutrot es sein muß ...

Wieder mustert er verstohlen seine Männer, aus deren Gesichtern ihm Fatalismus von Jahrhunderten entgegenstarrt, maskenhafter Gleichmut, hinter dem Haß lodern oder Liebe brennen kann. Was von beidem, wird der deutsche Offizier erst wissen, wenn sie ihm das Messer in die Rippen rennen ... oder vom Verdursten retten. Eines ist so wahrscheinlich wie das andere. Und bis es eintritt, kann sich Pflug die Alternative an den Knöpfen abzählen oder Gänseblümchen entblättern ... Ich bin ein Dompteur, überlegt der Oberleutnant, und lege meinen Kopf Raubtieren in den Rachen, die heute mit dem Schwanz wedeln und morgen meine Kehle durchbeißen ...

Quatsch, schiebt er den Gedanken weit von sich und sieht auf seine Armbanduhr. In zehn Minuten müssen sie da sein. Dann kommt der Sprung, dann hängen sie einzeln am Schirm und doch in einem Omnibus des Schicksals, den der Fahrer in den Abgrund steuert oder der von seinen Passagieren ermordet wird ...

So eine Ungerechtigkeit, schluckt Pflug. Was hab' ich alles in den letzten Monaten mit ihnen angestellt? Wozu schlief ich mit ihnen in stinkigen Ställen oder in kalten Scheunen, bloß, weil es ihnen lieber war als die Kaserne? ... Warum rauchte ich diesen Dreck von Machorka und soff ihren selbstgebrannten Fusel ... brrr, schüttelt sich Pflug, Brennspiritus ist Schampus dagegen ... Und weshalb lernte ich die Tschetschenen von den Tscherkessen zu unterscheiden, die der Himmel nur erfunden hat, damit ich mir die Zunge abbreche? ... Und ist das gar nichts, daß ich Weihnachten mit ihnen feierte und meine Freundin versetzte, daß ich zwei Suren Koran auswendig kann, einen Betriebsausflug mit ihnen nach Frankreich machte und die Lager der Fremdarbeiterinnen für sie nach geeigneten Bräuten durchsuchte? ... Und warum denn überhaupt? fragt sich der Offizier zuletzt, bin ich jedem Kasernenheini an die Gurgel gefahren, der sie wie Hiwis behandelte, und machte ihm mit Nachdruck klar, daß das hier Legionäre sind, Brandenburger h. c., Elitesoldaten ehrenhalber? ...

Ich war wie ein Bruder zu ihnen, denkt Oberleutnant Pflug

wehmütig, ich habe bei Gebirgsübungen das MG, bei Gewaltmärschen das Gepäck getragen und probehalber mit ihnen gedurstet ... damit sie mich jetzt vielleicht doch ...

Der Offizier sieht, wie ihm der Flugzeugführer mit den Augen winkt, und kämpft sich zur Kanzel durch.

„Wir haben Gegenwind, Herr Oberleutnant", meldet der Mann vorsichtig.

„Dann brauchen wir eben länger", erwidert Pflug gleichgültig.

„Nee ...", brummt der Oberfeldwebel am Knüppel unmilitärisch, „wir brauchen zu viel Sprit ... Das Benzin reicht nie im Leben für den Rückflug."

„Ach so ...", antwortet der Offizier hämisch, „das ist Ihre Sorge ..."

„Sollen wir vielleicht lieber hier Absturz üben?" versetzt der Pilot gereizt.

Pflug überhört es. Er betrachtet die Karte. Der Kopilot zeigt ihm die genaue Position. Sie ist sechzig Kilometer von dem großen Plateau entfernt, auf dem sie immer sammelten. Am grünen Tisch. Oder im Sandkasten. Jetzt bläst der Gegenwind der Theorie Flugsand ins Gesicht. Was tun?

Der Oberleutnant zögert. Da ist auf einmal etwas, riesengroß, weich und verlockend. Eine Versuchung des gesunden Menschenverstands ...

„Ich wende", sagt der Pilot, „wir können ja den Anflug ein anderes Mal probieren ... bei Rückenwind klappt's bestimmt." Er wirft dem Oberleutnant einen fragenden Blick zu.

Eine plötzliche Windböe drückt die Ju wie ein mächtiger Faustschlag nach unten. Sie sackt durch, wird aufgefangen, und zur Steilkurve gedreht. Pflug rappelt sich wieder hoch, starrt nach unten, zuckt die Schultern.

Absprung: Wahnsinn.

Weiterflug: Absturz.

Rückkehr: Blamage.

„Drücken Sie nach unten", befiehlt der Offizier, „wir steigen aus."

„Das ist ... Irrsinn ist das, Herr Oberleutnant!" erwidert der Flugzeugführer gepreßt.

„Halten Sie den Mund! ... Führen Sie den Befehl aus!" fährt ihn Pflug an.

Während der Pilot noch den Kopf schüttelt, drückt er die Maschine nach unten. Zeit ist Sprit. Im Sturzflug wirken die Kraterränder und Felsvorsprünge spitz wie Speere. Kein Dorf, kein Haus, keine Herde, kein Grün, kein Wasser, kein Hund, keine Seele ...

Nur ein Narr oder ein Brandenburger springt in dieses Nichts, in diese Hölle, die mit Stein statt Feuer kocht ...

Je mehr es mit Hitlers Krieg bergab ging, desto höher kletterte Brandenburgs Ruhm hinauf. Eine geflüsterte Legende wurde zur bequemen Institution und dann zur letzten Fronthilfe, seitdem die Blitzsiege des Führers in der russischen Sackgasse verhungerten. Der Osten brachte die Wende. Als deutsche Divisionen verbluteten, verblaßte Hitlers Nimbus. Schon im ersten Winter mußte eine ganze Armee das Frieren lernen. Der „Gefrierfleischorden" konnte die abgestorbenen Gliedmaßen zahlloser deutscher Soldaten auch nicht mehr wärmen, so freigebig er auch verliehen wurde ...

So brachte der militärische Niedergang eine Gespenstereinheit groß ins Fach. Wo der Feind durchgebrochen war, wo die Luft nach Schwefel stank, wo auf der Erde das Blut versickerte, wo man beweisen wollte, daß zwei mal zwei fünf sei, wo es drunter und drüber ging, weil der Krieg das Feld der Ehre mit Leichen pflasterte, da hieß es: die Brandenburger an die Front! Wo man das Blut regulärer Soldaten sparen wollte, verheizte man die Eliteeinheit.

Canaris hatte für seine Haustruppe notgedrungen ein sehr einfaches Rezept: für die Gefallenen Ersatz, für die Überlebenden Lametta, für jedes Massengrab eine neue Einheit. Jeder tote Brandenburger wurde gegen drei lebende kompensiert; die Vorzugsschüler des Todes kamen, sahen, fielen ... im Schnellzugstempo angeworben, ausgebildet und durch die Mühle gedreht. Je verzweifelter die Lage an den Fronten wurde, desto schneller schaffte die Abwehr Ersatz herbei. So war der Zeitpunkt, da der Verlorene Haufen später zur Division anwachsen sollte, mehr als symbolisch. Unmittelbar nach Stalingrad kam es zu dem Treppenwitz der Kriegsgeschichte:

Der Untergang der sechsten Armee belebte die fünfte Kolonne ...

Jonas und seine Kumpel waren immer noch am Stammsitz in Brandenburg an der Havel. Sie trugen als Tarnuniform Räuberzivil, aber die Taktik war die alte geblieben: Einsatz im feindlichen Hinterland. Sie wußten, daß man etwas mit ihnen vorhatte, aber sie konnten das Rätsel nicht lösen. Die Gerüchte jagten sich. Die Murmanskleute faßten, unter dem Gelächter ihrer Kameraden, Faltboote mit Außenbordmotoren. Aus Afrika hörte man Wunderdinge. Beinahe wäre Auer für Griechenland kassiert worden. Aber der Spieß hatte ein Einsehen und ließ ihn bei seinem Freund Schultze.

Oberleutnant Schnitzler wollte dem Propheten in würdiger Form die Unteroffizierstressen überreichen. Aber Jonas nahm sie ihm aus der Hand und sagte:

„Mach keinen Quatsch." Er schob sie in die Hosentaschen. Am Abend tauchten sie die Litzen in Schnaps.

Dörner fehlte. Er war plötzlich nach Süden abkommandiert worden. Der Großteil der anderen stand im Osten. Der Krieg hatte eine neue Front erfunden: Partisanen jagten im deutschen Hinterland Züge hoch, überfielen schwachbesetzte Stützpunkte, sprengten Munition oder plünderten Lebensmittellager. Die von der regulären Wehrmacht gestarteten Razzien hatten kaum Erfolg. Man mußte versuchen, V-Leute in die feindlichen Lager zu schmuggeln, und dann ...

„Mal herhören", sagte Schnitzler, „ich hab' eben erfahren ... ich glaube, in der nächsten Woche ist es soweit ..."

„Sommerschlußverkauf", brummelte Jonas.

„Und wie steht's mit Urlaub?"

Der Oberleutnant zuckte die Schultern.

„Und wohin?"

„Die werden sich schon was ausdenken", beruhigte der Offizier, „Hauptsache, wir bleiben zusammen..."

Am nächsten Tag war Jonas UvD. So landete die junge, blonde Frau bei ihm. Der Prophet starrte sie zuerst einmal an und grinste sicherheitshalber. Sie war nervös. Aber welche Frau würde unter so vielen Männern nicht unsicher?

„Ihr Name?" fragte Jonas mechanisch.

„Dörner", entgegnete sie. „Mein Mann hat mir telegraphiert..."

„Ja", erwiderte der Prophet und überlegte, wie er es ihr beibringen sollte. Er fluchte innerlich. So ein Quatsch! dachte er. Zuerst kann er sich Monate nicht überwinden. Dann telegraphiert er ihr, verspätet natürlich, daß es wieder hinausgeht, und endlich kommt sie, um zu erfahren, daß der Unteroffizier einen Tag früher verladen wurde. Als sie ihren Trotz wie eine Hürde gewaltsam überspringen wollten, waren sie wieder einmal aneinander vorbeigelaufen...

„Pech", fuhr Jonas fort und ärgerte sich über das kahle Wort. „Ich...", begann er, geriet ins Schwimmen, faßte die hübsche, junge Frau einfach am Arm und ging mit ihr aus dem Zimmer, „ich bin ein Freund von ihm... er ist..."

„Wohin?" unterbrach ihn Eva Dörner.

„Sondereinsatz... irgendwo im Süden... ganz harmlos...", setzte er hinzu, „er kommt bald zurück."

Sie nickte müde.

„Zu dumm...", brummelte der Prophet.

Eva Dörner wollte ihm mechanisch die Hand geben, bemerkte aber, daß Jonas noch etwas zu sagen hatte.

„Hören Sie...", fuhr Jonas fort, „ich habe Ihnen doch schon gesagt... ich bin sein... sein Kumpel... Er braucht Sie."

Eva erschrak. Er wußte es also auch. Sie sah an Jonas vorbei.

„Dörner ist ein blöder Dickkopf", setzte der Prophet hinzu, „wenn ihr zwei zusammenkommt... eine Minute bloß... alles wäre in Ordnung..."

„Wenn...", erwiderte Eva Dörner verloren.

„Schreiben Sie ihm“, bat der Prophet.

Sie nickte und ging. Quer über den Hof.

Sie bemerkte nicht, daß die Landser reihenweise stehenblieben und ihr nachstarrten...

Einen Moment bockte die brave Ju im Aufwind. Jetzt drückt sie der Pilot so brutal nach unten, als wollte er ihr die Flügel abreißen. Was sich nicht festhält, kullert fluchend nach vorn. Im Liegen noch starrt Oberleutnant Pflug auf den selbstgewählten Landeplatz. Aus fünfhundert Meter Höhe wirkt die Gegend auch nicht einladender. Ein enger Kessel, ringsum Berge, in der Mitte ein schmales, ein verdammt schmales Plateau.

Der Offizier beginnt zu rechnen: der Wind wird uns auseinandertreiben. Die ersten und die letzten werden vermutlich über den Platz geweht, also dürfte die Hälfte da aufkommen, wo es senkrecht nach unten geht. Dann gute Nacht, überlegt er weiter.

Wenn ich Schwein habe, verbessert er seine Addition, wird vielleicht ein Drittel draufgehen...

Er steht auf und krallt sich an den Schultern des Flugzeugführers fest.

„Tiefer!“ sagt er.

Der Oberfeldwebel preßt die Lippen aufeinander.

„Von mir aus...“, knurrt er.

Idiot, denkt er dabei, was verstehst du vom Fliegen? Was du verlangst, ist kaum mit einer Kunstflugmaschine zu riskieren... Aber ich bring’ dir das Fürchten bei, und wenn ich mir selbst das Genick breche...

Er wendet, reißt die Ju hoch, steuert in einem weiten Halbkreis die Position noch einmal an. Pflug begreift, daß er in zwei Gruppen springen kann, und lächelt zufrieden. Die Maschine wird so nieder wie möglich über dem Kessel einfliegen, dann Absprung der ersten Hälfte, dann hochreißen, eine Steilkehre gegen den Berg, am Rückflug Absprung des Rests, und dann fast senkrecht nach oben. Aber das hat mit der „Operation Schamyl“ nichts mehr zu tun.

Jetzt, da es darauf ankommt, ist Pflugs Sodbrennen weg. Er ist wieder der kalte, beinahe zynische Draufgänger, bei dem die Natur die Nerven vergessen hat. Fünf Minuten noch! Solange betrachtet er sein eigenes Schicksal so kühl-distanziert wie ein junger Mediziner sein Studienobjekt.

Oberleutnant Pflug geht zurück in den Laderaum, nickt seinen Leuten zu. Sie stehen auf, hängen den Karabinerhaken mit der Reißleine ein. Der Offizier kontrolliert es. Ein halbes Dutzend mal wurde es geübt. Aber diesmal vergißt Pflug seine sonstigen Begleitworte: „Wenn ihr das Scheißding vergeßt, dann lebt ihr gerade noch solange, um euch zu wundern, daß der Schirm nicht aufgeht.“

Das Luk ist offen. Der Wind schleudert den Männern die Zigarettenglut in das Gesicht. Seitdem sie das verdammte Loch sehen, durch das sie springen müssen, sind sie unruhig. Springen ist ganz leicht, nur die letzten drei Minuten stoppt der Teufel. Sie müssen überwunden werden. Diese glasige, sulzige Trance, diese Fieberaugen, diese Platzangst. Jeder tut das auf seine Weise. Der eine küßt ein Amulett, der zweite streichelt seinen Talisman, der dritte flucht lautlos, ein vierter lacht wiehernd, und der fünfte stammelt heimlich ein Gebet ...

Pflug zählt die Karabinerhaken nach. Vierunddreißig. Fehlt doch einer! Und dann hängt er sich grinsend selbst ein. Er betrachtet Mansura, den Mann, der die Abwehr auf diesen Einsatz brachte. Der Tschetschene nickt zurück und tritt dichter an das Luk. Er starrt hinunter. Sein Gesicht bleibt ausdruckslos. Er weiß ja noch nicht, daß er als erster sterben wird ...

Die anderen stehen dicht hinter ihm. Hanefi wirft lächelnd die Zigarettenkippe weg. Prima, diese Burschen, sagt sich Pflug, ein Glück, daß sie Muselmanen sind, daß ein weises Kismet diesen kaukasischen Analphabeten die Notwendigkeit begreiflich macht, an einem deutschen Fallschirm zu krepieren. Mut ist gar nichts, Fatalismus muß man haben ...

Der Kopilot fungiert als Absetzer.

„Es wird ganz schnell gehen", sagt der Oberleutnant, „wenn einer zögert, treten Sie ihm in den Hintern!"

Er teilt die beiden Gruppen ein. Nur mit einem gibt es Schwierigkeiten, das sieht der Offizier sofort, mit Mullawi, dem Zwanzigjährigen, den er eigentlich am liebsten hat, ein munterer, lustiger Bursche.

„Na, Baby", sagt er und schlägt ihm auf die Schulter.

Der Junge schluckt und nickt. Er versucht zu lächeln, aber es wird nur eine Grimasse. Er sagt etwas, aber der Motorlärm zerreißt die Silben zu Synkopen.

Pflug dreht sich nach Hanefi um, gibt ihm ein Zeichen, auf Baby aufzupassen. Selbst die Tscherkessen nennen ihn schon so. Er ist der einzige, der nicht die Zähne fletscht und mit den Fäusten fuchtelt, wenn man ihn fragt, warum er sich zu diesem Kommando meldete. Ein Mädchen, gestand er einmal, wenig muselmanisch ...

Mansura führt die erste Gruppe, Pflug die zweite. Der Pilot dreht sich um — und nickt. In den nächsten Sekunden steht das Herz einfach still. Der Oberleutnant muß sich zwingen, nicht die Augen zu schließen. Die Ju schwebt so dicht über einen Steilgrat ein, als wollte die Tragfläche die Bergnase kratzen. Zwanzig Meter, überlegt der Offizier, dieser Kerl am Knüppel hat keine Nerven!

Dann steht die Maschine beinahe kopf. Der Oberleutnant hatte gerade noch Zeit, durch eine Handbewegung anzudeuten, daß Mansura fast aus dem Sturzflug heraus zu springen hat, in der Sekunde, da der Flugzeugführer die Ju wieder waagrecht hält.

Jetzt!

Phantastisch, denkt Pflug, eins, zwei, drei, vier, fünf, sechs ... Arme vor, Kopf zurück. Augen zu. Fallschirm auf. Großartig! Wie weiße Pilze blühen sie auf. Nur einmal muß der Absetzer nachhelfen. Ganz sanft. Dann hat's auch der kleine Mullawi überstanden. Der Offizier beobachtet, wie sein Schirm aufgeht ...

„Sie sind doch verrückt!“ stöhnt Pflug dann und betrachtet den Piloten. Er spürt sein Gewicht in den Kniekehlen. Er sieht, wie die rechte Schwinge den kahlen Felsen zu rasieren droht. Gleich knallt’s, denkt er noch, dann hat es der Flugzeugführer geschafft!

Ganz schnell geht der Oberleutnant noch einmal auf ihn zu, kämpft sich zu ihm durch, schlägt ihm auf die Schulter und sagt:

„Sie sind ein toller Hecht!“

Der Pilot dreht sich nicht um.

„Hals- und Beinbruch ...“, murmelt er. „Hals- und Bein ...“

Die Worte verschwimmen, werden monoton, rhythmisch, exakt. Gerade als der Oberfeldwebel glaubt zu beten, springt die zweite Abteilung.

„Zack! Zack! Zack! Zack!“ zählt Pflug noch.

Dann ist er selbst dran, stößt sich ab, spürt den Wind, denkt gelähmt: geht er auf? Fühlt den Ruck, glaubt, eine Sekunde keine Luft zu bekommen. Er sieht nach unten, lacht, merkt, daß die ersten aufgekommen sind, berechnet Abtrieb durch Wind oder sonst etwas, zieht die Beine an...

Und dann geschieht’s.

Unvorstellbar. Idiotisch geradezu. Kein Zweifel. Feuer. Ein MG. Es gehört schon märchenhaftes Pech dazu, hier, in dieser gottverlassenen Gegend einer sowjetischen Patrouille in die Arme zu springen. Pflug starrt nach unten. Achtzig Meter noch.

„Bewegt euch doch!“ heult er fast. „Los! Gegenangriff! ... Reißt euch am Riemen! Macht sie fertig! Legt sie um! Schneller, Herrschaften! Die ballern mir doch sonst die Därme aus dem Leib ... !“

Pflug zappelt wie ein Hampelmann. Die knallen mich ab wie nichts, flucht er, ich komm’ unten an wie ein durchlöcherter Sack. Es zischt über ihm. Der Oberleutnant glaubt, schneller zu fallen. Acht, zehn, zwölf Meter pro Sekunde, ungespitzt in den Boden, denkt er und haßt flüchtig und inbrünstig alles auf einmal, was sein Soldatenleben bisher aufgebläht hat: den

Schirm, die Kaserne, den Krieg, den Führer, den Kaukasus, ganz Rußland... Und selbst das Ritterkreuz ist Dreck in diesem Moment, obwohl der junge Offizier noch gar nicht wissen kann, daß man es in amerikanischen Kriegsgefangenencamps mit einer Stange Zigaretten handeln wird und weitere Jahre später schon wieder Bonner Bundestagsabgeordnete es zum Frack tragen werden, als hätten sie es nie aus Hitlers Hand genommen...

Vom Himmel zur Hölle: das „Unternehmen Schamyl" sprang buchstäblich in das feindliche MG hinein. Mit einem solchen Zufall konnte selbst der schlimmste Pessimist der Abwehr nicht rechnen, daß eine Halbkompanie der Roten Armee ausgerechnet in diesem toten Meer aus nackten Steinen, fernab jeder Zivilisation, am Rand jeglicher Vegetation eine Bergübung durchexerzierte.

Die Iwans hatten die Ju gleich bemerkt, aber nicht als deutsche Maschine ausgemacht. Daß ein Flugzeug des Feindes bis hierher kommen sollte, war mehr als paradox. Dann fiel einem russischen Unterleutnant das verwegene Flugmanöver auf. Er schüttelte den Kopf, sah im nächsten Moment die Fallschirme und brüllte seine Leute an.

Sie mußten erst die Übungsmunition auswechseln. So gelang der ersten Welle die Landung. Als die zweite sprang, schossen die sowjetischen Soldaten, bevor noch die meisten begriffen hatten, um was es eigentlich ging. Ob sie die am Schirm zappelnden Kaukasier trafen oder nicht, war unwesentlich. Das „Unternehmen Schamyl" war — erkannte man es vorzeitig — so oder so geplatzt, denn seine einzige Chance lag in der Überraschung...

Die Brutalität eines unglaublichen Zufalls machte Pflug und seine Leute vom ersten Moment an zu Verfolgten. Achtzig Russen in sicherer Deckung gegen fünfunddreißig Saboteure, die mit dem Fallschirm absprangen. Wie viele von ihnen kampffähig landen konnten, wußten weder Freund noch Feind.

Die zweite Sprungwelle lag im konzentrierten sowjetischen

Feuer. Auch die Kriegsschulen der Roten Armee lehrten, daß die Schwäche der Fallschirmtruppe in der Minute des Aufkommens liegt, wenn der Wind die Männer ein paar Meter weiterschleift, wenn sie sich deckungslos von dem Schirm lösen müssen, wenn sie ihr Ziel suchen, wenn sie sammeln. Jetzt knallten oft fünf oder sechs Gewehrläufe auf einen Schirm. Pflug war mit seinen Leuten aus zirka dreihundert Meter Höhe gesprungen. So bildeten sie mindestens fünfzig Sekunden lang ein hilfloses Ziel.

Die russische Stellung war vom deutschen Landeplatz vierhundert Meter entfernt. Luftlinie, denn dazwischen lag eine Steilschlucht. Was die Iwans in der Luft nicht abknallen konnten, mußten sie jetzt durch Bodenbeschuß erledigen; einen schnellen Gegenstoß verhinderte die Schlucht. Sie wurde zum Niemandsland, über dem jetzt zitternd die Lastschirme hingen.

Eine Windböe trieb sie auf die Russen zu. Dann glitten sie langsam und lautlos, wie unschlüssig, doch im Niemandsland nach unten: Verpflegung und Munition für den Stoßtrupp Pflug, der ohne die an den Schirmen pendelnden Behälter schon zum Sterben verurteilt war, noch bevor er den ersten Schuß abgeben konnte...

Pflug fürchtete auf einmal, daß sein Schirm in der Luft stillsteht. Er starrte nach unten, spürt, wie seine Haut pelzig wird, wie sein Bewußtsein gerinnt. Im gebremsten Sturz erkennt er die Russen, starrt in den Direktbeschuß seines Körpers, schließt die Augen. Fünfundzwanzig Meter noch, acht Sekunden Leben als zappelnde Zielscheibe. Wenige Herzschläge. Eine Frau kann man in dieser Zeit an sich reißen, ihre Lippen fühlen, ihren Duft atmen, ihre Sehnsucht küssen... So lange kann man das Glück in ihren Augen lesen, ihren Körper spüren, von der Nacht träumen, auf die Zukunft setzen...

Nach dem plötzlichen Ruck glaubt der junge Oberleutnant, daß es ihm die Beine weggerissen hätte. Getroffen, denkt er, aus. Dann zerrt ihn der Schirm über den Boden. Er ist aufgekommen, gelandet, heil.

Sowie er den Boden unter seinen Beinen spürt, hat er wieder ein Ziel im Kopf. Die Behälter! Er sieht sie ausschwingen. So schnell riß er sich noch nie vom Fallschirm los, MP in der Hand, Sicherungsflügel zurück. Er liegt im toten Winkel eines Felsblocks.

Zwei, drei seiner Leute springen geduckt auf ihn zu. Kameraden. Pflug braucht sie nicht mehr an den Knöpfen abzuzählen, ob sie ihm helfen oder ihn erdolchen werden. Dieses Rätsel ist gelöst. Links neben ihm erwidert einer das Feuer. Na also! überlegt der Offizier, für was haben wir's denn geübt? Die plötzliche Erleichterung macht ihn fast trunken. Toll das, gelandet! Etwas Festes unter dem Hintern, eine Waffe in der Hand, eine Deckung vor sich. Wartet, denkt er, ihr Schweine, ihr verfluchten Hunde! Ich zahl's euch heim! Ich bring's euch bei ...!

Er fährt sich mit der Zunge über die Lippen. Nee, den Gefallen tu' ich euch nicht! Schießen ist gar nichts, erwürgen werd' ich euch! Nee, auch noch nichts, ich häng' euch an den Fallschirm, ich setz' euch zwischen Himmel und Hölle und niete euch mit dem MG einen Sowjetstern in den Bauch ...!

Pflug starrt nach rechts und ist wieder nüchtern. Stocknüchtern. An einem felsigen Überhang baumelt einer. Der Schirm hält ihn fest. So schaukelt er, vom Wind oder von den feindlichen Schüssen bewegt, den Iwans zur Freude, den Geiern zum Fraß ...

Ein paar Sekunden starrt der Offizier auf den steinigen, kahlen Boden, dem Hausrezept der Brandenburger folgend: nicht zu sehen, was man nicht bemerken will ...

Links kommt Verstärkung. Jetzt sind sie schon elf. Und auf der rechten Seite haben sich auch ein paar eingeigelt und geben Feuerschutz. Pflug deutet nach vorn. Die anderen nicken. Sie schwärmen fächerförmig aus. Alle haben sie MP; zusammen besitzen sie zwei Dutzend Handgranaten ...

„Da vorn ...", schreit der Oberleutnant, „hängt eure Brotzeit!“ Er lacht grimmig. „Los!“ dreht er sich noch einmal um, „heute abend gibt's Sauerkraut mit Rippchen!“

Er riskiert acht Meter Sprung, rochiert von Deckung zu Deckung. Im Abrollen bemerkt er wieder zwei Leute. Na, so langsam werden wir vollzählig, denkt er und sucht die nächste Deckung. So stürmt er vorwärts, ausgerüstet mit militärischen Scheuklappen, nicht links, nicht rechts sehend, nicht zählend, nur zielend.

Denn was sich hinter Pflugs Rücken abspielt, ist so furchtbar, daß es kein Auge sehen und kein Ohr hören könnte.

Der kleine Mullawi, das Baby, wimmert um Hilfe. Er ist schwer verwundet. Seine fiebrigen Augen sind groß und erschrocken. Und er kennt das barbarische Gesetz dieses Einsatzes, seine Devise: „Marschier oder krepier!“ Er weiß, daß Verwundete zu erschießen sind. Und er horcht auf den Schritt des Kameraden ... der sein Mörder wird.

Hanefi ist bis auf vier Meter heran. Sein Gesicht ist verzerrt, sein Arm ausgestreckt. Seine Zähne haben sich in die Unterlippe verkrallt. Er haßt, was er zu tun hat. Aber er will es so schnell wie möglich hinter sich bringen.

War es Instinkt oder ein Geräusch? Der Zwanzigjährige dreht sich um, sieht Hanefi und die Waffe.

Dann treffen sich ihre Augen ...

So sieht ein Mensch aus, der weiß, daß ihm nur noch soviel Zeit bleibt, wie ein Zeigefinger braucht, um einen Pistolenabzug durchzudrücken. In dem Gesicht des jungen Mullawi lebt übergroß in der Verzerrung der Panik noch einmal alles, was jetzt sterben muß. Auf seinen blutleeren, zitternden Lippen zuckt die Sehnsucht nach seinem Mädchen. In seinem verkrampften, steifen Backenmuskeln spiegelt sich die Angst vor der ewigen Nacht. In seinen hervorquellenden, bläulichen Stirnadern sticht wild die letzte Lebensgier. Die weiße, schmale Nase wirkt schon wie abgestorben in Resignation. Das Schlimmste für den von hinten heranschleichenden Hanefi, den Kameraden, den Mörder, sind die Augen des Jungen; ein Pferd, das man schlägt, ein Reh, das man hetzt, hat diese feucht-flehende Iris der gequälten Kreatur. Auch ein Mensch, in dessen sterbenden Pupillen gleich das Licht der Welt brechen wird, ist nichts anderes.

Der Verwundete schluckt und horcht auf sein Ende, belauert den Schuß, der ihn auslöschen muß. Dabei wendet er sein Gesicht dem Vollstrecker des Wahnsinns zu. Als sich ihr Blick getroffen hatte, gab Hanefi das Anschleichen auf. Nun geht er zur Seite, nähert sich dem Jungen auf einem Umweg, wie um Aufschub zu gewinnen. Er hat das scheue Lächeln des ertappten Schülers im Gesicht und den widerwärtigen Geschmack des Blutes im Mund. Er hat den Befehl im Kopf und die Pistole in der Hand. Während Hanefi mit bleiernen Schritten, die Zeit schinden wollen, näher kommt, haßt sich der Junge selbst. Wie eine Flamme lodert die Reue in seinem Bewußtsein, daß er sein Schicksal blanko buchte. In Theorie hatte man ihn gedrillt; die Praxis steht ihm gerade bevor.

Mach doch schnell, denkt der junge Mullawi und läßt den anderen nicht aus dem Blick. Aber seine fiebrigen Augen sehen durch ihn hindurch, starren verloren in eine Ferne wie in einen Spiegel. Und von welcher Seite er auch hineinblickt, er sieht nichts anderes als einen gelblichen, knöchernen Totenschädel. Seinen Schädel ...

„Nein ...", röchelt Mullawi, „das ... das doch nicht!"

Hanefi liest ihm die Worte von den Lippen ab. Er nickt. Auch über seine Haut rieselt der Schauer. „Unternehmen Schamyl", das heißt: Marschier oder krepier! Komm durch oder bleib auf der Strecke! Wer nicht mehr kann, ist zu beseitigen ... die Liquidation ist nur barmherzig ... das Leben ist nebensächlich, wesentlich ist, daß wir unser Ziel erreichen. Hanefi dröhnen die Worte in den Ohren. Ein überlautes Echo haut mit Paukenschlägen auf sein Trommelfell ... „ist zu erschießen ... zu töten ... zu erledigen ... das erfordert schon die Kameradschaft".

So ein Betrug, denkt Hanefi, soll Kameradschaft sein? Das geht nicht! Das darf keiner verlangen, auch wenn es diese Drecksvernunft des Krieges vorschreibt! Mord hat nie Vernunft ... Die haben uns hereingelegt. Kein Mensch hat uns vor dem Einsatz gesagt, daß es genauso stinkt, den Befehl zu befolgen wie ihn zu erleiden, daß es genauso grausam ist, zu erschießen wie erschossen zu werden ...

Er ist bis auf fünf Meter herangekommen. Wieder treffen sich ihre Augen. Hanefi sieht auf die Seite. Aber die Blicke des Jungen entlassen ihn nicht. Er klagt nicht an, nur ansehen will er den Mann, der sein Leben beendet, den Kameraden, den Mitkämpfer, den Landsmann. Und jetzt erkennt er ihn ganz bewußt. Ein naives, starres Erstaunen zieht über sein Gesicht. Der? Das bringt er fertig? Ausgerechnet er?

Hanefis Arm sinkt wie von selbst nach unten, langsam, in Zeitlupe. Die Waffe in der Hand brennt plötzlich. Er steht da, will etwas sagen, wirkt wie gelähmt, wie erschlagen. Platzangst, ausgerechnet er.

Querschläger zischen über ihn hinweg. Der Tschetschene handelt mechanisch, wirft sich in Deckung, neben den Jungen. Aufschub bloß, noch keine Entscheidung. Wenn sie Mullawi bloß treffen würden, überlegt er, wenn mir die Kugeln des Feindes diese hundsgemeine Pflicht abnähmen ... Dabei sehnt er sich nach vorn, nach der Gruppe um Oberleutnant Pflug, obwohl er weiß, daß der improvisierte Angriff auch kein Kirschenessen ist ...

Denn die Steine, die die russischen MG ausspucken, töten. Fünf, die es erwischte, wissen es schon. Hauptkampflinie ist das Niemandsland. Ziel beider Seiten: die Aluminiumbehälter in der Steilschlucht. Genau in der Mitte, denn der Zufall hatte sich eine faire Grimasse gestattet, der Wind, der die Lastschirme abtrieb, als Neutralist gezeigt ...

Der Feind hat mehr Munition und mehr Leute. Pflug gleicht die Differenz durch Mut aus. Zwangsläufig. Er muß die Behälter haben, deshalb ist er im Vorteil. Ein klarer Fall. Wer zuerst kommt, mahlt zuerst. Der direkte Weg ist der kürzeste. Wer zuviel Deckung sucht, verliert Zeit. Seine Leute folgen ihm, automatisch, mechanisch, militante Räder zur Präzision geschliffen.

Zweihundert Meter noch. Die Iwans merken, daß sie zu spät kommen, wenn sie so weitermachen. Auch der sowjetische Unterleutnant treibt seine Soldaten schneller in die Versteigerung des Lebens. In die Auktion ohne Gnade. Denn dieser Guerillakrieg ist wie eine Börsenschlacht: wer am meisten bietet, erhält den Zuschlag. Bezahlt wird mit Blut; die Währung ist international. Vorwärts Kameraden, zum ersten, zum zweiten und letzten...

Pflug braucht sich nicht umzusehen. Sie folgen wie geübt. Fächerförmig auseinandergezogen. Einer springt, der andere schießt. Sie funktionieren wie Marionetten. Deckung. Aufspringen. Wieder und noch. Solange der Vorrat reicht.

Einen Moment verschnauft der Offizier. Das ist ja großartig, denkt er, phantastisch, wie diese Legionäre die HDV befolgen... daß dieser alte Kasernenquatsch doch auch sein Gutes hat!

Rechts von ihm springt wieder einer. Gut gemacht! Jetzt ein paar Meter robben, und dann... steh doch auf, blöder Hund, denkt Pflug und vergißt, daß Tote nicht mehr laufen. Dann sieht er zum anderen Flügel. Das schaffen wir, überlegt er, das wäre gelacht. Unsere Machart, meine Kragenweite, sagt sich der Oberleutnant und springt acht Meter auf einmal. Er fühlt sich so wohl wie ein Fisch in seinem Lieblingswasser.

Hundert Meter noch. Ganz nahe die Behälter. Das ist ein Ziel, für das es sich zu kämpfen lohnt. Zu fallen auch? Fragen sind bei Brandenburg nicht gefragt. Bei einer Eliteeinheit wird gut gegessen, sauber gezielt, ordentlich geschossen und anständig gestorben. Wie es sich gehört, ohne lange zu überlegen, warum es sich gehört. Wer fragt, denkt. Denken ist zersetzend, wird zum angewandten Nihilismis im Sinn des Militarismus. Der Kopf hat nicht Sitz der Intelligenz zu sein, wenn der Stahlhelm auf ihm sitzt. Fatalismus macht tapfer, und der stumpfsinnige Soldat hat mehr vom Leben, wenn er auch nicht länger lebt.

Pflug zielt sorgfältig. Gerade als er durchdrücken will, purzelt der Iwan nach unten, überschlägt sich auf einem

Felsblock und rutscht mit ausgestreckten Armen weiter. Der Tscherkesse neben dem deutschen Offizier war schneller.

„Sauhund!“ ruft ihm Pflug anerkennend zu.

Jetzt zählt er seine Leute. Immerhin fünfzehn Mann, fast die Hälfte, denkt er zufrieden. Die paar Meter schaffen wir, spielend, dann verschanzen wir uns, dann halten wir die Stellung, bis es finster ist, und dann verduften wir mit dem Nachschub, und die Iwans gucken am Morgen dumm aus der Wäsche.

Die Kerle haben keine Lungen, denkt der Oberleutnant und grinst. Seine dicht aufgeschlossenen Leute machen es ihm schwer, die Spitze zu halten. Wieder springt er auf. Jeden Schritt, den die Männer des Stoßtrupps laufen, legen sie als Zielscheibe zurück. Noch fünfzig Meter bis zum ersten Behälter. Pflug macht flüchtig Inventur: bis auf eine Verpflegungsbombe kassiert er gleich alles, ohne es zu haben. Die Erleichterung überfällt ihn wie ein Rausch, wie ein Taumel.

Stellungswechsel. Zuerst sucht er Deckung und dann den Feind. Das Gelände ist voller Granitblöcke und damit für ihn der Himmel voller Geigen.

„Das sind ja Weihnachtsmänner!“ ruft er begeistert, „seht euch doch diese Schlappschwänze an!“

Zwei seiner Leute grinsen zustimmend.

„Die machen wir zur Minna!“ brüllt er, zielt, trifft und streichelt den Schaft seiner MP.

Auf der anderen Seite springt jetzt eine ganze Gruppe und wird geschlossen niedergemäht.

„Wenn das nichts ist?“ schreit der Oberleutnant und kramt seine Eierhandgranate aus der Tasche. „Gut für mindestens drei“, addiert er.

Nach hinten sieht er nicht. Wozu auch? Vorn spielt die Militärmusik. Der kleine Mullawi hört sie bald nicht mehr. Auch der Mann nicht, der von seinem eigenen Fallschirm aufgehängt über einem Felsvorsprung baumelt. Mansura, der Erfinder des „Unternehmens Schamyl“, ging mit schlechtem Beispiel voran und fiel als erster, als Kugelfang, von den Rotarmisten durchlöchert wie ein Pappkamerad am Schießstand. So schaukelt er wie ein Symbol des Himmelfahrtskommandos über dem Abgrund. Mit seinen verdrehten Augen, seinem qualvollen Gesicht, seinen gefletschten Zähnen wirkt er wie das Modell eines Kriegerdenkmals, das in dieser Abscheulichkeit ehrlicher und wahrhafter wäre als alle anderen zusammen...

So schnell Pflug seinen Angriff auch vorantreibt — Aufkommen und Angreifen war für ihn eines —, für Hanefis Duell zwischen Befehl und Gewissen ist dies die Hölle einer Ewigkeit. Er liegt noch immer in Deckung, knapp neben dem Jungen, obwohl er längst weiß, daß die Querschläger nur verirrte Schüsse waren. Er kauert flach auf dem Geröll, zieht den Nacken ein und verriegelt sein Bewußtsein. Er schaltet einfach ab. Während dieser gedehnten, lähmenden Unschlüssigkeit vertritt eine Sekunde der anderen den Weg, staut sich die Zeit wie eine schmutzige Regenpfütze. Dann hört er den Kameraden stöhnen und fühlt den Krampf im Nacken. Feigling, schilt er sich und richtet sich gequält-müde auf, betrachtet den fiebernden Mullawi, sieht in sein Gesicht, in die großen, gehetzten Augen, zwischen die er schießen soll. Plötzlich weiß er, was er zu tun hat, spürt er, daß er es nicht fertigbringt. Die Schwäche macht ihn stark.

Hanefi kriecht ganz nahe an den Jungen heran, empfindet seine Angst, streckt die flachen Hände aus, wie um anzuzeigen, daß er die Waffe wegwarf, kommt an ihn heran, findet Worte, die er nie sagte, spürt Gefühle, die längst verhärtet waren, lächelt fast befreit, schiebt Mullawi etwas unter den Kopf, sucht verzweifelt Verbandspäckchen, obwohl er weiß, daß es sinnlos ist.

„Ruhig...“, sagt er zu dem Fiebernden, tastet die Verwundungen ab. „Nicht schlimm... wie kannst du dich nur vor mir fürchten? Ich will dir doch helfen...“

Der Junge nickt schwer. Zuerst war die Erleichterung da, und jetzt spürt er schon das schlechte Gewissen. Hätt' ich mir doch denken können, daß Hanefi nicht...

„Ich schlepp' dich mit ... verlaß dich drauf ...“ Vor Erregung spricht Hanefi lauter. „Wir schaffen es schon ... keiner darf dir was tun ... das war doch alles Unsinn ... das ...“

Er sieht, wie das Lächeln auf dem Gesicht des Verwundeten breiter wird. Er sieht, wie sich Mullawi zurücklegt, die Arme wie entspannt von sich streckt und einen Moment die Augen schließt.

Hanefi fährt ihm mit der Hand über die Stirn. Er raunt ihm Worte zu, wahllos, wie sie ihm die Lippen geben.

Dann hört er Schritte. Er sieht ihn sofort. Wassili. Der Wind hatte ihn weit abgetrieben. Jetzt kommt er näher, breitbeinig, bullig, mit feixendem Gesicht. Hanefi winkt ihm. Er bleibt stehen. Aber er feixt nicht mehr. Er begreift. Er kommt langsam heran, greift nach der Seitentasche, in der die Pistole ist, bewegt sich unendlich vorsichtig, Schritt für Schritt.

Auf einmal reißt der Junge die Augen erschrocken auf, horcht, will sich aufrichten.

„Ruhig ... Baby ...“, sagt Hanefi.

„Aber ... da war doch ...“

„Nichts“, antwortet er und bringt es fertig, Mullawi anzusehen, überzeugend anzuschauen, sorglos zu lächeln, ihn zu streicheln, zu beruhigen.

Und während seine Hand sanft über das Gesicht gleitet, schleicht Wassili näher. Von hinten. Ganz nahe. Noch näher, denn er will die Hand Hanefis nicht treffen, er muß ganz sichergehen.

„Du ...“, sagt der Verwundete mit glänzenden Fieberaugen, „ich hab' immer gewußt ... daß du ein ... feiner Kerl bist ... daß man sich auf dich ...“

„Schlaf“, erwidert Hanefi weich, „solange noch Zeit ist ... ich ... weck' dich schon ...“

Der Junge schließt gerade rechtzeitig wieder die Augen. Die entspannten Hände liegen an seinen Hüften. Der Kopf sinkt ermattet nach rechts ... genau in die Schußrichtung für Wassili. Er will noch etwas sagen, ein letztes Flüstern. Es hört sich an wie ein Seufzer ...

Dann knallt der Schuß. Ein zweiter noch, obwohl der erste schon saß.

Wassili wirft die Pistole auf den Boden, dreht sich um und weint.

Hanefi steht auf, sieht ein letztes Mal den Jungen an, der noch immer die Verklärung törichter Erleichterung im Gesicht trägt. Nur die Augen, denkt er, um Gottes willen die Augen …

Er geht weiter, fatalistisch, geschlagen, gescheitert. In der Steilschlucht knallt es wieder. Alles ist ihm gleichgültig geworden. Wassili folgt ihm wie ein Schatten. Von links stößt noch ein anderer zu ihnen.

Vorn fängt Pflug die erste Welle der Iwans ab, leicht geduckt, hinter einem Felsblock stehend, die Handgranate auf einen halben Meter genau werfend. Das Ei platzt. Pflug springt aus der Deckung. Aus der Hüfte rotzt er in die zweite Gruppe der herankommenden Russen hinein, lacht mit verzerrtem Gesicht, weiß, daß er noch sieben, acht Sekunden durchhalten muß und dazu bloß Glück braucht …

Dann sinkt der Lauf der MP nach unten. Ein paar seiner Leute sind von der Seite heran. Sie beenden den Nahkampf mit dem Messer. Alles, was sich in den letzten Stunden in ihnen staute, Erregung, Angst, Haß und Lebensgier, tobt sich frei, detoniert wie ein im Überdruck platzender Dampfkessel, dessen blutrote Schwaden sich über den kleinsten, entlegendsten und gemeinsten Kriegsschauplatz des zweiten Weltkriegs legen …

Und weiter füllte die Einheit Brandenburg die Kriegstagebücher mit Ruhm und die Verlustlisten mit Namen. Längst bevor Goebbels den totalen Krieg proklamierte, kannte ihn der Verlorene Haufen schon. Immer häufiger und verzweifelter wurden die Hilferufe des OKW. Man warf die Elitesoldaten gleichzeitig an alle Fronten. Man rief die Gespenstereinheit, die kam und verblutete: konsequent, zäh und lautlos. Nur ihr Kommandeur, Oberst Haehling von Lanzenauer, starb in der

Heimat im Bett. Was eigentlich selbstverständlich ist, wirkte bei Brandenburg wie ein makabrer Witz.

Überall, wo der Krieg seine blutige Ernte hielt, standen Brandenburger bereit.

In einem strapazenreichen Gewaltmarsch erreichte ein Stoßtrupp in der Gegend von Assiut den Nil. Zwei Brandenburger, die ein Empfehlungsschreiben des Muftis von Jerusalem quer durch die englischen Linien zu den Beduinen bringen sollten, sind bis zum heutigen Tag verschollen.

Im Osten fuhr ein Zug Brandenburger unter Führung des Oberleutnants Lau auf sowjetischen Lkw in Tarnuniform gegen eine strategisch wichtige Straßenbrücke im Raum von Maikop und hielt sie bis zum Eintreffen der deutschen Vorhut.

Diese Bravourstücke konnten jedoch nicht über die Anzeichen des ersten Verfalls hinwegtäuschen. Mußten die Brandenburger bisher bei militärischen Pannen in die Bresche springen, so hatten sie jetzt auch noch für psychologische Fehler geradezustehen. Die brutale Ostpolitik schlug zurück. Brandenburgs ukrainische Legionäre erkannten, daß sie nicht zur Befreiung, sondern zur Unterdrückung ihrer Heimat aufgebrochen waren. Das Schicksal des Bataillons Nachtigall zeigt den Niedergang am deutlichsten. Die russischen Freiwilligen, die im ungestümen Vormarsch Przemysl und Lemberg erobert hatten, wurden anfänglich von der ukrainischen Landbevölkerung begeistert empfangen. Dann kam die braune Knute. Als die Legionäre Brandenburgs die unmenschliche Behandlung ihrer Landsleute sahen, hörten sie auch „die Nachtigall trapsen". Ihre Kampfmoral war dadurch so zersetzt, daß man das Bataillon unmittelbar vor dem Fall Kiews und Charkows aus dem Kampf nehmen und zum Truppenübungsplatz Neuhammer zurückführen mußte, wo es später aufgelöst wurde.

Es wirkte auch wie ein düsteres Symbol, daß der erste Offizier Brandenburgs, Oberleutnant Grabert, bei einem Sondereinsatz fiel. Seine letzte Tat meldete der Wehrmachtsbericht vom 27. Juli 1942, wie bei allen Brandenburgeinsätzen, anonym: „Südlich Rostow wurde die stark befestigte und zäh verteidigte Stadt Bataisk nach zweistündigem Kampf von deutschen Truppen im Sturm genommen."

Voraussetzung dafür waren sechs Brücken des Dondeltas, die Grabert, wie immer der deutschen Vorhut weit voraus, eroberte. Genausogut hätte er sie dem Teufel in der Hölle abnehmen können. Vor dem Einsatzziel war ein riesiges Sumpfgelände. Straße und Bahnlinie lagen auf einem Damm . . . Es ging kein anderer Weg nach Bataisk. Und die Russen bepflasterten ihn pausenlos durch Artillerie und Granatwerfer.

Die Kampfgruppe Grabert setzte sich in Infanteriestärke in Marsch. Im Schutz der Dunkelheit, hieß es vor dem Einsatz. Aber die Russen rissen mit Leuchtkugeln die Nacht auf. Wer zur letzten Brücke wollte, mußte durch das Trommelfeuer laufen. In langauseinandergezogener Reihe sprangen sie einzeln, blieben für immer liegen oder erhoben sich wieder.

Als Grabert die Eisenbahnbrücke erreichte, brannte sie bereits. Dann stellte er erleichtert fest, daß es nur ein russischer Lkw war, den Leuchtspurmunition erfaßt hatte. Der Flußarm war hundert Meter breit und vom Feind eingesehen. Links und rechts gluckste der Sumpf.

„Hinüber!" befahl der Oberleutnant.

Die Sowjets feuerten aus allen Rohren. Was nicht im Schlamm erstickte oder im Hagel der Scharfschützen liegenblieb, bildete einen Brückenkopf. Die Russen versuchten von der ersten Minute an, ihn zu zerschlagen. Auch nach dem Ausfall der Hälfte seiner Leute hielt ihn Grabert noch. Aber die Munition ging ihm aus. Der zugesicherte Nachschub war in den Sumpf gefallen. Wie es sich später herausstellte, geriet er auf dem Weg nach vorn in einen Partisanenangriff, zerschlug ihn zwar, aber verlor zu viel Zeit dabei.

Auf dem russischen Ufer stand Grabert. Das linke hielten andere Brandenburger, verstärkt von einigen Kradschützen der Infanterie. Die Brücke lag unter ständigem Beschuß. Es gab keinen Zweifel, daß die Sowjets mit allem, was sie hatten, gegen den deutschen Brückenkopf anrennen würden.

Die Lage war hoffnungslos. Die Verbindung riß ab, es gab immer mehr Verwundete. Ein Stabsarzt und ein Sanitätsoffizier durchschwammen den Fluß. Sie versorgten die Verwundeten, unter ihnen Brandenburgs ersten Offizier, der einen Streifschuß am Kopf hatte. Den Rückweg bezahlte der Arzt selbst mit einer Verwundung.

Dann griffen die Russen in Rudeln an. Das Kommando Grabert verfeuerte die letzte Patrone. Es verteidigte weiter mit Beutewaffen der gefallenen Rotarmisten. Als der Iwan an den Brückenkopf bis auf zweihundert Meter herangekommen war, retteten buchstäblich in letzter Sekunde deutsche Stukas die Situation.

Aber Oberleutnant Grabert erlebte seinen letzten Sieg nicht mehr. Er erfuhr auch nicht, daß sein Einsatz mit dem Eichenlaub zum Ritterkreuz honoriert wurde. Trotz eines Bauchschusses hatte er sich bis zu dem Arzt durchgeschlagen und ihn um Morphium gebeten. Der Arzt wollte ihn untersuchen. Grabert, der sich mit unheimlicher Energie bei Bewußtsein hielt, wehrte ab:

„Lassen Sie . . . ich bin selbst Mediziner . . ."

Die letzten Kommandos, die er gab, riß ihm der Tod mitten im Satz von den Lippen . . .

Wer das Kunststück fertiggebracht hatte, die Hölle von Bataisk zu überleben, kehrte jetzt zum Stammhaufen zurück. So erhielten Oberleutnant Schnitzler und seine Leute, soweit sie es noch nötig hatten, Rußland aus erster Hand serviert. Sie trugen ihre Marschbefehle nach Jugoslawien bereits in der Tasche. Es war wie immer beim Barras: zuerst wurde die Zeit vertrödelt, und dann holte man sie telegrafisch aus dem Urlaub zurück.

Bevor sie noch Fragen stellen konnten, saßen sie bereits im Zug nach Wien. Sie leisteten sich eine schöne, blaue Nacht an der Donau und rollten mit verquollenen Köpfen Richtung Belgrad weiter. Das Wiedersehen mit Unteroffizier Dörner, das sie hier feierten, war noch hochprozentiger. Jonas sah sich schon wieder als Villenbesitzer und prophezeite Einschlägiges.

Schnitzler schaute in die Richtung, in die die Donau floß, und sagte: „Es riecht nach Mariu . . .“

Schultze fragte nach einer Einkaufsquelle und Auer nach einem Soldatenbums. Sie alle beglückwünschten sich, weil sie glaubten, das große Los gezogen zu haben. Sie sollten bald erfahren, wie blutig ihr Los war . . .

Nur Dörner blieb nachdenklich.

„Du bist immer noch der alte“, sagte der Prophet und betrachtete ihn prüfend von der Seite. „Hast du . . . Post . . . ich meine . . . von zu Hause bekommen?“

Dörner nickte.

„Eva wollte dich besuchen . . .“

„Ja, ich weiß.“

Der Unteroffizier grübelte wieder. Seine Frau hatte ihm geschrieben. Der Schatten war übersprungen. Er spürte es. Aber er konnte es nicht schreiben. Er würde es ihr sagen können. Aber so oft er ein leeres Blatt vor sich hatte, kam er ins Stocken. Dörner konnte nur eckige Sätze formen, so als hätte er sie in Blockbuchstaben geschrieben. Aber einmal, dachte er, komm' ich ja wieder nach Hause, dann . . .

Nach ein paar Tagen kannten sie alle Kneipen von Belgrad. Dann ging's weiter. Richtung Süden. Spezialeinheit. Ein Stück noch mit dem Fronturlauberzug Richtung Saloniki. Es wurde viel von Partisanen gesprochen. Aber die Männer von Brandenburg lächelten nur kalt. Was soll's? Sie hatten alle schon als Partisanen gearbeitet und wollten es genießen, einmal auf der leichteren Seite zu stehen.

„Weißt du“, wandte sich Jonas an Dörner, „was die mit uns vorhaben?“

„Irgendeine Schweinerei mit diesen Heckenschützen . . . sind hier große Mode . . . wirst dich noch wundern . . .“

„Und da brauchen die uns?“ fragte der Prophet verwundert.

„Da bräuchten sie noch viel mehr . . .“

„Von mir aus“, grinste Schnitzler, „mir gefällt die Gegend . . .

Bis auf Dörner waren sie sich einig. Vorläufig. Sie klopften

Skat. Es wurde langweilig. Jonas stand auf. Er hatte etwas im Gang gesehen und folgte ihm. Es waren zwei Mädchen, Luftwaffenhelferinnen. Bis auf die Uniform stimmte alles an ihnen. Besonders an der rechten. Sie war blond, füllig und schnell. Ein Fachmann wie der Prophet sah das auf den ersten Blick, spürte es in den Fingerspitzen und streckte die Hand aus. Er ging auf sie zu.

„Na, Puppe . . .?"

„Frech oder dämlich?" fragte die Blonde.

„Nicht aufregen, Kind . . .", erwiderte Jonas, „oder bist für die reserviert?" Er deutete mit dem Daumen über die Schulter auf das Offiziersabteil.

„Nee, Kapo", lächelte sie schelmisch, „ich hab' mich für dich aufgespart . . ."

Das zweite Mädchen ging weiter. Dem Propheten war es nur recht. Die blonde Luftwaffenhelferin zögerte. Jonas ging sie mit Schnaps an. Sie trank das scharfe Zeug aus der Taschenflasche wie Milch.

„Recht so . . .", lobte der Prophet.

Die Räder des Wagens nahmen die nächste Weiche unsanft. Auf einmal lag das Mädchen an Jonas' Schultern.

„Hoppla", sagte er und zog sie fest an sich.

„Ich heiße Marion."

„Du gefällst mir", erwiderte er, „wußte gar nicht, daß es in dieser verlassenen Gegend sowas gibt . . ."

„Dafür gibt's zu viel von deiner Sorte", antwortete sie ironisch.

„Du kennst mich bloß noch nicht", konterte er großartig, und grinste dabei unverschämt.

Er küßte sie, und sie mochte es. Sie benötigten keine Weichen mehr. Der Zug fauchte durch unsicheres Land. Die Notbeleuchtung kam ihnen entgegen. Draußen wünschten sich Hasen und Füchse gute Nacht, wenn sich nicht Streifen mit Partisanen herumschlugen. Schon ein paar Kilometer neben dem Bahngeleise war das auf der Generalstabskarte schraffierte Gebiet. Und die Strichelung bedeutete: partisanenverseucht. Das war so optimistisch ausgedrückt wie die OKW-eigene Erfindung: Frontbegradigung...

Aber daran dachte Jonas nicht. Er sah die Augen, die ihm aus dem Dunkel entgegenglänzten und pfiff auf alles. Er atmete den Duft ihrer Haare. Er kostete ihre weichen, offenen Lippen. Und er malte sich aus, wie schlank ihre Fesseln sein mußten.

„Na“, sagte er, „so ein Glück...“

„Egoist“, erwiderte Schnitzler, der hinter ihm stand.

„Hau ab“, versetzte der Prophet, „die ist nicht für Offiziere.“

Bevor sich Marion, die Luftwaffenhelferin, noch über den Umgangston wundern konnte, flog sie dem Propheten mit ungeheurer Wucht in die Arme. Die Explosion entlud sich in einem fürchterlichen Knall. Die Lokomotive war auf eine Mine gefahren. Die ersten Waggons hatten sich ineinandergeschoben. Fast gefühllos hörte Jonas in den ersten Sekunden das Krachen, Splittern, Schreien, Wimmern. Er war wie mit einem wuchtigen Faustschlag beiseitegeschmettert worden. Aber er ließ das Mädchen nicht los dabei.

Erste Pfiffe und Kommandos versuchten Ordnung in das Wirrwarr zu bringen: Flüchtende trampelten über Verwundete, Verletzte waren eingekeilt zwischen Toten.

„Partisanenüberfall!“ fluchte Jonas. „Einen schönen Gruß von Tito.“

Er war ins Freie gelangt und setzte die Luftwaffenhelferin vorsichtig ab. Sie hatte vor ihm gestanden und den Aufprall aufgefangen. Der Prophet beugte sich über sie. Marion war noch bewußtlos. Ihr Gesicht wirkte schmal und blaß, die Lippen kalt, die Augen glänzten nicht mehr. Im flackernden Licht der brennenden Waggons stellte Jonas fest, daß nie mehr ein Mann sich nach Marions Fesseln umdrehen würde.

Die Detonation hatte ihr das linke Bein weggerissen...

Um Mitternacht steht endgültig fest, daß das „Unternehmen Schamyl“ wenigstens die Landung überlebt hat. Um diese

Zeit gelingt es Oberleutnant Pflug, sich von den Iwans abzusetzen. Sie hatten noch zweimal versucht, seine Stellung zu überrennen. Aber jetzt, da er wieder mit Munition ausgerüstet war, blieb die Abwehr ein Kinderspiel.

Er zieht sich mit zwei verlorenen Aluminiumbehältern, fünf Verwundeten und dreizehn Toten vorläufig aus der Affäre. Hanefi und zwei Tscherkessen decken den Rückzug, die anderen setzten sich lautlos ab. Wohin? Sie wissen es nicht. Zu ihrem Ziel; kann so gut ein Monat weit sein wie sieben Tage. Genaugenommen wissen sie eigentlich nur, daß sie nicht, wie beabsichtigt, zwischen Sotschi und Pizunda eingeflogen sind. Einundzwanzig Mann noch, abzüglich fünf Verwundete. Vier, die es nur leicht erwischt hat, versucht Pflug mitzuschleppen, so lange es geht. Der fünfte, ein Tartar, nimmt ihm die Entscheidung ab: er erschießt sich selbst.

So geht es dahin. Eine Stunde, einen Tag, eine Woche. Bergab, bergauf. Hunger im Bauch, Schwindel im Kopf. Die Verfolger im Rücken machen ihnen Beine. Sie schütteln sie ab. Dann knallt es wieder. Aber wer um sein Leben kämpft, läuft schneller. Über den Kamm, hinunter ins Tal. Links, rechts ... Grauen im Hirn, Pfeifen in der Lunge, Haß im Blut, Wahnsinn im Blick.

Die Burschen haben Gelenke aus Gummi und Augen wie Eulen. Hanefi behauptet ohne zu zögern, daß die Richtung stimmt.

„Inschallah", erwidert Pflug.

Weiter. Feind im Nacken, Brennen in der Brust. Kein Wasser, nur Steine. Verpflegung geht zu Ende. Sie fressen Wurzeln und dürsten weiter. Vor sich nichts, hinter sich den Tod. Apathie auf den Schultern, Müdigkeit in den Beinen. Wassili latscht schlampig über eine Felswand. Ein Schrei. Den Aufschlag hören die anderen nicht mehr.

Tags heiß, nachts kalt. Nur noch Nerven als Verfolger. Keine Russen mehr. Mal Grün, mal wieder Stein. Ein hoher Block, eine tiefe Schlucht. Einer legt sich hin und geht nicht mehr weiter. Ein zweiter Verwundeter erschießt sich. Ein dritter läuft blindlings irgendwohin. Keiner hat mehr Kraft, ihm zu folgen. Er verhungert oder stürzt ab...

Jeder Schritt kostet eine unheimliche Energie, jeder Tag mindestens einen Mann. Zehn kleine Negerlein, überlegt Pflug. Dann zählt er. Er hat ja noch dreizehn. Unglückszahl. Er bleibt stehen. Er sieht nichts mehr. Nur noch rot. Hanefi hakt ihn unter. Jetzt zerren sie ihn mit. Etwas Grün. Eine Höhle. Schaurig wirft die Bergwand das Geheul eines Schakals zurück. Komm näher, denkt der Offizier, wir fressen dich...

Manchmal sieht es aus, als ob Hanefi führen würde. Manchmal starren die Legionäre Pflug an, als ob sie ihn gleich umbringen wollten. Manchmal schnappt der Offizier nach der MP, meistens ist es ihm wurscht.

Die vorderen laufen. Pflug bleibt stehen und starrt in die Richtung, in die sie deuten.

„Idioten!" lacht er irrsinnig, „fallen auf eine Illusion herein, eine Fata Morgana, Luftspiegelung, ganz einfach..."

Aber dann sieht er, daß es ein Dorf ist, klein aber fein. Sie laufen auf den Brunnen zu. Einer stürzt, die anderen trampeln über ihn weg. Einer säuft so gierig, daß er fast erstickt. Sie können nicht anders. Sie fallen einfach um, mag kommen, was da will...

Aber es kommt nichts. Heute nichts, morgen nichts. Häuser, ja. Aber keine Menschen. Manchmal noch Glut im Herd. Sonst nichts. Ein Mondkrater wird zur Geisterlandschaft. Kein Mensch. Kein Tier. Nicht einmal ein Verfolger. Wohin sie stoßen, es geht ins Leere. Wohin sie stolpern, es geht ins Nichts. Sooft sie fluchen, haben sie Angst vor der eigenen Stimme. Zwei prügeln sich noch. Kraftverschwendung, denkt Pflug...

Wieder ein Dorf. Sinnlos, diese Soldatenspielerei. Aber Gewohnheitssache. Hanefi und noch ein zweiter gehen voraus. Die anderen hauen sich einfach hin.

Hanefi und Mustafi betreten wie immer ein leeres Dorf. MP im Anschlag. Kein Mensch da. Wenn wenigstens ein Hund bellen würde!

Und dann grinst einer. Ein Mann. Ein Zivilist. Er geht auf sie zu, lacht über das ganze Gesicht. Zuerst verstehen sie ihn nicht. Jeder Dialekt im Kaukasus ist eine Sprache. Dann klappt's durch Radebrechen.

„Ich, da ...", sagt der Mann, „ich keine Angst ..."

„Und die anderen?" fragt Hanefi schnell.

„Angst vor Rote Armee ...", erwidert er und breitet die Arme aus, um die beiden herzlich zu begrüßen.

„Und du hast keine Angst?" entgegnet Hanefi.

„Ich nicht ...", versetzt der Mann stolz, „ich Vertrauensmann von NKWD ... Ich groß Bolschewik ... !"

Hanefi und Mustafi werfen sich einen raschen Blick zu. Dann sucht der Tschetschene mit den Augen einen geeigneten Ast ...

Die Hölle liegt im Kaukasus. Sie kennt kein Maß; sie hat kein Ziel. Sie ist leer — wie verwaist. Und stumm. Wie der Tod. Der deutsche Oberleutnant Pflug, der vor elf Tagen aufgebrochen war, um das Land der Tschetschenen zu suchen, hat die Hölle entdeckt.

Ihr Element ist Stein. Das Feuer brennt nur im Gelenk; im Fuß, am Arm, im Rücken, irgendwo.

Pflug warf sich mitten unter seine Leute. Ihm ist alles egal. Zwei sind weggegangen. Zum Dorfeingang. Vielleicht wollen sie auch bloß türmen. Was soll's noch? Oder sie kommen doch zurück, mit ein paar verfaulten Kartoffeln oder einer Handvoll Mais. Dann geht dieser blutige Stunk wieder los, registriert der Offizier halbwach ... weckt mich, schlitzäugige Kumpels, bevor ihr euch dafür umbringt. Ist ja doch bloß Marschverpflegung für den Heldentod! Ob früher oder später: dran sind wir alle. Aber wer zuletzt stirbt, lebt am längsten ...

Oberleutnant Pflug dreht sich nach rechts, starrt nach links. Wäre er nicht so hundemüde, wüßte er genau, was er zu tun hätte. So aber ist der Blick verschwommen, der Sinn benommen. Sein Bewußtsein schaukelt auf einem See der

Erschöpfung, treibt hin und her und auf und ab, und der Stoßtruppführer wundert sich, daß er nicht untergeht. Haß sah er in ihren Gesichtern, weil er sie in den Tod führt. Was kann ich dafür? überlegt er. Ich hab' auch kein Luxusschicksal, und ich krepier' genauso wie ihr. Los, faucht er sie in Gedanken an, bringt mich doch endlich um! Das wollt ihr doch! Feige Hunde, schneidet mir die Gurgel durch! Und dann ab durch die Mitte, nach Hause, zur Mischpoke, der lieben, und dann zeigt ihr meinen Kopf, wie Salome, dieses Satansweib, und ihr seid fein heraus...

Na also, denkt Pflug, und spürt etwas auf sich zukommen, weich, lächelnd, lautlos. Was hat denn Irina hier zu suchen?, überlegt er, ist doch längst vorbei, daß wir uns küßten und hofften, lachten und schmusten... Halluzinationen, alles, in dieser Hölle aus Glas, raunt ihm die Apathie zu. Und dabei wundert er sich dämmernd, daß seine Mörder so sanfte Hände haben...

Sie nicken einander zu. Weiß der Teufel, woher sie die Kraft haben, die Zähigkeit, die Ausdauer. Sie gehen sicher wie am Seil, mühelos wie Roboter. Die Legionäre haben längst erkannt, daß die Bevölkerung vor ihnen ausreißt, irgendwohin flüchtet, vermutlich gewarnt von den Sowjets. Militärisch gesehen war das Himmelfahrtskommando schon zu Ende, bevor es begann: Verrat durch Zufall. Direkter Absprung in feindliche MG. Für die Abwehr am Tirpitzufer in Berlin ist es erledigt. Sie braucht die „Operation Schamyl" nur abzuheften und in den Panzerschrank zu legen. Oberleutnant Pflug und seine Männer aber haben noch ein paar Tage Leben vor sich. Die Legionäre haben es leichter als der Offizier. Sie sind Mohammedaner. Sie glauben an das Kismet. Fatalismus ist ein Teil ihrer Religion. Ohne Erregung, ohne Zeitgefühl, gleichmütig warten sie auf die Rückkehr Hanefis. Sie sind nur ein paar hundert Meter vom Dorfrand entfernt, ohne Blick für das Drama, das sich ganz in der Nähe abspielt.

Daß der erste Kaukasusbewohner, dem Hanefi und sein Begleiter Mustafi nach elftägigem Marsch durch eine Wüste aus

Stein begegnet waren, ausgerechnet ein NKWD-Spitzel ist, wirkt wie ein weiteres, schlechtes Vorzeichen. Aber diesmal greift der Zufall Oberleutnant Pflug unter die ermatteten Arme.

„Ich... warten... schon Tage..." sagt der Kaukasier mit der Erleichterung des Mannes, der froh ist, seine eigene Stimme wieder zu hören: „Ich wissen... daß ihr kommen... ich nicht dumm... Ich groß Bolschewik!"

Er sieht nicht das seltsame Benehmen der beiden Männer. Er fragt nicht nach den anderen. Er ahnt nicht, wie tödlich seine Geschwätzigkeit ist.

„Alle anderen sind geflüchtet?" fragt Hanefi zum zweitenmal.

„In Berge..." erwidert der Spitzel und deutet mit der Hand die Richtung an. „Angst... viel Angst vor Rotte Armee..."

„Kann ich mir denken..." grinst Hanefi. Dann, radebrechend, fragt er weiter: „Wo Politruk?... Wo Kommissar?"

Der Mann versteht ihn, nickt ein paarmal mit dem Kopf. Nach einem unverständlichen Wortschwall begreift Hanefi.

„Parteischule in Moskau... ich Stellvertreter... ich Großvollmacht von Partei!... Ich Freund von Stalin... Großführer..."

„Hast du noch Kartoffeln... Mais... Mehl?" bremst Mustafi seine Begeisterung.

Der Mann zögert einen Moment. Von seinem prallen, wohlgenährten Gesicht ist jeder Gedanke abzulesen. Ein harmloser Wichtigtuer, wie er in Deutschland Blockleiter oder Vereinswart sein könnte, den die politische Besessenheit mehr komisch als martialisch macht.

„Gut", sagt er dann und geht auf ein Haus zu, dreht sich lächelnd noch einmal um. Als er in ihre finsteren Gesichter starrt, kriecht ihm etwas langsam und unheimlich den Rücken hoch. Der V-Mann des NKWD versucht, die plötzliche Angst durch Geschäftigkeit auszugleichen.

„Glück", sagt Mustafi, „etwas Besseres konnte uns nicht über den Weg laufen." Er spuckt gleichgültig aus. „Den knüpfen wir auf... lassen ihn hängen... bis ihn die anderen sehen... dann kommen sie zurück und feiern uns als ihre Befreier..."

Hanefi nickte düster.

„Wollen wir nicht erst den Oberleutnant fragen?"

„Wozu?" antwortet sein Begleiter kalt. „Er ist müde... wir versäumen bloß Zeit..." Man hatte ihn vor dem Einsatz mit Haß vollgepfropft und richtig darauf spekuliert, daß der Damm brechen muß. „Für diese Kerle ist noch der Strick zu schade..."

„Sicher..." versetzt Hanefi lustlos.

Auf einmal spürt er in der Hand, die er vor dem Absprung so oft zur Faust geballt hatte, keine Kraft mehr. Ich werde ihn erschießen, nimmt er sich vor, und merkt, daß er kein guter Henker sein wird. Nein, revidiert er sich, Munition ist knapp, kein Schuß darf verschwendet werden.

Er starrt beklommen seinem Begleiter nach, der in das Haus geht, um etwas zu suchen, das sich zur Schlinge knüpfen läßt. Vielleicht erledigt Mustafi alles drinnen, hofft er.

Und dann kommt der Kaukasier zurück, einen Korb im Arm, ein Lächeln im Gesicht, zutraulich wie ein Hund, der Prügel befürchtet, aber sich doch sicherheitshalber mit dem Unbekannten gutstellen will.

„Hier", sagt er und deutet auf die Kartoffeln, „ich... ich nicht viel... jetzt selbst Hunger... aber ich gern geb' für euch..."

Nicht eine Kartoffel fress' ich, denkt Hanefi und starrt einen Moment auf den Boden, als er Mustafi zurückkommen sieht, der von hinten an den Russen herantritt, seinen Arm schnappt, ihn herumdreht und vor sich hinmurmelt:

„Komm, Bursche... je schneller es losgeht, desto früher hast du's überstanden..."

„Ich euch geben noch viel mehr Kartoffeln!" schreit der V-Mann des NKWD, ohne zu begreifen, um was es geht.

„Los, faß mit an!" zischt der bullige, brutale Mustafi seinen Kameraden an.

„Auch Mais ...“ brüllt der Spitzel.

„Am Dachbalken“, erwidert Mustafi.

Jetzt kapiert der Kaukasier, daß es nicht um Verpflegung, sondern um sein Leben geht. Er sperrt sich gegen Mustafi. Er wirft sich zu Boden, wird weitergezerrt. Seine Augen treten aus den Höhlen. Seine Adern schwellen an den Schläfen.

„Ich doch ... groß Bolschewik! ... Ich ...“

Sein Geheul sägt an den Nerven Hanefis. Er weiß, daß er zugreifen muß und merkt, daß er nicht hinsehen kann. Er versucht, an den kleinen Mullawi zu denken, an Wassili, der ihm den Fangschuß gab und kein Fangnetz hatte, als er selbst hinunterstürzte. Er hört den Schrei, dem kein Aufprall folgte, und er weiß, daß schaler Haß auf der Zunge so widerlich schmeckt wie geronnenes Blut. Und Hanefi ahnt, daß er sich für einen Dreck schlägt, daß es so sinnlos ist, für Hitler zu sterben, wie für Stalin, und daß es völlig unwichtig ist, ob der Strick, an dem sich dieser ahnungslose Dorftrottel zu Tode strampelt, braun oder rot ist.

Und während ihn selbst das Geschrei würgt, während er als Scherge die Todesangst seines Opfers schmeckt, während er aus besonderer Gemeinheit plötzlich jedes Wort des vor Angst schon Irrsinnigen versteht und ihn nicht ansehen kann, redet er sich ein: Kurzer Prozeß! Gnade ist Selbstmord! Nur wenn wir ihn umbringen, haben wir eine Chance, selbst durchzukommen. Er oder wir. Die Hölle läßt keine Wahl. Sie ist so hart wie ihre Steine und so kalt wie ihre Leichen. Und ihre Bewohner sind müde Seelen — arme Teufel ...

Ganz abrupt fährt Oberleutnant Pflug hoch. Instinkt oder verwehte Silbe des Todesgeheuls? Der Offizier ist sofort bei sich, steht auf den Beinen. Ohne auf die Uhr zu sehen, schätzt er die Zeit ab, nickt seinen Leuten zu. Irgend etwas stimmt nicht mit Hanefi. Er müßte zurück sein. Pflug spürt keinen Schmerz, keine Erbitterung. Der militante Apparat funktioniert wieder, die Barrasmaschine, wie sie leibt und lebt, bis sie stirbt ...

„Auf Freunde!“ sagt er und stößt den bärtigen Draghestaner

in die Rippen. Die schönsten sind sie nicht, denkt er dabei, aber wenigstens bringen sie mich nicht um. Vorläufig ...

Er hebt die Hand, sie schwärmen aus. Die Beine sind ein wahres Meisterwerk, denkt der Offizier, unvorstellbar, daß sie sich bewegen, mit diesem Muskelkater, mit dieser Last. Er sieht das Dorf vor sich. Viel kann nicht passiert sein, sonst hätte Hanefi geschossen. Vielleicht haben sie sich selbst erst einmal sattgefressen. Hoffentlich lassen sie uns 'was über. Er grinst vor sich hin. Zur nächsten Dorfpatrouille melden sich bestimmt mehr Freiwillige.

Irgendwie hat Pflug das Gefühl, daß es mit dem bereits beerdigten „Unternehmen Schamyl" plötzlich wieder aufwärtsgeht. Was will ich eigentlich mehr, denkt er, schon wieder arrogant aus Verwegenheit: im Feindfeuer gelandet, die Verfolger abgeschüttelt, elf Tage überlebt, na, ja ... zwanzig Mann verloren, nicht schön, aber war unter diesen Umständen zu erwarten ...

Verflucht! Die Berge so nahe zum Hinlangen, und wenn man dann die Hand ausstreckt, müssen die Beine noch drei Tage latschen. Die Sonne streicht die Berge vanillefarbig an; in ihrem Glast zittern die Kuppen wie Pudding. Aber wenn einer abstürzt, wird die Süßspeise wieder hart. Steinhart. Nachtisch für die Aasgeier, die dem „Unternehmen Schamyl" folgen, als wollten sie den Sowjets den Weg zeigen. Marschier oder krepier! Die Beerdigung ist formlos, geschwätzig und hygienisch ...

Noch zweihundert Meter bis zum Dorf. Pflug betrachtet es durch das Glas. Nichts zu sehen.

„Die Kerle haben einen Weinkeller gefunden", sagt er zu einem seiner Leute auf deutsch.

„Wie?" fragt der Tscherkesse zurück.

Der Offizier macht die Hand zum Flaschenhals, und setzt sie an den Mund. Der Kaukasier begreift und nickt lebhaft. Seit sie beinahe alle verdurstet wären, ist ihnen Wasser so lieb wie Schnaps.

„Weiter!" sagt Pflug.

Hanefi ist ein guter Mann, hätt' uns doch längst verständigt, wenn ... Einen Moment wird der Offizier ärgerlich. Woher hat dieser Bursche den Orientierungssinn? Warum zeigt er einfach mit der Hand auf eine Stelle dieses verfluchten Panoramas und behauptet, daß dort das Ziel wäre? Wie eine Fee. Quatsch Fee ... hinter den Bergen, bei den sieben Zwergen, denkt Pflug. So klein wird der Mensch, so albern und folgsam ...

Am Dorfrand taucht Hanefi auf und winkt. Pflug kommt jetzt rasch näher.

„Was ist denn los?" fragt er.

Hanefi meldet wirr, zusammenhanglos, monoton.

Hört sich fast an wie ein Gebet, überlegt der Oberleutnant und stellt Sprachlücken fest.

„... wird die anderen anlocken", fischt er auf.

„Wen?"

„Die Dorfbewohner ..."

„Wer?"

Dann geht der Offizier um die Ecke, steht wie erstarrt, und begreift wie gewürgt: an einem Dachbalken hängt der Spitzel, der ausgelitten hat, sichtbar schon von weitem ...

Mustafi klopft sich an die Brust. Am liebsten würde ihn Pflug in die Fresse hauen. Dann lobt er ihn. Er zündet sich eine Zigarette an und hält das Gewissen durch Nikotin nieder. Er klopft dem verstörten Hanefi auf die Schulter.

„Jetzt kommen die anderen und helfen uns", behauptet Mustafi.

Eine Chance, überlegt Pflug, eigentlich die letzte. Der Tote muß die Lebenden anlocken. Natürlich wußten die Dorfbewohner, daß der Gehängte ein Spitzel der Sowjets war. Wer ihn ermordete, kann kein Freund Stalins sein. So einfach und primitiv sind die Begriffe jenseits der Zivilisation ...

So baumelt in einem namenlosen Dorf, irgendwo im Kaukasus, tief im russischen Hinterland, der Gehängte an seinem Strick wie eine Hakenkreuzfahne am Mast. Auf diese scheußliche Symbol muß das „Unternehmen Schamyl" setzen. Und so sieht Hitlers Köder aus: verzerrt, verquollen, verreckt ...

Während Oberleutnant Pflug zu lähmender Untätigkeit verurteilt, Stunde um Stunde wartete, und die Zeit stillstand wie ein vergessenes Uhrwerk, schlossen seine alten Brandenburgerkameraden mit ihrem neuesten Kriegsschauplatz in Jugoslawien so unerwartet wie eindringlich Bekanntschaft. Nach dem Partisanenanschlag auf den deutschen Fronturlauberzug hatte die Panik ein paar größenwahnsinnige Minuten benutzt, um sich auszutoben.

Kommandos versuchten, Ordnung in die Katastrophe zu bringen. Aber es nutzte nichts, denn sie hatte sich noch nicht angewöhnt, die Hände an die Hosennaht zu legen, wie die Männer. Die Katastrophe fürchtete auch das Kriegsgericht nicht. Grausam bot sie dem Gewimmel ihre Breitseite. Aus den vorderen, ineinandergeschobenen Waggons schlugen haushoch die Flammen. Sie lieferten eine Illumination des Grauens; der Krieg gestattete sich einen Fackelzug.

Jonas, der Prophet, hörte keine Schreie, befolgte keine Befehle, und leistete keine Erste Hilfe. Er stand wie gelähmt. Langsam, wie ein k.-o.-geschlagener Boxer, kam er aus einer Art Trance wieder zu sich, beugte sich über Marion, die Luftwaffenhelferin, versuchte stückweise, das Unfaßbare zu begreifen.

Wieder stand Jonas neben ihr im Waggon, hörte ihre Worte und sah in ihre Augen. Dann warf sie ihm eine Schienenkurve in die Arme. „Hoppla", sagte er und genoß, daß sie blond und füllig war.

Er schmeckte ihren Lippenstift und atmete ihr Parfüm. Er sah in ihre Augen, und wußte Bescheid: Marion war flott, adrett und zeitnah, vom Krieg auf Tuchfühlung gebracht. Und während der Prophet sie an sich zog, ihre Lippen suchte und fand, sich von ihren Haaren kitzeln ließ, malte er sich aus, wie schlank ihre Fesseln sein mußten.

Da passierte es. Schnitzler war gerade in diesem Augenblick hinter ihn getreten. Ein Ruck. Ein Krach. Die Faust im Rücken. Das Chaos.

Was denn? fragte sich Jonas jetzt benommen.

Sein Bewußtsein war noch beschlagen. Es schien, als ob er sich mit fremden Augen betrachtete.

Jetzt sah er wieder auf Marion und begriff. Mein Gott, das linke Bein! Wenn sie zu sich kommt, wenn sie mich ansieht, wenn sie in meinem Gesicht liest, wenn sie ...

Abbinden! befahl ihm etwas. Sie hatten es aneinander geübt und gegrinst dabei. Natürlich würde es Jonas können, wenn notwendig, bei Schnitzler, oder bei Schultze, oder bei Dörner. Aber doch nicht hier, bei einem Mädchen, das er gerade noch in den Armen hielt, bevor die Mine krepierte.

Er fuhr hoch, drehte sich herum. Ein fliegender Sanitätstrupp war zur Stelle. Zwei dicke Sanis schleppten einen Schwerverwundeten ab. Der Prophet lief auf den vorderen zu, und schrie:

„Hier ... sie verblutet doch ... ihr müßt ... !"

„Halts Maul!" erwiderte der Obergefreite und ging weiter.

Jonas stürzte auf den hinteren zu.

„Schau dir's doch wenigstens an!"

„Seh' ich alle Tage", keuchte der Mann schwer unter der Anstrengung des Tragens.

„Aber sie muß doch ... bevor ..."

„Der auch", brummelte der Schnäpser.

„Ich gebe Ihnen den dienstlichen Befehl!" brüllte ihn der Prophet an.

„Na, na, na!" erwiderte der Sani, den die Tätigkeit längst abgestumpft hatte, „du meinst wohl, Damen haben den Vortritt?"

Jonas ging zurück.

Marion war noch nicht zu sich gekommen. Der Prophet wühlte zwecklos in seinen Taschen nach Verbandspäckchen. Hätt' ich sie doch nie getroffen, haderte er mit sich selbst, hätt' ich sie nie angequatscht, nicht an mich gezogen, dann ging' mich das alles nichts an. Dann könnt' ich mich um einen anderen kümmern, ihm sagen: „Wird schon, Kumpel", und zufrieden meine heilen Knochen betrachten.

So was gibt's doch gar nicht! Ihr dürft doch Frauen nicht die

Beine abschießen! So was sieht doch die Genfer Konvention nicht vor! Könnt ihr verfluchten Partisanen die Haager Kriegsordnung nicht lesen?

Das Mädchen stöhnte. Der Prophet sah an ihr vorbei. Er hatte seinen Freund Kugelmann sterben sehen. Er hatte den kleinen Czerny am Baum betrachtet. Aber das hier war noch schlimmer als alles andere ... Frauen, das Thema Nummer eins bei den Soldaten, die Oase der Langeweile, der Lichtblick des Stumpfsinns ... eine wunderbare Sache, solange man sie hatte, und eine hübsche Erinnerung, wenn man sie los war ...

Und sie zogen einzeln an Jonas vorbei: Irene, die Rothaarige, und Gerda, die Flotte, und die blonde Griechin, die er aus den Augen verloren hatte, und die brünette Olga, und Dagmar, die immer so unerreichbar schien, vorher ... Und sie alle sahen ihn an und gingen an ihm vorbei, auf Schuhen mit hohen Absätzen, auf zwei Beinen. Sie alle blieben noch einmal stehen und lächelten ihn an, und dann staksten sie weiter. Und die Kameraden lachten schallend und genossen mit, ohne lange zu fragen, ob der Prophet aufgeschnitten hatte oder nicht. Mädchen, zu Dutzenden, im Hundert. Frauen, die über den Laufsteg schritten, die sich im Foxtrott drehten, die vom Badesteg ins Wasser sprangen, die mit Jonas um die Wette liefen ...

Mädchen in Uniform, im Pyjama, im Badekostüm, im Abendkleid. Und sie alle standen sicher und lebensfroh auf zwei Beinen und begannen plötzlich wie wahnsinnig zu den irren Klängen einer Geistermelodie Can-Can zu tanzen. Immer schneller, immer hektischer. Ihre Beine wirbelten so hoch, als ob sie Jonas erschlagen wollten. Und er wußte nicht, wo er sich festhalten sollte. Es wurde ihm schwindlig, noch schwindliger ...

Die beiden Sanis kamen zurück. Diesmal hatte der Prophet Glück. Er faßte mit an, als sie Marion auf die Trage legten.

„Sie hat mich gedeckt ...“ sagt er, sinnlos wie eine Grammophonplatte mit Sprung, „sie hat die Wucht abgefangen ... wenn sie nicht vor mir gestanden hätte ... dann ...“

„Pack lieber zu!“ sagte der Schnäpser.

Jonas lief nebenher. Ein Offizier brüllte ihn an. Er kümmerte sich nicht darum. Ein Feldwebel faßte ihn am Arm.

„Du kannst mich mal..." zischte Jonas ihn an.

Eine Hand legte sich auf seine Schulter, behutsam, sanft. Der Prophet wollte sie abschütteln. Dann sah er in Schnitzlers Gesicht. Der Oberleutnant zog ihn mit leichtem Druck von der Trage weg.

„Sie hat den... den ganzen Aufprall abgefangen..." stammelte Jonas.

„Ich weiß", erwiderte Schnitzler, „ich war ja... hinter dir."

„Das linke Bein..." fuhr Jonas fort.

Schnitzler nickte. Dann zählte er, nur um abzulenken, auf: „Dörner hat einen Splitter am linken Auge... mir ist überhaupt nichts passiert... Schultze reibt sich den fetten Hintern... und sein Kumpel folgt ihm aus Sympathie... obwohl..."

„Ja..." antwortet der Prophet, ohne hinzuhören.

„Schöner Mist... das hier..." quasselte Schnitzler weiter. „Aber es ist doch ein tolles Vorzeichen, daß von uns keiner..."

„Ein tolles Vorzeichen..." wiederholte Jonas gehorsam.

„Komm", erwiderte der Offizier, „wir gehen zu den anderen..."

„Ja."

Der Prophet blieb stehen, sah der noch immer bewußtlosen Marion nach.

Als er zu seinen Kameraden zurückging, kam er sich wie ein Deserteur vor...

Im Kaukasus nichts Neues: Warten, Hoffen, Verzweifeln, Hunger. Ein Festtag heute: drei Kartoffeln pro Kopf. Wenn man sie roh ißt, haben sie keine Schrumpfung. Pflugs Männer würgen sie mit der Schale hinunter, nicht der Vitamine wegen, sondern weil's so mehr zu sein scheint. Pflug befiehlt, daß sie alle die Sonderration gleichzeitig essen. Danach denken sie an die Kartoffeln, die sie früher zu Fusel verarbeitet hatten, und verwünschen sich, als sei das jetzt an dem endlosen Hunger schuld. Der Oberleutnant konnte nur eine begrenzte Menge Nachschub mitnehmen. Er sparte am Essen zugunsten der Waffen, und deshalb kann das „Unternehmen Schamyl" jetzt Infanteriemunition fressen...

Der Offizier hat sich aus dem Dorf zurückgezogen. Noch immer hing der Tote als Lockvogel am Dachbalken. Aber nichts rührt sich. Sie haben alles durchsucht und nichts gefunden. Wenn die Dorfbewohner nicht zurückkommen und ihnen helfen, dann ist's vorbei. Sie graben nach Wurzeln, und ernten blutige Finger. Ein Wunder, daß hier, fernab der Zivilisation, am Rande der Vegetation, überhaupt jemand leben kann. Es sind Versprengte der russischen Geschichte, die sich hier mit ein paar Schafen oder Ziegen durch die versteinerte Armut schlagen, wo der Boden nicht einmal Disteln und Dornen trägt...

Wachablösung alle Stunde. Alles ist zum Teufel gegangen, aber die HDV lebt noch. Die russische Uniform, die sie tragen, ist zu ihrem Fluch geworden. Der grüne Rock der Roten Armee ist so verschlissen, daß die Männer wie Vogelscheuchen aussehen.

Sie haben sich in eine Mulde in siebenhundert Meter Entfernung des Dorfes zurückgezogen. Ein paar kauern stumpfsinnig herum. Zwei, drei singen. Am liebsten würde ihnen Pflug gereizt an die Gurgel fahren. Was sind das für Burschen, überlegt er, warum meutern sie nicht? Warum machen sie das Affentheater mit?

Der Offizier zählt. Aber er kommt nicht über dreizehn. Unglückszahl, denkt er wieder. Dann verwischt er den Gedanken mit einer unwillkürlichen Handbewegung. Ist schon dafür gesorgt, daß die Zahl nicht lange bleibt. Dreizehn kleine Negerlein, zitiert der Oberleutnant und sieht sich um. Den langen, dunkelhaarigen Ibrahim hat's erwischt, ausgerechnet den Hünen. Lungenentzündung oder so was. Er liegt da und fiebert. Glasiger Blick, wirre Worte. Er hat Glück, denkt Pflug, daß wir heute warten müssen, wenn's morgen nicht besser wird, müssen wir ihn erschießen. Er hat sich daran gewöhnt, sachlich zu denken. Zigaretten gehen auch schon aus. Wie spät? Fünf Uhr . . .

Der Oberleutnant schickt einen Spähtrupp ins Dorf. Die Leute kommen eine halbe Stunde später ergebnislos zurück. Abwarten, Däumchen drehen, Tee trinken, denkt der Offizier.

Er haut sich hin, schläft ein, hört Stimmengewirr, fährt hoch. Der Posten schleift einen uralten Russen heran, in verdreckter Wattejacke, mit einem Bart, der noch keine Schere sah. Alles spricht durcheinander. Hanefi dolmetscht.

„Sag ihm . . . daß wir ein deutscher Stoßtrupp sind . . .“ befiehlt er.

Der Alte schüttelt den Kopf. Vermutlich weiß er nicht, was Deutschland ist.

„. . . daß wir gegen Stalin kämpfen . . .“

Wieder schüttelt der Russe den Kopf.

Am liebsten würde ihn Pflug zusammendreschen. Aber er zwingt sich zu falscher Freundlichkeit, flucht, bittet, droht, will überzeugen. Mit der flachen Hand zeigt er die Geste des Hängens an und deutet in Richtung Dorf, und er glaubt, endlich in diesen steinalten Augen etwas Leben zu sehen.

Zum erstenmal nickt der alte Mann. Und dann spricht er, langsam, wägend, mißtrauisch. Hanefi starrt den Offizier an.

„Was ist los?“ fragt Pflug unbeherrscht.

„Er sagt, er will die anderen holen“, antwortet der Dolmetscher.

Mensch, denkt der Oberleutnant, wenn das stimmt, sind wir gerettet und schaffen es. Er ist so fasziniert von der Hoffnung, daß er einen Sack Kartoffeln verschenken würde, wenn er ihn besäße . . .

Als erstes zog man Oberleutnant Schnitzler und seinen Leuten die Uniform aus, gab ihnen Räuberzivil, karrte sie in ein Waldlager und steckte sie in Quarantäne, als ob sie Keuchhusten hätten. Der Dienstplan wurde auf Serbisch umgeschult.

Die Laune war schlecht, der Rotwein gut. Als alte Hasen von Brandenburg wußten sie längst: wenn erst einmal die Züge entgleisen, wurde es für sie höchste Eisenbahn.

Immer mehr kamen hinzu. Es sah aus, als wollte die Einheit Brandenburg ganz Jugoslawien aus den Angeln heben. Soweit die Leute vom Quenzgut nicht gefallen waren, haben sie hier ein Rendezvous.

Jonas stand der Krieg längst bis zum Hals. Aber über das Wiedersehen freute er sich. Der Tag verging mit Skat, Schnaps und Latrinenparolen. Noch immer waren sie zufrieden mit ihrem Kriegsschauplatz. Obwohl die Berichte der aus den ersten Einsätzen zurückkehrenden Kameraden nicht sehr ermunternd klangen.

Kleinkrieg irgendwo. Partisanen eben. Aber die gab's in Rußland auch. Nur hatten sie in Serbien mehr System und mehr Unterstützung. Es war ein Kampf ohne Gnade: Aug um Aug, Zahn um Zahn. Meuchelten die Serben vier deutsche Soldaten, hängte die Wehrmacht acht dafür auf; wofür die Tito-Leute wiederum sechzehn deutsche Landser massakrierten. Jeder hatte von seinem begrenzten Standpunkt aus recht. An dieser barbarischen Front wurde die Progression der Unmenschlichkeit erfunden und der Kampf mit einer Härte geführt, wie sie bisher ohne Beispiel war; die abgerissenen Gliedmaßen, die ausgestochenen Augen und die abgeschnittenen Ohren wurden die Auszeichnungen, die sich der Krieg an seinen Waffenrock heftete.

Eigentlich blieb es ein Kampf jeder gegen jeden. Die Luftunterstützung hatten die Cetnics, die königstreuen Partisanen des Draza Mihajlovic. Ihr Anführer besaß das Vertrauen des Secret Service, der kräftig mitmischte. Einmal wirkte Mihajlovic wie ein schläfriger Pope, dann wieder wie ein verschlagener Bauer; in Wirklichkeit war er ein königstreuer General, der gleichzeitig gegen die deutschen Okkupanten wie gegen die Kommunisten Titos kämpfte. Der Zweifrontenkrieg ließ ihn auf beiden Schultern tragen.

Für die Suppe, die hier zusammengebraut wurde, gab es jede

Art giftiger Zutaten: kroatische Nazis kontra serbische Kommunisten; bosnische Cetnics gegen slowenische Tito-Freunde. Jeder gegen jeden, und alle zusammen gegen die Deutschen.

Die Cetnics saßen vorwiegend in den Wäldern. Die Tito-Partisanen pflegten aus den mazedonisch-albanischen Bergen hervorzubrechen. Es sollte ihnen vorbehalten sein, diesen dreckigen Krieg im Sinn der Militärwissenschaft salonfähig zu machen. Bald würden sie über ihre eigene Zeitung, ihr eigenes Telefonnetz und sogar über ihr eigenes Geld verfügen. Sie waren die feinsten und ärmsten, brutalsten und verfolgtesten Partisanen des Zweiten Weltkriegs.

Hervorbrechen, niederstechen und flüchten ... das war ihre Kampfweise. Alle Aktionen der Wehrmacht waren sinnlos. Man faßte einzelne. Aber man gelangte nicht zu den feindlichen Hauptquartieren vor.

Zwei Tage vor dem Einsatz stürzte Jonas, der Prophet, zu seinen Kameraden. Er wußte gar nichts, aber er wollte Leben in die Bude bringen.

„Na ..." fragte er, „wißt ihr eigentlich, wo es hingeht?"

Schnitzler spielte seelenruhig seinen Grand mit Dreien weiter.

„Den Tito sollen wir aus seinem Hauptquartier entführen ..." prophezeite Jonas feixend, ohne zu ahnen, wie nahe er der geheimsten Abwehrplanung gekommen war ...

Den Teufel aus der Hölle zu holen oder Tito aus den Bergen, das bleibt sich gleich: das eine ist nicht schwieriger als das andere. Bei der deutschen Abwehr ist längst die Sinnlosigkeit System und der Wahnsinn Befehl. Vom grünen Tisch des Admirals Canaris führen die Straßen direkt in das Grauen, wo Brandenburg sammelt. Doch selbst am Tirpitzufer in Berlin weiß man diesmal nicht, wo der Verlorene Haufen einzusetzen ist. Tito, der kommunistische Partisanenkönig, bleibt unsichtbar. Nur die Spuren, die er hinterläßt, sind rot markiert ...

Wenn das OKW sie auch Banden nennt, Titos Leute sind geschult wie reguläre Soldaten und verfügen über die Schlagkraft von Divisionen. Von den Westalliierten aus der Luft versorgt, von der Not geeint, vom Kommunismus genormt, im Haß gestählt, überfallen sie deutsche Stützpunkte. Ortskundig und todesmutig kommen sie aus der unheimlichen Nacht und verschwinden wieder im steinernen Nichts. Ihre Willkür ist System, ihre Zügellosigkeit Taktik, die die Lehren preußischer Kriegsschulen zu Schall und Rauch werden läßt. Sie tauchen auf, wenn man sie nicht erwartet. Verfolgt man sie, lösen sie sich auf, wie von der Erde verschluckt, da, wo die Wege aufhören, wo es nirgendwo mehr weitergeht, wo die Luft dünn wird, wo der Haß so steil in den Himmel schießt wie die Berge.

Da die Wehrmacht Titos ständig wechselndes Hauptquartier nicht kennt, vertreibt sich eine Handvoll Brandenburgspezialisten, die längst den Sinn des Lebens darin zu sehen haben, sinnlos zu werden, die Zeit bis dahin in standesgemäßer Manier des Soldaten: mehr Stumpfsinn als Angst, doppelt soviel Skat als Lust. Über ihrer Zukunft hängt die Ungewißheit, wie in ihren Stuben der Mief. Das Essen ist feil, die Witze sind fad. Und dann gibt's Schnaps, soviel der Magen faßt.

Jeder langweilt sich auf seine Art. Oberleutnant Schnitzler pennt, wenn er nicht gerade säuft. Manchmal kommt wie ein Schnappschuß das Bild von zu Hause hoch. Dann greift er zur Flasche und trinkt schneller. Gedanken machen wehmütig. Und was nicht in den Rucksack des Soldaten gehört, ist wegzuwerfen.

Dörner döst nüchtern. Der Unteroffizier hofft idiotisch auf Urlaub. Der rundliche Schultze sucht ein fettes Schwein zum Schlachten, und Jonas, der Prophet, eine willige Serbin zum Küssen. Der Zufall beschert beides, aber umgekehrt. Zur „Notschlachtung" klaut Auer, der „Frischling", eine Kiste Sekt aus Offiziersbeständen. Der Phantast Nützel unterhält am Morgen die Kameraden mit Liebesabenteuern, die er nachts im Traum erlebte. Solange die anderen nicht gähnen, lachen sie.

Doch es gibt nichts zu lachen in diesem Jugoslawien des Jahres 1943. Überhaupt nichts. Selbst die Tränen werden hier noch zu Stein, wie die Herzen. Dieser Frontabschnitt überbietet jede Gemeinheit, übertrumpft jede Schweinerei, multipliziert jedes Verbrechen, das bislang irgendwo im Krieg geschehen war.

Hier zählt der Kalender nicht nach Tagen, sondern nach Toten. Der Zufall greift sie blind, wenn auch in Massen. Hier eine Luftwaffenhelferin ohne Kopf, dort ein massakrierter Offizier, hier ein ausradiertes Dorf, daneben zu Tode gefolterte Soldaten. Meuchelmord gegen Geiselerschießung.

In Serbien heißt es: Mord ist Mode, Mitleid Leichtsinn, Brutalität Selbstverteidigung. Beide Seiten handeln nach dem Motto: Der Mord, den du heute nicht verübst, kann morgen dein Ende sein. Nationale Unterschiede machen das Verbrechen zum internationalen Usus. Und zwischen den starren Fronten der Weltanschauungen krepiert der Mensch, unmenschlicher geschlachtet als das Vieh. Denn die Krone der Schöpfung zählt hier weniger, wenn auch aus eigenem Frevel. Keine Seite hat die Brutalität allein gepachtet. Nur die Waffen unterscheiden sich:

Die Partisanen bevorzugen das Messer, die Soldaten den Strick.

Die allgemeinen Regeln dieses Kriegsschauplatzes kennen die Brandenburger längst vom Hörensagen, die „Feinheiten" werden sie schon in nächster Zeit erlernen. Im übrigen pflegten sie wegzuhören. Was ihnen nicht paßt, wird ignoriert. Wieder leben Gerüchte auf — und verebben.

Inzwischen treibt die Langeweile ihre Barrasblüten. Schultze übersieht den Oberzahlmeister einer anderen Einheit und wird angebrüllt.

„Können Sie nicht grüßen?"

„Können schon", erwidert der Berliner, „aber nicht wollen..."

„Was fällt Ihnen ein!“ zischt der Verwaltungsoffizier mit knappem Atem.

„Hör zu, du Zahlmops“, entgegnet der Gefreite und steckt die Hände in die Hosentaschen: „Postschaffner, Straßenbahnführer, Fahrkartenzwicker, Hotelportiers und artverwandte Schmalspurheinis grüße ich nur vorn... verstehst du?“ Dann setzt er grinsend hinzu: „Und da seh' ich sie nie...“ Zufrieden wie selten, geht Schultze einfach weiter.

Der Oberzahlmeister fuchtelt unschlüssig an seiner Pistolentasche. Aber es läßt es doch lieber und hält an sich den Dienstweg.

Am nächsten Tag geht er die Front der Brandenburger ab, erkennt Schultze, der kopfschüttelnd alles abstreitet.

„Meine Leute lügen nie“, versetzt Oberleutnant Schnitzler mit todernstem Gesicht.

Das war nur ein Vorspiel. Auch die anderen Vorzugsschüler des Todes, die längst zu seiner Meisterklasse avancierten, handeln nach der Parole: Wer vorn lautlos stirbt, darf hinten ruhig laut sein ...

Als nächster bekommt es ein Kammerbulle zu spüren, der Jonas entweder aus Bequemlichkeit oder aus Schikane einen schlechtsitzenden Waffenrock verpassen will.

„Tausch ihn um!“ sagt der Prophet zu dem Feldwebel.

„Was fällt Ihnen ein?“ erwidert der Portepeeträger, der wie die meisten seines Dienstgrades die Würde nicht richtig schreiben kann.

„Da oben...“, antwortet der Prophet.

„Ich verbiete Ihnen, daß Sie mich mit Du anreden!“ schreit der Kammerbulle.

Jonas geht auf ihn zu, faßt ihn, befördert ihn mit derbem Griff auf die Kleiderrutschbahn und läßt ihn los. Der Mann purzelt keuchend und schreiend nach unten, geradewegs Nützel vor die Füße.

„Meldung machen...“, röchelt er, und erhält von einem Kumpel des Propheten einen Fußtritt von mittlerer Wucht, probehalber.

Dann stirbt das Gelächter. Mitten im Satz. Alarm! Der Feind hat zugeschlagen. Ganz in der Nähe. Unerwartet. Aus der Finsternis heraus. Unfaßbar. Ein Zug Infanterie, lautlos überrollte Vorposten, in den Quartieren erschossene Soldaten, vier, fünf, lebend Entführte als Geiseln oder zur Vernehmung oder zur Deckung während des Rückzugs. Nicht auszudenken, was ihnen bevorsteht...

Und dann, als die Partisanen unterwegs zu ihren Schlupfwinkeln waren, fiel ihnen ein deutscher Sanka in die Hände. Der Verwundete im Fond wurde ermordet, der Fahrer auf der Flucht erschossen, zwei Rotkreuzschwestern wurden lebend gefangen.

Als ein Gefreiter, der dem Massaker entkam, die Meldung bringt, graut der Morgen. Die Partisanen hatten die Verbindung abgeschnitten, aber keiner hat es gemerkt. In diesem Gebiet waren Überfälle noch nicht an der Nachtordnung. Während nach einem genau vorbereiteten Schema die umliegenden Wehrmachteinheiten die Abriegelung übernehmen, starten die Brandenburger zur Verfolgung.

In drei Gruppen. Vollmotorisiert. Der deutschen Vorhut weit voraus. Mitten in das Partisanengebiet hineinjagend, aus drei Richtungen. In der Mitte Unteroffizier Dörner, rechts — fast stets ohne Verbindung — Oberleutnant Schnitzler, die linke Flanke deckt Jonas mit ein paar Leuten. Die Kübelwagen rumpeln über das Geröll. Es hört sich an, als ob riesige Zähne knirschen würden.

Was der ruhige, besonnene Dörner, der zufällig die richtige Spur aufnahm, vollbringt, grenzt an Selbstmord. Er vergißt die Deckung, die Sicherung. Er starrt nach vorn. Er sieht nicht die Berge, nicht die Schluchten, keine Geröllhalden, keinen Hinterhalt. Er hat zwei Rotkreuzschwestern vor sich und vier, fünf Soldaten, junge Burschen, achtzehn Jahre vielleicht, die gerade von ihrer Mutter träumten oder von ihren Mädchen ... Und dann die Schreie, die Schüsse, das Blut.

„Weiter!“

Ein Dorf. Auer, der mit zusammengebissenen Zähnen am

Steuer sitzt, geht automatisch vom Gas zurück und sieht Dörner an. Der Unteroffizier schüttelt den Kopf, hebt die Hand. Der zweite Wagen schließt dicht auf. Die Soldaten richten sich auf. MP im Anschlag, Tempo siebzig oder achtzig. Dreihundert Meter noch. Riesige Staubwolken hinter ihnen.

Dann fetzen ihnen Geschosse um die Ohren. Auer tritt die Bremse durch, daß der Wagen quer steht. Wie der hintere Fahrer es schafft, nicht anzuknallen, weiß kein Mensch. Kein Kommando. Es geht wie von selbst. Ausschwärmen. Eine Gruppe schießt. Die andere springt. Das zweite Haus von links ist ihr Ziel ...

Dörner will gerade den anderen etwas zurufen, da sieht er, wie Schultze, der Fettsack, behende wie ein Wiesel heranschleicht, während zwei, drei andere die Fenster unter Beschuß halten. Zwanzig Meter noch. Dörner springt.

Einschläge links von ihm. Sie prallen von der harten Erde ab wie flache Steine von der Wasseroberfläche, schlagen auf, springen weiter, markieren ihre Bahn mit winzigen Staubfontänen.

Nichts passiert, denkt Dörner verwundert und sieht an sich hinab, wirft sich in Deckung, starrt nach vorn. Schultzes Handgranate sitzt genau im Ziel. Ein paar Männer zählen gebannt mit: Einundzwanzig ... zweiundzwanzig ...

Eine Detonation. Rauchwolke. Schreie. Splitternde Balken.

Auer hat mit zwei Leuten rechts den Dorfrand erreicht. Häuserkampf. Ein Vergnügen! Nur abwarten. Zielen. Gleich müssen sie heraus aus dem Haus. Da flitzen zwei. Punktfeuer. Getroffen. Einer überschlägt sich viermal wie ein Hase bei der Treibjagd. Dabei hab' ich gar keinen Schrot, denkt der Frischling.

Ihr Wille ist stärker als ihre Feuerkraft. Sie legen sich wie ein eiserner Gürtel um das Dorf, ziehen den Kreis enger. Keine Verluste. Widerstand aus einer Schnapsbude. Hinhaltend. Dörner lächelt geringschätzig, wartet, bis seine Leute noch dichter aufgeschlossen haben.

„Fertigmachen zum Nahkampf!" sagt er mechanisch. „Keine

Handgranaten mehr... dürfen die eigenen Leute nicht gefährden ... die Gefangenen..."

Sie nicken. Schultze schwärmt schon wieder mit zwei Mann seitwärts aus. Hintereingang.

„Ich will einen lebend fassen... von diesen Dreckskerlen...", sagt er.

Dann liegt er da. Zielt. Wartet.

Auf einmal ist es ruhig. Still. Gespenstisch. Acht Uhr morgens. Nichts rührt sich. Kein Hahn wagt zu krähen. Kein Dorfbewohner zeigt sich. Nur Staub zittert in der Luft. Nur Blut versickert im Boden. Sonst nichts.

Dörner springt auf. Auer nickt ihm zu. Die beiden gehen, ohne Deckung, offen wie ein Scheunentor auf die Bodega zu. Die anderen starren ihnen gebannt nach. Wahnsinn, denken sie. Aber es muß sein.

Es bleibt still im Haus. Dörner erreicht den Eingang. Er hebt die Hand. Die anderen rücken nach. Der Unteroffizier wartet nicht, geht weiter, reißt die Tür zum Gastraum auf, duckt sich seitwärts, erwartet den Feuerüberfall. Vergeblich. Er springt mit einem Satz hinein.

Und steht da. Wie gelähmt. Starr. Grau im Gesicht. Ein undefinierbarer, würgender Laut huscht an der grauen Wand entlang. Dörner dreht sich um, mechanisch. Seine Lippen sind gefletscht. Die gespenstisch gebleckten Zähne machen sein Gesicht zum Totenkopf.

Er geht zur Tür zurück, winkt ab. Aber seine Leute drängen nach. Sie stehen an der Tür. Ihre Gesichter werden zu Spiegeln, die das ganze Grauen festhalten:

Die beiden Schwestern, Gesichter auf dem Boden, der junge Soldat, die Hand flehend erhoben, dem Mörder entgegen, der ihm das ganze Magazin durch den Kopf schoß. Die anderen ...

In dieser gespenstischen, gequälten Stille summt eine dicke Fliege, stupid, fett, vollgefressen, kreist im Raum wie ein Ventilatorflügel, setzt sich nieder, krabbelt behend seitwärts über das abgewandte Gesicht der Schwester, die kein Soldat voll anzusehen wagt, obwohl sie höchstens dreiundzwanzig Jahre alt ist.

Ermordet, vor Minuten erst, und wir sind schuld, quält sich Schultze! Wären wir langsamer gekommen, hätten sie länger gelebt. Hätten wir das Dorf nicht erobert, wären die Partisanen nicht geflohen und hätten sie nicht, um auf der Flucht durch keinen Ballast beschwert zu sein, umgebracht. Die andere Schwester, mit dem Goldring an der verkrallten linken Hand ... irgendein netter Bursche, der Verlobte, vielleicht in Rußland oder in Afrika. Sicher ein Offizier, kein so rauher Bursche wie ich, ein bißchen Milchgesicht noch und sicher EK II schon, schreibt jeden Tag, wenn er Zeit hat, und sie ihm wieder, und ein bißchen Eifersucht, und alles ganz harmlos, denn er weiß, daß er sich auf sie verlassen kann...

Die Sekunden dehnen sich im Raum, verzerren sich, weiten sich aus, sind gemein, folternd, lähmend. Auer lehnt sich an die Wand. Sein Körper wird vom Krampf geschüttelt. Sein Kopf dreht sich und dreht sich, so spürt er. Sein Hals ist ein Gewinde, der Kopf eine Schraube, links herum, links herum, noch einmal.

„Aufhören!" stöhnt er. „Aufhören..." Und schlägt mit dem Kopf gegen die Wand. Es muß wehtun, aber er merkt es nicht. „Diese Schweine!" heult er. „Diese dreckigen Schweine...!"

„Sieh dir das an...", sagt Schultze gequält und geht auf einen Soldaten zu, dessen Uniform zerfetzt ist.

„Weiter!" zischt Unteroffizier Dörner, bevor die anderen das grauenhafte Bild noch ganz übersehen.

Und in diesem Wort liegt die ganze Qual, der überschäumende Haß, die himmelhohe Verachtung einer Zeit, die Menschen zu Henkern oder Gehängten macht, im Namen eines Patriotismus, der sich das Gesicht mit Blut wäscht, abwechselnd mit dem der Söhne oder mit dem der Feinde.

Die Lähmung fällt von ihnen ab, als sie wieder im Kübelwagen sitzen. Auer drückt das Gaspedal durch, als sei sein rechtes Bein plötzlich steif. In der nächsten Kurve steht der Karren auf zwei Rädern, unschlüssig, ob er nach links oder rechts fallen soll. Er kommt auf die Beine und rumpelt auf einen Steinblock zu.

„Idiot!" brüllt Dörner.

Dann fliegt sein Kopf durch die Windschutzscheibe. Schnittwunden. Der Unteroffizier sieht aus wie ein Clown.

In Auers Unterlippe stecken die Abdrücke seiner Zähne. Ein Weiler. Hindurch. Langsam lichtet sich der Nebel, den der Haß um den Kopf des Stoßtruppführers gelegt hat.

Er stoppt, springt ab. Es hat keinen Sinn, einfach dahinzurasen. Irgendwo muß es Menschen geben, die Bescheid wissen, die man zwingen kann, und sei es ...

Er geht in ein Haus, reißt die Türen auf. Alles ist ihm wurscht. Er denkt nicht an Deckung. Sollen sie ihn umlegen. Ist das nicht gnädiger, als so etwas sehen zu müssen? Er erreicht die Küche. Im Herd brennt noch Feuer. Der Unteroffizier nickt mechanisch. Natürlich, irgendwo verkriechen sie sich. Im Keller wahrscheinlich. Er sucht den Eingang, stapft hinunter. Es ist finster. Aber es riecht nach Angst und Menschen.

„Herauskommen!" brüllt Dörner. „Los! ... Schnell! ... Oder ..."

Nichts rührt sich. Der Unteroffizier feuert ein paar Schuß zur Decke. Irgend jemand ruft, weinerlich, ängstlich.

„Los!" schreit Dörner noch einmal.

Dann sieht er es: ein Mädchen, etwa siebzehn, sorgfältig geflochtene Zöpfe, herunterhängend wie bei einem Schulmädchen. Kein Schulmädchen, eine junge Frau. Ein einfaches Kleid strafft sich über den prallschlanken Körper. In ihren Augen flackert die Angst. In ihren Händen zittert die Bitte. Die Serbin will sich vor Dörner hinwerfen. Er reißt sie an der Hand hoch, zerrt sie aus dem Keller. Zwei, drei alte Männer kommen aus dem Dunkel, bitten, eine Frau stellt sich ihm in den Weg. Die Mutter, denkt er wie in Trance ...

Dann schleppt Dörner das Mädchen mit sich hinaus auf die Straße. Die Männer aus dem Keller folgen. Einer stellt sich vor den Wagen. Der Unteroffizier lädt das Mädchen auf den Hintersitz.

„Los!" sagt er zu Auer.

Der Fahrer gibt Gas. Der Bauer vor ihm weicht nicht vom Kühler. Auer will über ihn hinweg. Aber er kann nicht. Er flucht. Ein anderer springt ab, jagt den alten Mann mit einem Fußtritt zur Seite, legt auf die anderen an, die lamentierend im Haus verschwinden, springt wieder auf. Die beiden Kübel rollen weiter.

„Wohin sind sie?" fragt Dörner. Das Mädchen schweigt verbissen.

Der Unteroffizier droht mit der Pistole. Die Serbin weint, zittert, sagt immer wieder das gleiche, stockend zuerst, dann rasend schnell.

„Was sagt sie?" fragt Dörner den Fahrer Auer.

„Sie hat Angst, daß die Partisanen zurückkommen und ihre Eltern umbringen, wenn sie uns etwas sagt."

Der Unteroffizier ballt die Fäuste.

„Sag ihr, daß wir die Partisanen vorher umbringen... sie... und alle anderen..." Seine Worte kommen gewürgt, wie von Schnüren gedrosselt.

Wieder rumpeln die beiden Wagen vorwärts. Sooft der Fahrer nicht mehr weiter weiß, stößt Dörner das Mädchen in die Rippen, und die Serbin zeigt dann, halb tot vor Angst, mit der Hand in die Richtung.

Leicht ansteigendes Gelände, rechts und links Geröllmassen, in der Mitte eine Art Pfad, den die Räder gerade noch schaffen. Wenn wir Glück haben, denkt Dörner. Über die Mitte schon. Ideales Gelände für den Feind, überlegt er weiter. Eigentlich verbrecherisch leichtsinnig, da durch... müssen absteigen, links und rechts umgehen, sichern. Aber keine Zeit! Sie alle glauben, daß sie den mörderischen Partisanen sofort an die Gurgel müssen, bevor sie der Haß zerreißt.

So sind sie in der Falle. Ganz plötzlich. Schüsse hinten. Schüsse vorn. Feuer! Von links. Von rechts. Sie springen ab, werfen sich zu Boden, erwidern das Feuer. Einer schreit. Einer fällt.

„Verdammt!" brüllt Schultze.

Ich bin schuld, denkt Dörner...

Und dann ist diese widerliche Stimme über ihm. Ein Megaphon:

„Gewährr weg!" ruft einer der Partisanen, „errgäbt euch!... Oder ihr alle... kaputt... in eine Minut'... Los!... Gewährr weg!"

„Feuer einstellen!" ruft Dörner und haßt seine Zunge, obwohl er militärisch gesehen so handeln muß.

Keine Chance. Nicht einen Partisanen könnten sie treffen, während sie hier deckungslos wie für eine Zielübung des Feindes bereitliegen. Gefangenschaft ist Tod. Aber vielleicht nicht gleich. Irgendwann müssen die anderen kommen. Schnitzler oder Jonas. In drei Minuten vielleicht schon, oder in fünf, oder in einem Tag. Oder nie.

Sie stehen zögernd auf und heben die Hände. Die Partisanen kommen aus der Deckung, Gewehr im Anschlag, langsam näher. Martialische Gestalten, harte Gesichter, schmale Lippen, starre Augen.

Nützel verliert die Nerven. Mit einem Satz springt er auf den Anführer zu.

„Du Sau!" ruft er.

Da zerfetzt ihn eine MP-Salve mitten im Sprung. Schultze will sich nach ihm bücken. Einer der Partisanen tritt ihm mit dem Stiefel in das Gesicht, daß er von der Wucht umgeworfen wird.

Keiner achtet auf das Mädchen, das sich vor den näherkommenden Männern niederwirft, und die Arme reckt. Zwei Burschen nehmen es an den Armen, zerren es weg. Ein Geschrei, das die Nerven zersägt. Ein Geheul, daß jedes Herz stocken müßte, wäre es nicht aus Stein. Ein Schuß, der alles beendet, und dessen Echo sich gespenstisch in den Bergwänden fängt.

„Deitsch... Schwein!" brüllt der Anführer und tritt Dörner in den Unterleib.

Der Unteroffizier spuckt vor ihm aus. Einer der hinter ihm stehenden Tito-Leute schlägt ihm mit dem Gewehrkolben über den Kopf. Zwei andere reißen ihn an den Haaren wieder hoch.

„Welch' Kompanie?" fragt der Anführer. Dörner schüttelt den Kopf.

Einer der Partisanen lächelt geringschätzig. Sie verstehen sich darauf, deutsche Soldaten zum Reden zu bringen.

Der Unteroffizier starrt in einen Gewehrlauf. Auf einmal wird er größer und dunkler, und hinten, am anderen Ende, woher die Kugel kommen muß, starrt er flüchtig und traurig in etwas ganz anderes: in das Gesicht einer jungen Frau, die ihn ein letztesmal mit wehmütigem Lächeln betrachtet.

Vorbei, denkt Dörner. Eva... die Kameraden... das Kind...

Im Jahre 1859 stand der Kaukasus in Flammen. Die Bergvölker hatten sich gegen Moskau erhoben. Vom entlegenen Dorf Gimri in Daghestan aus verbreitete sich der Aufstand wie Lauffeuer bei Rückenwind. Männer, die außer dem Leben nicht viel zu verlieren hatten, scharten sich um den Kalifen Schamyl. Diese Revolte hatte von Anfang an mehr Mut als Vernunft. Gejagt, umzingelt, ausgehungert kapitulierte der Isman in der Festung Gunib.

Oberleutnant Pflug, der für sein Himmelfahrtskommando vierundachtzig Jahre später sinnigerweise den Namen des Kalifen Schamyl als Tarnbezeichnung gewählt hatte, wußte, daß ihm kein Pardon gegeben würde.

Er zog weiter. Richtung Osten, wo das Licht auf- und sein Leben untergehen mußte. Dreizehn kleine Negerlein. Einer von ihnen, Ibrahim, auf der Trage, fiebernd, fluchend. Das Schicksal war ein sadistischer Gläubiger, der die Wechsel prolongierte. Seit der deutsche Oberleutnant auf den ersten Dorfbewohner gestoßen war, wurde auf seine Bitte die Verzweiflung künstlich verlängert: durch Bergführer, durch Verpflegung, durch Gastfreundschaft.

Die „Operation Schamyl" hatte das Vertrauen der

Kaukasier gewonnen, aber nicht mehr. Wenn auch Stalins Knute die fernen Bergnester nicht alle erreichen konnte, so beherrschte sie doch die Angst vor dem Roten Zaren. Canaris hatte ganz recht: Die Tschetschenen, Tscherkessen, Daghestaner und sonstigen, halbwilden Bergstämme würden sich unverzüglich einer Erhebung gegen Moskau anschließen. Aber Sinn mußte sie haben; mehr Schlagkraft als ein zwölfeinhalb Mann starker deutscher Stoßtrupp, der selbst am Verhungern war. Pflug erfuhr es in jedem Aul aufs neue. Der Haß der Kaukasier gegen die Sowjets lag frei vor ihm, aufgestapelt wie trockenes Holz. Er konnte es nicht anzünden, sooft er es auch versuchte. Ein besserer Verlierer als er hätte es längst aufgegeben.

So ging es weiter. Sinnlos. Ermüdend. Ziellos schon fast. Einfach zu, dem Licht entgegen, wenn auch fast blind. Immer das gleiche. Der Führer des letzten Dorfes an der Spitze. Halten irgendwo. Vorsichtige Erkundung. Rückkehr. Empfang. Die Männer trugen Tschuchas, die fremdländischen Kittel, und die Frauen schwarze Filzmäntel, die Burtinas. Höfliche Worte, etwas Brot, mitunter Kartoffeln, manchmal sogar Busa, sogenanntes Bier.

Sie gaben, was sie hatten. Aber schnell mußte es gehen. Die Kaukasier hatten es eilig, den Trupp zu verabschieden. Pflug brauchte nur in ihre schroffen, harten Gesichter zu sehen, ähnlich verwittertem Stein, in dem nur noch die Augen lebten. Sie gaben ihm die Hand, sie klopften ihm auf die Schulter, sie wünschten ihm alles Gute. Sie führten ihn sogar an den russischen Vorposten vorbei, die jetzt immer häufiger auftauchten. Mehr wollten sie nicht mit ihm zu tun haben.

Und weiter zog die „Operation Schamyl“, wenn auch nicht vorwärts. Ibrahim, den Fiebernden, ließ Pflug in einem Felsennest zurück. Für einen gründlichen Abschied war er zu müde. Zwölf kleine Negerlein ...

Sie wurden unruhig. Selbst der Dümmste von ihnen mußte begriffen haben, daß er keine Chance mehr hatte. Sie sprachen so wenig, daß der deutsche Offizier zusammenzuckte, wenn er plötzlich ihre Stimmen hörte. Dann glaubte er, daß sie ihn mit ganz anderen Augen ansähen als bisher. Von ihrem Fatalismus war ein Stück abgebröckelt. Nur Hanefi wahrte noch die Maske. Wenn Pflug nicht zu erschöpft war, um die Gedanken abzuwürgen, dann spürte er plötzlich etwas im Rücken und fuhr herum. Er sah ein stupides Gesicht mit vorstehenden Backenknochen. Wenn mich der Kerl umlegt, so von hinten, dachte der Offizier, dann hat er die Rückfahrkarte nach Hause, geht zu den Sowjets, erklärt ihnen, daß er in einem deutschen Kriegsgefangenenlager durch Hunger und Prügel zu diesem Stoßtrupp gezwungen worden sei, und als braver russischer Patriot den deutschen Offizier erschossen hätte ...

„Tu's doch! ... schlitzäugiger Kumpel!" zischte Pflug.

Hanefi, der vor ihm ging, blieb plötzlich stehen und sah ihn fragend an.

„Wie weit noch?" kaschierte der Oberleutnant seinen Ausbruch auf russisch.

Der Mann hob und senkte unschlüssig die Schultern. Pflug nickte und ging weiter. Er wußte nicht mehr, wie lange er unterwegs war. Manchmal, zwischen den Intervallen der Erschöpfung, kam wie ein ferner Stich die Taktik wieder zum Vorschein, die militärische Überlegung: Natürlich wissen die Russen längst, daß wir hier sind. Selbstverständlich nehmen sie unsere Spur auf. Ganz klar, daß wir in einem Kreis herumtapsen, der bereits geschlossen ist. Egal.

Es gab Sekunden, da hätte Pflug am liebsten die Pistole gezogen und sich erschossen. Es gab Minuten vor dem Einschlafen, da wünschte er sich, daß sie ihn ermordeten, ganz plötzlich, ohne daß er es merkte. Wenn er erwachte, wunderte er sich, daß er noch am Leben war. Er glaubte, nur noch Hanefi trauen zu dürfen. Er hielt zu ihm durch dick und dünn, das war klar. Aber sie würden ihn ebenfalls töten, wenn sie Sündenböcke brauchten.

Doch eigentlich Unsinn, überlegte der Offizier, diesen Quatsch noch zu verlängern, sich als lebende Leiche herumzuschleppen ...

Jetzt hab' ich's, kam ihm die Erkenntnis: Diese Schweine wollen mich lebend abliefern! Na klar, das würde ich auch tun! Die kriegen noch einen Orden für meinen Strick! Aber vorher leg' ich euch noch um, nahm er sich vor.

Pflug stand auf, spürte sein Gewicht an jedem Glied, hob die klamme Hand und taumelte weiter, Blasen an den Füßen, Stechen in der Lunge, Nebel im Hirn. Je schwerer seine Arme und Beine wurden, desto leichter zeigte sich ihm die Distanz zwischen Leben und Tod. Mitunter kamen in diesem Geisterreich Bilder, die nicht hierher gehörten: die Mutter, die Schwester, die Freundin, der Vater ... und dann dieser Idiot von Divisionskommandeur, der ihm mit dem Ritterkreuz winkte.

Seh' ich euch wieder, schwankende Gestalten... kratzte der Oberleutnant die letzte Ironie zusammen.

Der Trupp stoppte. Ganz plötzlich. Der Führer nickte Hanefi zu. Pflug bestimmte zwei Leute als Vortrupp. Die anderen hauten sich hin. Der Himmel hing wie Blei über ihnen. In einer halben Stunde würde es finster sein. Hunger hatten sie auch. Diesmal halte ich keine langen Reden, nahm sich der Offizier vor. Ein paar schliefen auf der Stelle ein. Andere zogen irgendwoher eine rohe Kartoffel und begannen sie umständlich und aufreizend zu fressen. Wie Wiederkäuer, dachte Pflug verbissen. Mit solchen Kerlen führt man doch keinen Krieg! Gebt mir eine Kompanie, Munition, Schnaps, dann könnt ihr was . . .

In diesem Moment knallt es. Von allen Seiten, vom Echo noch verstärkt. Gewehre, MG. Das war kein verirrter Jäger. Das klang nach System, nach Militär, nach . . .

Sie hatten sich sofort in Deckung geworfen. Sie besaßen noch vier Gewehre und etwas Munition. Sie starrten zum Dorf hin. Vierhundert Meter. Einer sprang ihnen entgegen. Hussein. Lange, große Sätze. Hinwerfen, abrollen, aufspringen. Etwas stimmte nicht: Er hielt den linken Arm so seltsam. Verwundet wahrscheinlich. Er kam näher. Hinter ihm vier, fünf Verfolger. Das Feuer ließ nach. Sie wollten ihn lebend schnappen. Hussein war heran bis auf siebzig Meter, richtete sich auf, brüllte etwas, laut und immer wieder.

„Verrat", übersetzte Hanefi.

„Feuer!" erwiderte Pflug.

Sie hatten die Verfolger im Visier. Aber nun nahm sie die Einheit der Roten Armee vom Dorfrand aus unter konzentrischen Beschuß.

Den verwundeten Hussein erfaßte es als ersten. Er schwankte für ein paar Sekunden unschlüssig in der Luft wie ein welkes Blatt, dann fiel er auf das Gesicht.

„Zurück!" befahl der Oberleutnant.

Sie setzten sich ab. Es gelang. Als sie ein kleines Wäldchen erreichten, war es finster. Ersatz der Rast durch Flucht, bis die Lunge platzte, bis die Beine abfielen, bis das Herz krepierte ...

Verrat, überlegte Pflug. Jetzt geht es schnell, ganz schnell. Einer von uns hat sich über einen Spitzel im Dorf mit den Sowjets in Verbindung gesetzt. Wer? überlegte er müde.

Dann fuhr er hoch. Hanefi lief wie um sein Leben. Der? dachte der Oberleutnant verwundert. Die anderen sahen gespannt in die Richtung, in der er verschwand. Sie sprachen durcheinander. Pflug verstand es nicht.

Und dann erstarrte er, sprang auf, war hellwach, genarrt und entsetzt. Dieser entmenschte, gehetzte Todesschrei aus zweihundert Meter Entfernung war die letzte, fürchterliche Regung eines menschlichen Lebens und, militärisch gesehen, Selbstverrat, der die Verfolger wieder auf den Stoßtrupp hetzen mußte . . .

Während der Brandenburger Pflug inmitten des Kaukasus, am Ende der Welt, in der letzten Klemme sitzt, bringt einem Kameraden seiner Division, dem Oberleutnant Schnitzler, der Kriegsschauplatz Jugoslawien die erste praktische Lektion bei. Auch er ist auf der Verfolgung der Partisanen durchgerast, dem Gros der deutschen Alarmeinheit weit voraus. Da Schnitzler unterwegs keine ermordeten Rotkreuzschwestern und keine zu Tode gefolterten Soldaten zu sehen brauchte, ist er eine Nuance beherrschter als Unteroffizier Dörner.

Er hat die Fühlung zu ihm verloren. Er wähnt ihn hinter sich und wartet. Durch das Glas sucht er die kärgliche, zerklüftete Landschaft ab. Aus der Staubwolke schält sich ein Kübelwagen. Das ist er, denkt Schnitzler. Und dann erkennt er Jonas, der eigentlich am linken Flügel stehen sollte. Wenn der Prophet seine Position ohne Befehl verläßt, muß etwas passiert sein, das weiß der Oberleutnant.

Eine Minute später überfällt ihn die ganze Brutalität der Meldung: Jonas konnte am linken Flügel nicht weiterfahren und mußte zur Mitte aufschließen. Er sah die Spuren des Häuserkampfes, fand die ermordeten Verschleppten und stieß ein paar Kilometer hinter Dörner weiter vor, mitten in die entsetzten Dorfbewohner hinein, die nach allen Seiten auseinanderflohen. Hier erfuhr der Prophet, daß sich Dörner ein Mädchen als Führerin geschnappt hatte und, ohne Verstärkung abzuwarten, weitergerast und vermutlich in einen Hinterhalt geraten war. Das Echo der Schüsse war bis zum Dorfrand zurückgeprallt . . .

„Dörner muß übergeschnappt sein“, sagt Jonas erschüttert zu Schnitzler, „wenn du das gesehen hättest . . . in der Gaststube . . .“

Der Prophet brach mitten im Satz ab.

Schnitzler nickt düster. Er braucht die Generalstabskarte nicht anzusehen, er hat die Landschaft im Kopf und das Unbehagen im Leib. In der Schlucht muß es gewesen sein. Dörner ist durchgefahren, und die Partisanen lauerten ihm links und rechts auf, ein paar hinten, ein paar vorn, und dann . . . gute Nacht, Marie . . . Vermutlich haben sie ihn umgebracht, oder sie foltern ihn noch. Gnade ihm Gott, wenn sie erfahren, daß er Brandenburger ist . . .

„Los . . . ins Dorf!“ befiehlt Schnitzler. „Wir helfen den Bewohnern auf die Beine . . .“, setzt er ohne Hoffnung hinzu.

Sicher ist für den Oberleutnant, daß Dörner in die Hand der Partisanen fiel.

Noch sicherer erscheint es ihm, daß er ihn heraushauen wird.

Am sichersten jedoch glaubt er, daß er zu spät kommen wird. So oder so. Und was das heißt, wissen er und seine Männer nur zu gut ...

Die kärgliche Landschaft Serbiens fliegt rasend schnell an den deutschen Soldaten vorbei. Die Schnauzen der vier Kübelwagen fressen sich in das ansteigende, partisanenverseuchte Gebiet, dessen Hügel der Krieg zu geometrischen Punkten der Barbarei macht. Waffen scheppern. Wagen rumpeln. Reifen quietschen. Das ist Brandenburgs wilde, verwegene Jagd: eine Zerreißprobe der Nerven, Verschleiß an Mut wie Material. Die Männer klammern sich mit beiden Händen an die schaukelnde Karosse: Lippen aufeinandergepreßt, Blick zum Feind, Herz wie gefroren, Angst im Sinn. So rasen sie dahin, bergauf und talwärts, links um die Kurve, dann rechts herum, hinab und schon wieder hinauf, hinein in die Schußlinie. Aber nichts rührt sich. Nur der Motor knattert.

Die Partisanen bleiben unsichtbar, als hätten sie heute schon ihr Soll an Blut kassiert.

Im Nacken der Verfolger hockt das Grausen; es treibt den Brandenburgern den Schweiß aus den Poren und die Kälte über den Rücken. So halsbrecherisch gehen nur Menschen mit ihrem Leben um, die Angst haben. Nicht um sich, um Unteroffizier Dörner, der in einen Hinterhalt der Partisanen fiel. Die Kameraden, die ihn heraushauen möchten, fürchten mehr zu spät zu kommen, als am nächsten Felsen zu zerschellen.

An der Spitze Schnitzler. Dicht hinter ihm aufgeschlossen Jonas, der Schuller vom Steuer wegtrieb, als könnte er so noch das Tempo forcieren. Seine Lungen atmen den Dreck von Schnitzlers Kübel. Seine Pupillen tränen den Staub an die entzündeten Ränder. Er spuckt und flucht. Vor der Windschutzscheibe tauchen im Schönwetterdunst die gezackten Konturen der Berge auf. Der Prophet bemerkt es nicht. Er sieht Dörner vor sich, den Freund, den Kameraden, gefaßt, geschlagen, gefoltert. In seinem Ohr dröhnt jeder Schrei, sein

Körper spürt jeden Tritt, und jetzt kommen diese Kerle auf ihn zu, um ihn lebend zu verstümmeln...

Das nächste Dorf. Hier war Dörners letztes Lebenszeichen. Oberleutnant Schnitzler steht im Wagen, hält sich mit beiden Händen an der Scheibe fest. Nur dann kann er dem vermißten Kameraden helfen, wenn er keine Zeit verliert. Nicht eine Minute, nicht eine Sekunde. Er ist Offizier und kein Henker, er ist Soldat und kein Mörder. Aber er ist bereit, alle Dämme des Anstands niederzureißen, sämtliche Ehrbegriffe über Bord zu werfen, wenn er nur der Gruppe Dörner helfen kann. Wenn's sein muß, wird er Amok laufen. Und wenn sie Dörners Männern nur ein Haar gekrümmt haben, denkt Schnitzer, werde ich eine grausige Rache üben.

Die Kolonne hält in der Mitte des Dorfplatzes. Als letzter schießt Jonas heran. Noch bevor der Wagen richtig hält, springen die Brandenburger ab.

„Los!" ruft ihr Oberleutnant, „trommelt sie zusammen! Alle will ich sehen!... Und wenn sie auf allen vieren ankriechen müssen."

Schnitzler sieht auf die Uhr, als ob er nicht auch so wüßte, was sie geschlagen hat. Seine Männer stürzen auseinander, durchsuchen Häuser, Keller.

„Nicht so pomadig!" brüllt ihnen der Offizier nach, als würden sie nicht schon vom Teufel gehetzt.

Diese Nerven, rügt er sich. Er zwingt sich zur Ruhe. Klarer Fall, überlegt Schnitzler, mindestens ein paar dieser Dorfbewohner stehen mit den Partisanen in Verbindung. Wenn unsere Kameraden nicht schon tot sind, dann wurden sie vom Feind in einen Schlupfwinkel verschleppt... den müssen wir finden, überfallen und ausräuchern... Hoffentlich, fleht er fast, spielt Dörner nicht unnötig den Helden, hoffentlich macht er den Mund auf. Die Partisanen bringen ja doch alles heraus... Einer redet immer, und wenn es der fünfzigste ist, vor dessen Augen die anderen neunundvierzig umgebracht wurden.

Die ersten Dorfbewohner werden aus den Häusern

getrieben. Sie gehen wie geschoben, halb tot vor Angst. Die meisten sind geflüchtet, zu den Partisanen oder ins Nachbardorf, um der deutschen Vergeltung auszuweichen. Zurückgeblieben sind, wie meistens, die Alten, die Hilflosen, die Frauen, die Kinder. Nützt alles nichts, denkt Jonas angewidert: ihr oder wir!

Drei alte Männer, vier Frauen, fünf Kinder, zählt Schnitzler; ein paar werden vielleicht noch in den Häusern gefunden. Die menschliche Ernte einer unmenschlichen Prozedur ist mager. Keine Zeit mehr zu verlieren! Der Oberleutnant zieht die Pistole aus der Tasche und geht auf einen Alten zu, der sich vor ihm auf den Boden wirft und um sein müdes Leben bettelt.

„Ruhe!" schreit der Offizier. „Wo sind die Partisanen?" fragt er, „wo?" setzt er brüllend hinzu.

Sie schüttelten den Kopf. Auf ihren Gesichtern begegnet sich zweimal die Angst: die vor den Deutschen, die vor den Partisanen; was immer sie machen, muß falsch sein. Aber vielleicht haben sie keine Wahl, weil sie tatsächlich nichts von den Partisanen wissen. Auch das ist tödlich. Oder sie geben Schnitzlers Pistole nach, dann werden sie deswegen später von ihren eigenen Landsleuten umgebracht. Morgen, übermorgen, irgendwann.

Die Zeit höhnt ihnen über die Schulter: such dir's aus: Ein serbisches Messer ist kaum besser als eine deutsche Kugel. Und wer dich tötet, mordet mit dem Recht des Unrechts. Hätten die Tito-Leute nicht die deutschen Schwestern umgebracht ... Hätte der deutsche General nicht einen Tag zuvor jugoslawische Geistliche erschießen lassen ... Hier ist die Notwehr die Stiefmutter der Barbarei.

Und schuld ist eigentlich nur, wer sich schnappen läßt, wer dem Krieg nicht aus dem Weg geht.

In wilder Todesangst schreien die zusammengetriebenen Serben durcheinander. Aber sie sagen nichts. Weil sie nicht können oder nicht wollen, oder auch, weil sie die Patrioten ihres Landes mehr fürchten als seine Feinde. Mit der Pistole in der Hand geht Oberleutnant Schnitzler auf ein Kind zu, das sich eng an die Mutter preßt. Auf den Knien fleht sie ihn an, wie nie eine Mutter zuvor.

Der Offizier spuckt aus, wie vor sich selbst.

Wieder sieht Schnitzler auf das Zifferblatt, um sich noch einmal Aufschub zuzuschanzen.

„Zwei Minuten!" verkündet er. „Entweder ihr führt mich dann zu dem Schlupfwinkel der Partisanen ... oder ihr werdet erschossen ... alle!" Er sieht an den alten bärtigen Männern entlang. „Zuerst die Kinder", setzt er hinzu, und fürchtet, an den Worten zu ersticken, „dann die Frauen ... und zuletzt die Männer ..." Er zuckt gleichgültig die Schultern und ringt mit dem Ekel.

Seine Männer umstellen im Kreis die Gruppe der Dorfbewohner, Waffen im Anschlag. Sie alle sehen aneinander vorbei. Sie alle werden vom Schatten des Kirchturms gestreift. Das Gemäuer ist dreihundert Jahre alt, noch stabil, aber doch nicht mehr als eine Ruine. Denn in diesem Land ist Gott obdachlos. Nichts von ihm steht in der HDV, und auch das kommunistische Manifest hat ihn vergessen. Er ist auf der Flucht vor seinen Geschöpfen, die ihm mit den Knobelbechern über das Gesicht trampeln.

„Noch zwanzig Sekunden!" ruft Oberleutnant Schnitzler und versucht, seine Opfer anzusehen.

Seine Männer legen den Sicherungsflügel ihrer MP um. Kinder wimmern, Frauen schreien, Männer weinen. Greise zittern um ein Leben, das sie längst nicht mehr begreifen, das auch keines mehr ist. Die Angst spannt die gelbe, fahle, erloschene Gesichtshaut wie ein Bogen über ihre Backenmuskeln.

Nicht kotzen, denkt Schnitzler, jetzt bloß nicht kotzen, vor diesen Toten, die noch um ihr Leben betteln ... Verkrampft denkt er an den Kameraden und stattet sein Gewissen mit Scheuklappen aus.

„Hände hoch, wer weiterleben möchte!" ruft er mit würgender Stimme, starrt die Dorfbewohner an und stellt dabei verschwommen fest: nur ihre Kinder leben noch ... wenn sie bloß nicht so schreien, weinen und mit den dünnen Armen zappeln würden...

Dörner kommt fast abrupt zu sich. Er fährt benommen hoch und sieht sich um. Er legt langsam die schläfrigen Gedanken wie Bausteine aufeinander, geht vorsichtig über diese dünne Mauer des Bewußtseins, dem Zauberspiegel entgegen, in dem er sich selbst sieht; sich, den Unteroffizier Dörner, an einem Ort, der mit dem Krieg nichts zu tun hat; nicht das mindeste. Er glaubt es nicht. Er hat Angst, daß alles nur eine Fata Morgana sein könnte.

Seine Augen tasten sich von einem Möbelstück zum anderen, es ist ein unbewußter Vollzähligkeitsappell. Sein Gesicht entspannt sich. Kein Zweifel, es stimmt. Er ist in seiner Welt zu Hause. Er liegt in seinem Bett. Und das blonde Etwas da nebenan, in die Kissen gekuschelt, mit trotziger Unterlippe und rührend schmalem Kindergesicht, das ist seine Frau. Evas...

Es ist Morgen. Draußen scheint die Sonne. Seitwärts schräg schleicht sich ein dünner Lichtarm in das Schlafzimmer, an den Gardinen vorbei, die so hell und freundlich sind, wie Evas Lächeln, das ihm soviel bedeutet.

Dörners Blick tastet sich so vorsichtig über den Sonneneinfall weiter, als könnte er die Schlafende wecken. Ja, denkt er, und betrachtet den Lichtfleck auf dem Aquarell, das schon in Mutters Schlafzimmer hing, und das sie ihm zur Hochzeit schenkte, obwohl sie es selbst mochte, weil sie ihn liebte.

Die Mutter, überlegte er, Herrgott noch mal, warum sehe ich sie so selten? Ist doch kein Problem, sich in den Zug zu setzen, zu ihr zu fahren. Sie freut sich doch so. Und sie wird jeden Tag älter. Und einmal müssen wir uns trennen. Nein, nicht daran denken! Sie ist ja kerngesund. Wir haben noch so viele Jahre...

Weiter wandern Dörners Augen. Die handgeschnitzte

Kommode: ein Erbstück der Großmutter. Der bleigefaßte Spiegel: Gelegenheitskauf in einem Antiquitätengeschäft. Schokolade auf dem Nachttisch: Evas nie ganz unterdrückte Leidenschaft, vor dem Einschlafen noch zu naschen.

Eva ... Kaum wagte er, sie zu berühren, fast nicht, sie anzusehen. Behutsam, vorsichtig, um kein Geräusch zu machen, stützt er sein Gewicht mit der linken Hand auf, dreht sich um, sieht Eva voll an. Sekunden, Minuten vielleicht. Ein Schatten zieht über ihr Gesicht. Einen Moment seufzt die junge Frau. Im Schlaf fährt ihre schmale Hand über den Mund, der auf einmal wieder entspannt lächelt.

Recht so Eva, denkt Dörner. Schatten gibt es keine bei uns, gab's nie. Er lächelt zerknirscht. Ich war der Idiot. Der Elefant im Porzellanladen ... Eifersucht. Ich wollte dich überraschen und sah eine Uniform in der Garderobe, hörte ein Lachen und dachte etwas ganz Häßliches. Ich Idiot! Eva, du mußt es verstehen. Eifersucht. Es gehört dazu, weißt du, wenn ein Gefühl ganz groß und ganz mächtig ist, dann wird man unsicher, weil man Angst hat, daß man es verlieren könnte. Und das weißt du doch ...

Ich hab's ja gebüßt, Eva. Ich bin zurückgefahren. Ich hab' mit mir selbst gehadert. Aber nein, vom Krieg wollen wir nicht reden. Er ist vorbei. Für uns hat er nie stattgefunden. Hauptsache, wir sind wieder zusammen. Wir denken an uns. Wir sehen nach vorn. Und nur manchmal erinnern wir uns, nehmen ein Praliné der Vergangenheit aus der Luxusschachtel, ich knabb're es an, und du bekommst den Löwenanteil, wie immer ... Weiß doch, wieviel du dir aus Süßigkeiten machst. Jetzt nasch' ich ...

Damals, wir kannten uns schon ein paar Monate, an dem Abend nach dem Rummelplatz, du hattest dich bei mir eingehängt, mein rechter Arm wurde steif, vor lauter Angst, etwas Falsches zu tun. Dann bist du stehengeblieben, hast mich angelacht, und ich sagte:

„Manchmal, Eva, könnte ... nein, möchte ich ..."

„Was?"

„Ich kann's nicht sagen..."

Du hast mich so von unten herauf angelächelt und erwidert: „Dann tun Sie's doch einfach."

„Ja, aber ich weiß nicht... wie Sie darüber..."

„Ich würde es riskieren", hast du geantwortet, und ich Esel zerbrach mir den Kopf, ob du eine Ahnung hast, was ich meinte.

„Ja", entgegnete ich hilflos, und hatte es wiederum verschoben. Wie gestern, wie vorgestern, wie in den letzten Wochen. Für immer vielleicht, nur aus Sorge, es könnte alles anders kommen, wie ich es erträumt hatte.

„Dummkopf", hast du erwidert, und mich gestellt.

Und immer blieb es gut zwischen uns. Und immer wurde mir taumelig vor Glück. Wenn wir zusammen waren, drehte sich alles, rotierte. Wir lagen einander in den Armen und lachten. Wie am Strand, ein paar Tage später, bei der Wasserschlacht, als wir uns anspritzten.

„Aufhören!" rief ich und lachte. Weißt du noch?

Ich schluckte und hustete. Ich mag's doch nicht, wenn Wasser in die Nase kommt.

Plötzlich stehen Dörners Gedanken still. Sein Bewußtsein stockt wie in einem verstopften Sieb. Aber das Wasser, das widerliche Wasser. Nicht Evas Tändelei. Ein Kübel. Ein Schlauch. Ein ganzer Wasserfall. Ein Wolkenbruch.

Aufhören! sagt sich Dörner, aufhören! Er schluckt, hustet, nießt, fährt hoch und wird starr.

Nicht Eva. Kein Zuhause. Auch kein Friede und keine Wasserschlacht...

Sie hatten ihm einen Eimer Wasser über das Gesicht geschüttet, um ihn aus seiner Ohnmacht wachzurütteln und zum Sprechen zu bringen.

„Du reden!" schreit der Partisanenchef. „Wir machen sonst kaputt euch... alle!" Er deutet nach links.

Im Hintergrund zählt Schultzes Geheul die Schläge aus. Auer ist wahrscheinlich auch schon tot. Hoffentlich. Warum machen sie nicht schlapp, die Armleuchter, denkt der

Unteroffizier, ist doch wenigstens ein Aufschub. Vielleicht erschießen sie uns bloß.

Dörners Körper besteht nur noch aus Beulen, aus Blutergüssen, aus Schwellungen. Schultze heult nicht mehr. Die Schläge machten ihn ohnmächtig. Jetzt ist er in Gedanken vielleicht auch zu Hause, überlegt der Unteroffizier verschwommen, bei seiner Braut.

Einer brüllt, daß selbst die Partisanen einen Moment erschrecken. Auer, überlegt Dörner, er lebt doch noch. An ihren Schreien sollt ihr sie erkennen. Seit man sie von dem Hohlweg in das Versteck schleppte, üben sie, sich an ihrem Gebrüll zu identifizieren. Seit zwei Stunden. Sie schaffen es. Dörner unterscheidet die dünnen, spitzen Schreie Schultzes von dem unartikulierten Geheul Auers, den Kinderdiskant Müllers von den heiseren Rufen Nützels.

Halt, der ist tot, denkt Dörner, der hat's geschafft. Er wurde von der MP des Partisanenchefs zersiebt.

Haut mich doch zusammen! bittet Dörner in Gedanken, prügelt das Bewußtsein aus mit heraus. Dann komm' ich ein letztes Mal nach Hause und nehme wenigstens Abschied von ihr — von dir, Eva...

Sie schleppen die anderen drei herbei und stellen sich im Kreis um sie auf. Aus, überlegt Dörner. Jetzt machen sie Schluß mit uns.

Wie gelähmt verfolgte er aus den Augenwinkeln, wie sie Schultze aus der Ohnmacht rütteln.

Wenn das Schnitzler sähe, denkt der Brandenburger mit inbrünstigem Haß, würde er sich gefälligst die Hammelbeine ausreißen und schneller machen! Wenn er bloß, flucht der Unteroffizier, mit dem Hintern auf dem Feuer säße, dann würde er jetzt nicht Hühner organisieren und uns verrecken lassen.

Unsinn, rügt sich Dörner selbst, auf Schnitzler ist unbedingt Verlaß.

Der kommt. Ganz bestimmt.

Bloß eben zu spät...

Oberleutnant Schnitzler war es nicht gelungen, über den Schatten seines Gewissens zu springen. Er stand noch immer inmitten der zusammengetriebenen Dorfbewohner, und spürte verschleiert, daß ihm jeder andere Ort der Welt lieber gewesen wäre. Der kahlköpfige Alte betete. Die Mutter neben ihm streichelte ihr Kind, solange ihr noch Zeit blieb. Eine andere Frau versuchte, die Stiefel des Propheten abzulecken. Die Kinder greinten im Chor. Aber keiner sagte etwas, was zu Dörner geführt hätte. Zuerst verlängerte der deutsche Offizier die Frist, obwohl es auf jede Sekunde ankam. Es war nichts aus ihnen herauszuholen. Jetzt hätte er sie erschießen müssen.

Aber Schnitzlers Waffe sank wie von selbst nach unten. Da er menschlich stark war, widerfuhr ihm diese militärische Schwäche. Er schämte sich vor seinen Leuten. Dabei waren sie ihm dankbar, daß sein Befehl sie nicht zu Mördern gemacht hatte.

„Aufsitzen! Weiter!"

Irgendwohin. Nur etwas tun, um nicht wahnsinnig zu werden. Aus dem Haufen der Unglücklichen wählten sie blind zwei Männer und eine Frau aus, warfen sie in den Kübelwagen und fuhren los. Die grobe Fluchtrichtung der Partisanen kannten sie. Aber mehr nicht. Da es nur einen einzigen Pfad für Autos gab, waren sie zufällig auf dem richtigen Weg.

Sie erreichten die Schlucht, die der Gruppe Dörner zum Verhängnis geworden war. Jonas sicherte. Schuller untersuchte die Spuren des Überfalls. Man brauchte nicht viel Phantasie, um sich auszumalen, was hier stattgefunden hatte. Und ab hier war die militärische Welt mit Brettern vernagelt. Keine passierbare Straße mehr. Von den Partisanen beherrschte Bergwinkel. Keine Unterstützung von hinten. Es hatte vermutlich mehr Sinn, sich auf den Boden zu werfen und zu sonnen, als vorwärts zu stürmen und Dörners Schicksal zu imitieren.

Der Zufall kam ihnen zu Hilfe. Schuller war abseits gegangen und hatte herumgeschnüffelt. Eine oberflächlich zugescharrte Grube fiel ihm auf. Er verständigte die anderen.

Einer brachte eine Schaufel. So fanden sie die dürftig vergrabenen Leichen Nützels und des Mädchens mit den Zöpfen.

Plötzlich schrie die Frau hinter ihnen, die Serbin, die Mutter. Sie kam auf die Grube zu, warf sich auf den Boden, jammerte, brüllte. Keiner hatte auf sie geachtet. Keiner wußte, daß sie jetzt ihr Kind wiedererkannte. Die beiden Alten versuchten sie wegzuziehen. Vergeblich. In ihrem Gesicht flackerte der Irrsinn auf und ab wie Kerzenlicht.

„Weiter!" befahl der Oberleutnant.

Jonas, der Prophet, übersah die Situation besser als er. Instinktiv spürte er, was in den Serben vor sich ging. Er sah den Alten, der Abschied von seinem Enkelkind nahm. Er las etwas in seinen Augen, die so seltsam zu der grauen Elefantenhaut kontrastierten. Er gab Schnitzler ein Zeichen und nahm den Alten auf die Seite.

„Willst du jetzt den Mund aufmachen?" fragt er ihn.

Sie starrten sich an. Etwas löste sich im Gesicht des Serben, sprang ab wie ein Stein von einem Felsmassiv.

„Ja", antwortet er.

Der Rest war Angriff. Gelernt, gekonnt, gehabt. Aber so waren sie noch nie gestürmt, so gern, so willig, so befreit. Und der Alte führte sie, kannte jeden Hinterhalt, jeden Weg, jeden Stein, jede Deckung.

Sie hasteten vorwärts. Die Wagen ließen sie zurück. Unbewacht gegen jede Vorschrift. Egal. Es ging um mehr. Neunzig Minuten bis zum Schlupfwinkel, hatte sie der Alte informiert. Sie schafften es in vierzig Minuten.

Hier ein Doppelposten. Sie umgingen ihn, machten die beiden Partisanen lautlos mit dem Messer nieder. Eine letzte Sicherung noch. Schnitzler sah durch das Glas das Lager: ein paar Hütten, ein Stall, eine Höhle; zwanzig, dreißig Männer im Freien. Ein Kinderspiel, das Nest auszuräuchern!

Wenn sie keine Leute von uns in der Hand hätten, überlegte Schnitzler bitter. Er kannte ihre Taktik. Sowie sie überfallen wurden, machten sie die deutschen Gefangenen nieder, leisteten hinhaltenden Widerstand, verschwanden so schnell wie die Feuerwehr. Man müßte Handgranaten haben, die lautlos explodieren, dachte der Offizier, und schätzte die Entfernung. Die Hälfte schafften sie vielleicht noch unbemerkt, wenn nicht irgendwo noch ein versteckter Posten kauerte.

Dann sah er, wie der Alte erregt auf Jonas einredete. Der Prophet kam auf ihn zu.

„Er kann uns in den Rücken führen", sagte er.

„Gut", erwiderte der Oberleutnant, „wir teilen uns... schießen erst, wenn wir erkannt werden... oder, wenn ich das Zeichen gebe..."

Sie trennten sich. Das war vor zwanzig Minuten.

Jetzt sind sie so dicht herangekommen, wie es überhaupt möglich ist. Jonas wird den Partisanen die Flucht abschneiden. Schnitzler und seine Leute schieben sich so vorsichtig an sie heran, als sei jeder Felsbrocken hauchfeines Porzellan.

Schultze lallt halb in Trance etwas:

„Bran-den-bu..." Seine dicke Zunge zerlegt die Einheit in Silben.

Der Anführer der Partisanen gibt seinen Leuten einen Wink. Sie treten unwillkürlich zurück. Schultze hat die glasigen Augen eines Betrunkenen. Aber jetzt erkennt er, daß er im Begriff war, zu sprechen, und schweigt verbissen.

Da kommen die Folterknechte wieder auf ihn zu.

„Halt!" schreit Dörner.

„Du sprechen?..." fragt einer der Partisanen.

Der Unteroffizier nickt. Aber sein Vorsatz ist schneller als die Tat. Ich werde es tun, denkt er, um meine Leute zu schützen. Ich werde meine Informationen gegen ein schnelles Ende kompensieren. Das Maximum, das sich hier erreichen läßt...

„Los! Du sprechen..." fährt ihn der Serbe an, „schneller... oder..."

Unendlich langsam spricht sich Dörner frei. Schultze ist schon wieder bewußtlos. Auer keucht schwer. Der Unteroffizier wagt nicht, ihn anzusehen, obwohl ihm der Mann zunickt, dankbar, erlöst fast. Quatsch, hier den Helden zu spielen. Wenn sie erst mal...

Mitten in Dörners Rapport fallen Schnitzlers Schüsse. Sieben, acht Partisanen fallen um wie getroffene Kegel. Die anderen werfen sich automatisch zu Boden, suchen die Angreifer und fahren herum. Auch von hinten kommt Feuer. Der Anführer der Partisanen brüllt gutturale Kommandos, gibt ein paar aus der Unterkunft herausstürmenden Leuten einen Befehl mit der Hand.

In dieser Sekunde handelt Dörner. Kein Mensch weiß, wo er die Kraft hernimmt. Ein Satz. Ein Sprung. Seine Hände pressen sich wie ein Schraubstock um den Hals des Anführers. Sie stürzen zu Boden, wälzen sich. Der Serbe trommelt mit den Fäusten in Dörners Gesicht. Aber der Unteroffizier läßt dessen Hals nicht los.

Er sieht und hört nichts. Was er je in seinem Leben dachte, spürte, hoffte oder wollte, liegt im Druck seiner Hände. Er sieht nicht Schnitzler. Er bemerkt nicht, wie er herausgehauen wird, wie die Gruppe näherkommt, wie sie mit tödlicher Präzision Partisanen um Partisanen umlegen, ob sie nun die Hände heben oder nicht.

Seit sie die Decke hoben, sind die letzten Dämme gebrochen, und wälzt sich der Haß wie glühende Lava gegen den Feind. Wie der zu sich gekommene Schultze sich seinen Mann schnappt, und so langsam wie möglich, doch zielstrebig umbringt, daß ihm kein anderer zuvorkommt. Dörner hört nichts, er sieht nichts, er spürt nichts. Seine Hände kneten einen Hals. Seine Finger bohren sich steinhart gegen die Muskeln, bis sich das rotangelaufene Gesicht des Feindes blau färbt. Und er drückt und würgt und knetet ohne Zeitgefühl, wirklichkeitsfremd, mit der dreifachen Kraft seines Körpers in den Händen. Und jede Enttäuschung, die er erlitt, jeden Schlag, den er aushielt, jede Sehnsucht, die sich nicht erfüllte, jede Qual, die an ihm vollzogen wurde, liegt so fest in diesem Griff, als legte Dörner nicht Hand an den Feind, sondern an die Zeit.

Er merkt nicht, daß er einen Toten würgt. Er sieht nicht, wie

Schnitzler und Schultze sich in den Armen liegen, und nicht, wie der alte Serbe auf einem toten Dorfbewohner mit den Stiefeln herumtrampelt. Er hört nicht, daß die Berge nicht mehr das Echo mordender Schüsse zurückwerfen.

„Laß doch", sagt Jonas hinter ihm, „der ist doch längst..."

Jetzt erst steht Dörner auf und dreht sich verstört nach dem Freund um...

Auf einem anderen Kriegsschauplatz, am Kaukasus, schloß sich die Falle um einen deutschen Offizier und eine Gruppe russischer Legionäre endgültig. Die Sowjets setzten ein ganzes Armeekorps gegen das „Unternehmen Schamyl" ein, da sie selbst den Bergstämmen nicht trauten. Sie mußten dringend benötigte Truppen von der Front abziehen — wüßte es Oberleutnant Pflug, es wäre ein Triumph für ihn, falls er es überhaupt erfassen könnte. Denn er war wie tot. Was er vollbrachte, war mechanisch. Auch eine Schraube dreht sich noch ein paarmal im eigenen Schwung, wenn plötzlich der Strom abgestellt wird.

Von einem eigenen Mann verraten, von Rotarmisten überfallen, war es ihm gelungen, sich abzusetzen. Dann sah er Hanefi flitzen, hört den fürchterlichen Schrei und wußte, daß man auf der anderen Seite auch nicht taub war. Vier Gewehre noch, wenig Munition, nichts mehr im Bauch, Verrat im Rücken, russische Stützpunkte überall, schoß es Pflug durch den Kopf, während er automatisch Deckung nahm und seine Maschinenpistole für die entgegenkommenden Sowjets zurechtmachte. Hanefi kam zurück. Er hielt noch verkrampft das Messer fest. Er hatte den anderen, den Verräter, erstochen. Er nickte bloß.

Und dann ging's los. Sie kamen in Rudeln, in Schwärmen. Sie brauchten nicht mit der Munition zu sparen, sie waren ausgeruht. Sie machten mit der Gruppe Pflug, was sie wollten. Zweiundsiebzig Stunden lang hatte sich der Stoßtrupp im sowjetischen Kessel verfangen. Dann schafften sie den Ausbruch über ein fast unpassierbares Bergmassiv. Jetzt waren es noch sechs kleine Negerlein.

Einer rutschte aus. Noch fünf.

Einer brach sich das Bein und blieb liegen. Noch vier.

Einer verschwand spurlos. Noch drei kleine Negerlein...

Hanefi blieb stehen.

„Alles sinnlos", sagte er. „Wir ändern die Richtung."

Pflug glotzte ihn stumpfsinnig an.

„Wir schlagen uns zur Front durch", fuhr Hanefi fort.

„Und dann?" fragte der Oberleutnant.

„Ich führ Sie zu den deutschen Linien..."

„Prima", entgegnete der Offizier. Morgen kommt der Weihnachtsmann, dachte er. Übermorgen ziehst du den Haupttreffer in der Lotterie.

Sie stolperten weiter. Sie kamen aus den Bergen heraus. Sie passierten endlose Wegstrecken. Sie zerlegten ein gottverlassenes Land in gewaltige Etappen. Ein Hund verfolgte sie. Er bestritt die Mahlzeit für drei Tage. Sie begegneten Menschen, Muschiks, Soldaten, Frauen. Keiner kümmerte sich um sie, bis die drei der Teufel ritt, und sie in einem Haus um warmen Tee bettelten.

Erst als sie die Stube betreten hatten, bemerkten sie die fünfzehn bis zwanzig Rotarmisten. Pflug wollte sich wieder verziehen, aber ein bulliger Unteroffizier kam auf ihn zu und fragte ihn etwas. Der Oberleutnant verstand kein Wort. Hanefi antwortete an seiner Stelle.

„Und der da?" fragte der Russe weiter und deutete auf den deutschen Offizier. Deutlich bemerkte Pflug das Mißtrauen.

„He", brüllte ihn der Unteroffizier an, und faßte ihn am Arm, „bist du stumm?"

Zwei andere standen auf.

Der Oberleutnant straffte sich...

Hinrichtung nach Ladenschluß, dachte Oberleutnant Pflug verschwommen, also doch, setzte er hinzu, Beerdigung fünfter Klasse! Sein Kopf schmerzte, sein Bewußtsein war wie ferngelenkt. Die Erschöpfung machte ihn vernünftiger als sein

Mut. Die Versuchung, mit der Maschinenpistole sich, ein paar Iwans und dem „Unternehmen Schamyl" ein Ende zu setzen, wurde nur ein paar Herzschläge alt. Dann entspannte sich der Offizier wie von selbst. Seine Energie verpuffte wie die Luft aus einem geplatzten Reifen. Nun kommt die Quittung, rauschte es in seinem Schädel...

Vor ihm fuchtelte der sowjetische Unteroffizier, dessen Worte Pflug nicht verstand, aber dessen Miene er begriff: Mißtrauen. Jetzt folgte die Automatik des Krieges: kein Ausweis, Mitkommen zur Kommandantur, Fragen ohne Antwort, schnelles Urteil, kurzer Prozeß. Kopf hoch! Brust 'raus! hörte sich Pflug auf irgendeinem Kasernenhof brüllen, Helm ab zum Gebet, mit frisch gewaschenem Hals und sauberen Fingernägeln...

Der russische Unteroffizier fragte weiter. Das tödliche Netz, überlegte der Oberleutnant, aber seit wann haben die Spinnen so gutturale Stimmen? Seit wann reden sie, bevor sie beißen? Neben ihm stand Hanefi, starr wie ein Holzklotz, hinter ihm der dritte vorläufig Überlebende von Schamyl. Hau doch ab, Mensch! befahl ihm der Offizier in Gedanken, du schaffst es noch! Er musterte den vernehmenden Russen und nickte fast beifällig. Dann tastete sich sein Blick an ihm vorbei, quer durch die graue Bauernstube. Ein paar Iwans sahen zu ihm her. Zwei andere spielten in der Ecke weiter Karten, ohne sich um ihn zu kümmern. Dabei rauchten sie stinkigen Machorka. Die Schwaden zogen nach oben, an den bunten Ikonen vorbei. Weihrauch... dachte der deutsche Offizier in der zerschlissenen Tarnuniform und spürte etwas Verschwommenes... Vielleicht sollte man es einmal doch wieder probieren zu beten, überlegte er vage. Aber wie macht man das? Das letzte Mal lag so weit zurück wie seine Kinderkrankheiten, wie Masern und Ziegenpeter. Automatisch wanderte sein Blick weiter und blieb an etwas hängen, weil es die Augen störte... Du gehörst doch gar nicht hierher, dachte Pflug, und starrte das geleckte Bild im entstaubten Rahmen an, was hat denn Josef Stalin in dieser Andachtsecke zu suchen?

„Mach endlich den Mund auf!" befahl zum drittenmal der sowjetische Unteroffizier drohend.

Der Oberleutnant schüttelte den Kopf. Sein mühselig erlerntes Russisch lief zur deutschen Sprache über. Wer Angst hat, denkt in Mutterlauten.

„Na, wird's bald?" brüllte der Rotarmist.

„Laß ihn in Ruhe", murmelte Hanefi an Pflugs Stelle, „was meinst du, was der mitgemacht hat?" Er sprach zwischen den Zähnen, mit deutlichem Kaukasusdialekt. „Ein Draghestaner ... du siehst doch, daß er nicht russisch kann ..."

„Du auch nicht richtig", erwidert der Unteroffizier hämisch.

Ein paar Zuhörer lachten. Sie hielten die drei für Hinterwäldler aus einem entlegenen Nest des weiten Rußland. Das rettete sie; vorläufig.

Scheißkerl, fluchte Pflug in Gedanken. Frag doch nicht so umständlich, kassier uns endlich! Sieht doch ein Blinder, was hier los ist. Verlang unsere Soldbücher, oder wie diese Drecksdinger auf russisch heißen ... Und steck dir dann den Orden der roten Fahne an die fette Heldenbrust oder häng ihn als Lametta an den Tannenbaum, und laß deine Kinder damit spielen ... Aber das habt ihr Bolschewiken ja abgeschafft. Ihr spielt seitdem eure Weihnachtsmusik auf der Stalinorgel ... Sarkastisch zitierte Pflug: Ehre sei Gott in der Höhe, und Friede den Menschen auf Erden. Er atmete schwer. „Die eines guten Willens sind", hatte er vergessen.

Irgendwo donnerte es. Die düstere Funzel vibrierte. Keiner kümmerte sich darum.

„Kurwa", fluchte der Sowjetsoldat, der beim Kartenspiel verloren hatte.

Mittlere Granatwerfer, registrierte der deutsche Oberleutnant mechanisch. Nicht schlimm ... konnte auch nicht sehr weit sein. Aber zu weit auf jeden Fall. Für Oberleutnant Pflug wenigstens.

Was redet der Kerl noch? dachte er wieder. Sein Gehör war so pelzig, als hätte er Watte in den Ohren.

„Was wollt ihr hier?" fragte der Unteroffizier weiter.

„Aufwärmen", antwortete Hanefi, „und etwas Tee, wenn ihr so gut sein wollt..."

„Und vielleicht noch ein weißes Täubchen?" versetzte der Iwan spöttisch. „Mit gefiederter Brust?" Er modellierte die Konturen mit der Hand, blinzelte mit seinen wasserblauen Augen, drehte sich nach den anderen um und rief in dröhnendem Baß: „Schaut euch die an, die denken, hier gibt's Mädchen..."

Sie lachten alle. Es rettete sie zum zweitenmal. Eine Frage noch, wohin sie gehörten. Hanefi deutete mit der Hand in die Richtung, aus der der Gefechtslärm kam. Wohin denn sonst? Auch im russischen Hinterland führten alle Schlammwege ins Massengrab.

Pflug ging mit hölzernen Beinen auf den Tisch zu, setzte sich und begriff überhaupt nichts mehr. Henkersmahlzeit, schoß es ihm durch den Kopf, als ihm einer der Iwans den dampfenden Becher in die Hand drückte. Dann fixierte er einen der rauchenden Rotarmisten, der einem früheren Mitschüler ähnlich sah. Wie kommt denn der Pöllein nach Rußland? überlegte er töricht. Ist er übergelaufen? So ein Sauhund!

Der Iwan mißdeutete es, griff verdrossen in die Tasche und warf ihm ein paar Krümel Tabak über den Tisch und einen Fetzen Zeitungspapier hinterher. Der deutsche Offizier wußte damit nichts anzufangen. Der Russe wurde wieder argwöhnisch. Einer, der das nicht annimmt?

Hanefi rettete ihn.

„Der raucht doch nicht", erklärte er und griff mit gespielter Gier nach dem Machorka.

Von draußen kamen Pfiffe, Kommandos, Flüche. Der Unteroffizier schrie:

„Fertigmachen!"

Ein Sowjetfeldwebel stand mit finsterem Gesicht in der Tür. Einer brüllte: „Achtung!"

So stand ein deutscher Oberleutnant vorübergehend vor einem russischen Feldwebel stramm. Hinterher kam es Pflug komisch vor. Er wußte nicht, daß nach Kriegsende Hunderttausende, die es lernen mußten, die Situation nicht lustig finden würden...

Die Soldaten zogen ab. Keiner kümmerte sich um die drei. Sie waren allein, in einer Stube, die jederzeit ausgehoben werden konnte. Denn auch die Rote Armee hatte ihre Feldgendarmerie. Da saßen sie, die letzten des geplatzten „Unternehmens Schamyl", drei kleine Negerlein, tranken kalt gewordenen Tee und machten Tauziehen mit ihrer Hilflosigkeit; drei, die die steinerne Hölle der kaukasischen Berge ausgespuckt hatte, um ihnen ein Extraschicksal zu verpassen.

Hanefi, der heimliche Führer, wiederholte seinen Vorschlag, Pflug durch die russischen Linien auf die andere Seite zu führen. Den dritten, den schweigsamen Draghestaner, schickten sie einfach weg. Nach Hause oder in die Hände der nächsten Streife. Sie hatten keine andere Wahl und keine Zeit für Sentimentalitäten. Ein Händedruck noch, und dann verlor sich seine Spur für immer. Vielleicht ist er durchgekommen. Wen interessierte es schon? Wo Millionen krepieren, spielt der einzelne keine Rolle, auch wenn er so vermessen ist, es sich einzubilden.

Hanefi hatte Wunderbeine, sie liefen ermüdungsfrei; so schnell, daß Pflug oft nicht mehr mitkam. Immer war ihm der Tschetschene eine Nuance voraus, den Bruchteil einer Sekunde schneller in Deckung oder früher mit der Waffe im Anschlag. Das Indianerspiel kostete Zeit und Nerven. Aber ihre zerschlissene, zerfetzte Uniform zwang sie dazu. Bis Hanefi aus einem Lkw eine neue Ausrüstung klaute. Sie schmierten die neuen Waffenröcke mit Dreck an und waren nunmehr salonfähige Krieger, wenn auch in der Etappe. Sie vertrauten der Regel, daß man den Soldaten nicht viel fragte, der nach vorn ging.

Sie schlossen sich einer motorisierten Einheit an. Es klappte gut. Zu gut für den Geschmack Pflugs, der aus dem Staunen nicht mehr herauskam. Sie setzten sich wieder rechtzeitig ab. Sie umgingen ein Dorf und näherten sich dem glühenden Feuerofen zielstrebig. Sie brauchten keinen Kompaß, nur

Glück. Das auf der Erde versickerte Blut spiegelte sich am Himmel wider und wies den Weg.

Sie schliefen und froren gleichzeitig in einem Waldstück und humpelten weiter. Aus Kameraden, die sich verstanden, waren längst Freunde geworden. Sie schlängelten sich durch dick und dünn, gaben bald die Vorsicht auf und liefen offen durch das gigantische Aufmarschgebiet der Roten Armee. Mit jedem Schritt, den er zurücklegte, steigerte sich Pflugs Zorn auf die braune Propaganda; jeden Panzer, jede Artilleriestellung, jede Lkw-Kolonne hätte er am liebsten Goebbels einzeln um die Ohren geschlagen.

Und er hatte diesen Quatsch auch noch geglaubt: verhungerte Russen, die von ihren Kommissaren mit der MP in die Schlacht getrieben werden, nichts im Bauch, eher Angst in den Knochen, Fußlappen um die Beine, Muschiks, die nur darauf warten, sich gegen die rote Knute aufzubäumen! Und hier sah er sie, knapp hinter der Front marschieren und singen, bewaffnet bis an die Zähne, zufrieden mit sich und dem Bolschewismus, wie nur ein Landser sein kann, der genug zu fressen und zu rauchen hat.

Der Offizier gab es allmählich auf, die Einheiten zu zählen und die Kampfkraft zu schätzen. Ihn ging ja die Bilanz des Krieges nichts mehr an. Er wollte nur noch so schnell wie möglich auf die deutsche Seite, Meldung machen und in Heimaturlaub gehen.

Vorbeifahrende Rotarmisten winkten ihnen von einem amerikanischen Lastauto zu. Rechts von ihnen lag ein Feldflughafen. Pausenlos karrten Tankwagen Sprit heran. Dann war die Straße voller „Ratsch-Bumms“, den Direktgeschützen, die einst die deutsche Industrie als unbrauchbar den Russen verramscht hatte, und die nun, Jahre später, als eine der gemeinsten Waffe an zerfetzten Soldaten ihre Wehrtauglichkeit bewies.

Pflug zog den Kopf zwischen die Schultern, hob sie und spuckte aus. Was ging's ihn an? Hunger hatte er. Hanefi war wieder zwei Schritte vor ihm. Sie sahen einen Weiler. Der

Tschetschene wollte ihm ausweichen, aber der Magen seines Begleiters dachte unmilitärisch. Sie beobachteten eine Weile das Gelände. Nichts zu sehen... aber vielleicht etwas zu organisieren. Sie hatten die Hand in der Tasche und den Finger am Abzug der Pistole.

Je näher sie kamen, desto ruhiger wurde es. Sie erreichten das vordere Gebäude und horchten. Sie glaubten eine Frauenstimme zu hören. Aber es war nur eine Halluzination. Hanefi sicherte, Pflug öffnete vorsichtig die Tür. Sie kreischte trotzdem in den Angeln.

Der Oberleutnant stand und starrte. Dann gingen ihm die Augen über.

Kein Soldat. Eine Frau: keine Frau, ein Mädchen.

Jetzt sah ihn die Russin und kam mit zögernden Schritten näher. Pflugs Blick saugte sich an ihr fest. Etwas, das irgendwo in den Geröllhalden des Kaukasus gestorben war, lebte wieder auf. Eine Frau? So etwas gibt es noch! Lebt noch? Hier, auf der Schattenseite der HKL, unter Männern, die einander umbrachten, weil ihre Führer es so wünschten? Und ich sehe so etwas noch? dachte der Offizier weiter.

Die Russin hatte Pflug erreicht und stand ihm gegenüber. Sie war vielleicht neunzehn Jahre alt, mittelgroß, untersetzt. Vielleicht war sie nicht einmal schön. Aber der Oberleutnant glaubte, nie ein hübscheres Mädchen getroffen zu haben. Er war gebannt, fast erschüttert. Etwas streichelte seinen Rücken, verklemmte seinen Brustkasten, rauschte in seinen Schläfen. Er ließ sie nicht aus dem Blick.

Das Mädchen lächelte, langsam, nur mit der einen Seite seines flächigen Gesichts. Die gewölbte Oberlippe hob sich etwas. Pflug betrachtete die weißen, schimmernden Zähne wie ein Wunder. Seine Verkrampfung legte sich. Er versuchte zurückzulächeln. Es wurde nicht mehr als eine scheußliche Grimasse.

Die Russin sagte etwas, aber Pflug verstand sie nicht. Er hörte auch gar nicht zu, er träumte. Er sah in ihre hellen Augen, die glänzten; aber vielleicht lag es nur an der Beleuchtung. Er bemerkte ihre kräftigen Schultern, die sicher das Leben richtig nahmen.

Und dann hörte er Schritte ... und der Zauber war zerstört. Das Mädchen richtete sich erschrocken auf, Pflug fuhr herum. Es war Hanefi. Er nahm den widerstrebenden Offizier am Arm und wollte ihn weiterziehen. Der Oberleutnant schüttelte verbissen den Kopf.

„Komm“, sagte Hanefi.

„Nein“, zischte Pflug eigenwillig.

Die Russin betrachtete die beiden verständnislos. Dann geisterte wieder Angst über ihr Gesicht. Eine Hintertür hatte sich geöffnet. Ein junger Sowjetsoldat kam mit den schleichenden Schritten des schlechten Gewissens näher. Er war blaß. Er hatte Angst.

Blickwechsel Pflugs. Er spürte, daß der Pistolengriff in seiner Hand schmierig wurde. Er sah die Angst des Mädchens um den jungen Iwan, und er sah dessen Gesicht. Die militärische Präzision in seinem Hirn setzte wieder ein: getürmt ist der ... zu seinem Mädchen ... kein Wunder! Aber so etwas tut ein Soldat nicht.

Und wenn er es doch tut, wird er erschossen, in jeder Armee der Welt.

Auch Hanefi schaltete. Wortwechsel auf dem Gang, und dann hinein in die gute Stube! Zuerst gab's Speck und dann Wodka und schließlich das Geständnis: Der Soldat, ein junger, sympathischer Iwan, gehörte einer Infanterieeinheit an, die vorn in Stellung lag. Er wurde nach hinten geschickt, um Post zu holen, und da hatte er eben die Gelegenheit ausgenutzt, Dunja zu besuchen.

„Bloß für einen Tag ...“ versicherte er immer wieder. Und heute nacht wollte er wieder nach vorn, sich bei seiner Einheit melden und eine faule Ausrede herunterhaspeln.

Auf einmal hatten Pflug und Hanefi eine dicke Chance. Wenn er sie mitnahm, an den Streifen vorbei, die er genauso zu fürchten hatte, auf die HKL zu, die er kannte! Der Oberleutnant wurde so aufgeregt, daß er das Mädchen nicht mehr sah.

Der Rest, dachte er, ist für einen Brandenburger ein Kinderspiel.

In der Nacht sollte er begreifen, was dieses „Kinderspiel" war...

In Jugoslawien nichts Neues, wenn man vom täglichen Mord absieht, hüben wie drüben, hinten wie vorn. Die armen Vorposten, die hier irgendwo ihren letzten Schrei in die schauerliche Nacht brüllen, sind noch weniger als Kanonenfutter, denn diese barbarische, gottverlassene Zeit nimmt Messer statt Kanonen.

Tag und Nacht ist Brandenburg, die Feuerwehr der Front, unterwegs; aber auch die fünfte Kolonne fährt nur auf vier Rädern. Die Haustruppe des Admirals Canaris ist immer vorn am Feind, und auch immer dabei, wenn einer der steinigen Erde übergeben wird. Langsam und zielstrebig, von Sieg zu Sieg verblutet diese Eliteeinheit, wenn auch unverzagt.

Der Kampf in den weglosen Bergen erfordert Spezialisten, Männer mit dem Edelweiß am Arm, Gebirgsjäger. Jetzt stellen das Gros vorwiegend Oberbayern, Österreicher und Südtiroler. So ergibt sich, daß die Soldaten einer Truppe, die den Namen des preußischen Stammlandes Brandenburg im Wappenschild führt, vorwiegend Wastl, Sepp, Anderl, Hias und Dammerl heißen.

Sie kommen aus den Klamotten erst heraus, wenn die Mulis zusammenbrechen. Die zerklüftete, malerische Landschaft schenkt ihnen so wenig wie der Feind. So bleibt ihnen nichts anderes, als sich aneinander festzuhalten, abgeschnitten oft, immer voraus, häufig ohne Nachschub, kilometertief im Partisanengebiet. Eine Handvoll, die sich gegenseitig kennt, die jeden noch so entlegenen Einsatz in allen Nuancen verfolgt, wenn er auch nicht im Wehrmachtsbericht steht. Hier, im Land, wo die Steine blühen, bewähren sich Typen wie der legendäre Feldwebel Breitkreitz, der die Kampfkraft einer ganzen Kompanie ersetzt, und Hauptmann Steidl, der spätere

Bataillonskommandeur und Ritterkreuzträger, dessen verwegenen Einsätzen kein Mensch anmerkt, daß er im Frieden österreichischen Schulkindern das Abc beibringt.

Unter ihnen Oberleutnant Schnitzler und seine Leute, verstärkt durch die gerade noch aus Partisanenhand gerettete Gruppe des Unteroffiziers Dörner. In ihrer Erregung hatten die Brandenburger gründlich aufgeräumt. Das eigentliche Strafgericht überließen sie nachfolgenden Einheiten. So wurden wieder Dörfer niedergebrannt und Haß gesät, der wiederum neue Partisanen hervorbrachte.

Heute hatte Schnitzler den täglichen Stellungswechsel schon hinter sich. In den letzten Wochen waren sie kreuz und quer durch den Balkan zigeunert. Von Nordgriechenland nach Albanien, von Mazedonien nach Bosnien. Sie zerstörten das griechische Partisanenzentrum Grevena, sie hielten Kriegsrat in Eratira, sie stürmten die Stadt Florina, am Fuße des Viglapasses, und erreichten so die Pforte nach Albanien. Bevor sie es sich noch in den Villen bequem gemacht hatten, mußten sie weiter nach Kato Klina. Die einen sahen von der Paßhöhe in die nordgriechische Tiefebene bis zum altgriechischen Götterthron Olymp; die anderen organisierten.

Sie machten Spritztouren nach Bulgarien, sie waren am Balkan wie zu Hause, wenn er auch an allen Ecken und Enden brannte ...

In den albanischen Häfen absolvierten sie den angenehmsten Einsatz des Krieges: sie entwaffneten italienische Regimenter, die es nach dem Handstreich Badoglios satt hatten, sich von ihrem Duce in den Tod führen zu lassen. Brandenburg hatte leichtes Spiel mit ihnen. Sie gaben nur zu willig die MP und Geschütze aus der Hand und sonnten sich von nun an. Deutsche Landser, die sie verachteten, verwechselten schlau mit schlapp.

Diesmal kamen alle auf ihre Rechnung: die Panzer auf ihren Sprit, die Waffenkammern auf Munition, Landser zu nagelneuen Moto-Guzzis, die Offiziere zu schnellen Fiats und die Italiener aus dem Schneider.

Jonas, der Prophet, hatte sich einen schicken, kleinen „Topolino“ organisiert, Schultze fuhr ein Motorrad zu Klump, Auer riß sich ein Reitpferd unter den Nagel, und Schnitzler verfügte vorübergehend über ein Sportflugzeug. Nur Dörner, der Bescheidene, gab sich mit einem Feldstecher zufrieden, den er noch dazu als Beuteware in sein Soldbuch eintragen ließ.

Dann ging es in den neuen Einsatzraum, nach Montenegro, in die Nähe von Korca. Und hier nimmt die plötzliche Freiheit Oberleutnant Schnitzler die letzte Ausrede. Er hatte seine Pflicht immer wieder in die hinterste Ecke seines Spinds geschoben. Vorübergehend war er froh um jeden Alarm. Und in den Pausen der Einsätze betrank er sich absichtlich, um sich am nächsten Tag auf seinen Brummschädel hinausreden zu können. Nun war es vorbei damit.

Er sitzt vor einem leeren Blatt. Er muß schreiben. Nicht die üblichen spröden Sätze an die Mutter, nicht die paar markigen Worte von Mann zu Mann an den Vater; nicht einen Liebesbrief nach Schema F; oder gar eine Zigarettenbitte an die kleine Blonde ...

„Sehr geehrter Herr Nützel“, schreibt Schnitzler, „als Kompaniechef Ihres Sohnes bleibt mir die traurige Pflicht, Ihnen mitzuteilen, daß Ihr Sohn als tapferer Soldat gefallen ist ... Ein Granattreffer ... Wir alle, seine Kameraden ...“

Und so weiter, denkt der Offizier angewidert. Er starrt auf das Papier. In Gedanken betrachtet er wieder die Mulde, scharrt das Loch aus, in dem er liegt, der heute noch leben würde, wenn er nicht die Nerven verloren hätte, und der nicht an einem Volltreffer gestorben ist, sondern an einer ganzen MP-Garbe, weil er auf den Partisanenchef losging ... Und in steilen Buchstaben schreibt Schnitzler weiter: „Für Führer, Volk und Vaterland ...“ Rein in das Kuvert. Der nächste. Neues Blatt. Jetzt kommen die schlimmeren Fälle. Nützel war ja noch mit einem Minimum an Lüge und Schmus zu absolvieren. Aber wie jetzt Frau Behring beibringen, daß ihr

Einziger lebend verstümmelt wurde? Daß er noch atmete, aber nicht mehr sprechen konnte, als sie ihn fanden.

„Er war sofort tot ...", kritzelt Schnitzler auf das Papier, „er sah so friedlich aus, als ob er noch lebte ..." Schnitzler greift nach dem Rotwein, trinkt das Glas mit einem Zug leer, schüttelt sich, weil er nach Blut schmeckt. „Für das Vaterland ist kein Opfer zu groß ..."

Die Lügen würgen ihm die Luft ab. Vor seinem eigenen Gewäsch wird ihm schlecht. Ist ja nur barmherzig, redet sich Schnitzler dann ein, für die Angehörigen ... Und er weiß, daß er nur zu feig ist, ihnen die Wahrheit mitzuteilen. Verdammter Mist! Er nimmt die leere Flasche und knallt sie gegen die Wand.

Jonas streckt seinen grinsenden Kopf zur Tür herein.

„Schon wieder blau?" fragt der Prophet angeheitert.

„Hau ab!" schreit ihn der Offizier an. „Ich schreib' Kondolenzbriefe ..."

„Pfui Teufel!" entgegnet Jonas spontan. Aber er lacht nicht mehr. Für ein paar Sekunden hat er den Kopf einer Mumie.

Unvermittelt grinst Schnitzler. Mensch, daß ich den Schneidewin vergessen habe! Das ist doch ein Fall! Nicht so ein Trara, so ein Sums, auch nichts, von dem einem schlecht wird, wenn man nur dran denkt. Es stehen noch siebzehn auf seiner Liste. Aber den dicken Schneidewin zieht Schnitzler vor, obwohl er, nach Todestag geordnet, der letzte wäre.

„Sehr geehrter Herr Schneidewin", schreibt der Oberleutnant, legt den Federhalter weg, macht eine Flasche auf, grinst auf Vorschuß, merkt, daß der Wein wieder schmeckt. „Ihr Sohn war mein bester Soldat, und als solcher ist er auch gefallen ..." Er lacht meckernd. Herrgott, denkt er, wenn sein Alter Vernunft hätte, könnte man ihm ja alles schreiben! Der Dicke, der und Soldat! Im Einsatz schon, aber sonst ein Saufhaus, daß die Wände wackeln. Blau wie eine Haubitze, stets den Kanal so voll, daß er überläuft. Und dann fängt er erst richtig an, hält eine Wette, daß er in zwei Stunden sieben Flaschen schafft ...

„Beliebt bei seinen Kameraden ...", fährt Schnitzler in

seinem Schreiben fort, „ein wahrer Patriot…" Und gewinnt diese Wette, denkt der Oberleutnant, kassiert auch gleich, weil man nicht weiß, ob dem anderen bis zum nächsten Morgen von den Partisanen nicht die Zahlungsfähigkeit genommen wird, legt sich hin und schnarcht und grunzt, daß die anderen aus der Bude ausziehen, grinst wie ein Kind, noch im Schlaf, steht auf, mitten in der Nacht, müßte nach unten, verfehlt die oberste Stufe, fällt vornüber und bricht sich das Genick…

„Wir haben ihn mit allen militärischen Ehren bestattet", setzt Schnitzler hinzu und merkt, daß der Wein doch einen faulen Geschmack im Mund macht, und das Schneidewins „Heldentod" gar nicht so lustig ist…

Der Offizier steht auf, tritt ans Fenster. In den nächsten Tagen werden sie wieder verlegt. Irgendwohin. Sie stellen schon lange keine Fragen mehr. Die Brandenburger geben es nicht zu, aber sie wissen längst, daß diese Art von Kriegführung in Jugoslawien völlig sinnlos ist.

Loch auf, Loch zu. Ehrensalve bei der Beerdigung. Der General hockt in Belgrad…

Dabei wäre es keine Kunst, diesen Krieg hier mit der Wurzel auszurotten. Der Kommandeur des vierten Regiments Brandenburg hatte es geschafft. Als Partisanen getarnt, hatten sich ein paar seiner mutigsten Leute an den Führer der Cetniks, General Mihajlovic, herangemacht. Der (nichtkommunistische) Partisanenchef hängte die Abgesandten nicht, sondern hörte sie an und ging auf ihren Vorschlag ein. Am 9. Mai 1943 schloß er mit Brandenburg einen vorläufigen Vertrag: Er war bereit, seine Partisanen, die fast ausnahmslos früher reguläre Soldaten waren, den Deutschen zu unterstellen und so mehrere hunderttausend Freiwillige gegen Tito aufzubieten, die keinen Tropfen deutsches Blutes kosten würden. Das Abkommen sollte gelten bis zu einer angloamerikanischen Invasion an der Adria, weil darüber hinaus der serbische General nicht mehr für die Zuverlässigkeit seiner Leute bürgen könnte.

Ein Offizier von Brandenburg hatte mehr diplomatisches Geschick bewiesen als sämtliche Ribbentrop-Bürokraten zusammen. Er gab die Meldung über den Dienstweg an das OKW weiter und erwartete mit Recht ein Lob. Statt dessen wurde ein Kriegsgerichtsverfahren mit dem Feind gegen ihn eingeleitet. Admiral Canaris konnte es nur mit Mühe niederschlagen. Der Krieg feierte wieder einmal einen Sieg der Hohlköpfe über die Frontschweine...

Und dafür tragen wir unsere Haut zu Markt, überlegt Schnitzler, und schreibe ich Kondolenzbriefe, drei pro Tag, wenn auch mit Widerwillen... Er hört den Pfiff und dreht sich um. Auer ruft von der Straße herauf:

„Ganz großer Rabbatz heute abend!... Kommst du mit?"

„Zu was?" fragt der Offizier zerstreut.

„Nach Korca... Fronttheater..."

„Sind doch gar nicht eingeladen", brummt Schnitzler, „ist doch nur für das Feldersatzbataillon der ersten Grenadierdivision..."

„Eben...", grinst Auer und verrät dem Oberleutnant seinen Plan.

Schnitzler ist sofort damit einverstanden. Weniger aus Freude am Krawall, obwohl er ihn sonst schätzt, sondern um sich vor dem nächsten Brief zu drücken, der Feldpost ohne schwarzen Rand...

Letzter Tag des „Unternehmens Schamyl". Es war finster. Die Nacht wurde zum Eckensteher der Ungeheuerlichkeit, die Oberleutnant Pflug bevorstand. Hanefi schnupperte draußen herum. Er kam zurück und meldete, daß die Luft rein sei. Pflug nickte mechanisch, aber er sah den jungen Iwan, der sein Mädchen umarmte. Er stand daneben und konnte nicht wegsehen. Sie hielten einander fest, als wüßten sie, daß sie sich nie mehr wiedersehen werden. In dieser Umklammerung lag alles: die Angst vor der Zeit, die Gier nach dem Leben, die Zukunft ohne Boden. Sie ließen sich nicht los. Es dauerte dem Offizier zu lange. Aber vielleicht hat nur sein Neid die Zeit gestoppt.

Sie gingen hinaus. Hanefi voran, in der Mitte Pflug, zuletzt der Junge. Sie drehten sich noch einmal um. Nie würde Pflug den Blick vergessen, mit dem das Mädchen seinem Iwan nachsah. Langsam brach sich in dem Bewußtsein des Oberleutnants die Erkenntnis durch das Gewölk, daß Russen auch Menschen sind. Eine einfache Feststellung. An der Kriegsschule wurde sie geleugnet, und an der Front war sie schwer zu erkennen.

Dann übernahm der Iwan die Führung. Es mußte an diesem Abschnitt Stellungskrieg geherrscht haben, denn er kannte jeden Baum, jeden Strauch, jeden Graben, jede Stellung. Es war ruhig. Ein paar MG feuerten vorn, wohl aus Zeitvertreib. Ab und zu platzte am Himmel eine Leuchtkugel und verwandelte die Landschaft in eine kitschige Farbpostkarte.

In einer Mulde rasteten sie kurz. Der Russe bot ihnen Zigaretten an, echte, mit langem Papiermundstück. Pflug zögerte einen Moment. Aber in dem offenen Gesicht des Jungen lag so viel Zutrauen und ... Kameradschaft, daß er sie nahm. Er betrachtete Hanefi. Es war nicht viel von seinem Gesicht zu sehen, aber es wirkte wie aus Stein. Der Junge hatte natürlich längst bemerkt, daß sie keine richtigen Russen waren, aber er schöpfte keinen Verdacht. Schließlich hat er schon öfter Kaukasier getroffen, die seine Sprache nur radebrechen konnten.

Jeder Zug, den Pflug aus der Zigarette nahm, ätzte die Lunge mit Scham. Er wußte doch, wie es kommen würde. Wenn der zutrauliche Iwan sie nahe genug an die deutsche Stellung herangebracht hatte, würden, nein, mußten sie ihn ermorden, um den Mitwisser zu beseitigen. So rechnete der Krieg. Und die Menschlichkeit?

Pflug konnte nicht mit den Schultern zucken. Auf ihnen lag Blei. Tonnen von Blei. Er sah das Mädchen, den letzten Blick. Er las im Gesicht der Russin die große, ergreifende Bitte ... Und er sollte der Mörder sein? Hier ging es doch gar nicht mehr um das „Unternehmen Schamyl", dessen „Gelingen" als Ausrede bisher alle Ungeheuerlichkeiten wie ein zu kurz geratener Mantel gedeckt hatte, hier ging es schließlich um ihn, um seine Haut, um seine Knochen, die er vielleicht retten konnte, wenn ein Unschuldiger für ihn hinterhältig geschlachtet wurde.

Nein, dachte Pflug so verbissen, daß er das Wort hervorwürgte.

Hanefi sah ihn fremd an.

Der Junge legte warnend den Finger auf den Mund.

Der Oberleutnant warf die Zigarette weg. Sie hatten keine zwei Kilometer mehr vor sich. Sie durchliefen die letzte Meile des Wahnsinns. Rechts eine abgelöste Kompanie. Sie wichen nach links aus. Vorn jaulte eine Stalinorgel. Sie schoß seltsam unkonzentriert, als ob ihr die Munition ausgegangen wäre. Pflug grinste hämisch. Na, wartet nur, dachte er, das ist die Ruhe vor dem Sturm, dann gibt's Kattun! Das Lachen gerann zur Grimasse. Denn jetzt bedachte der Offizier erst, daß er auf die Seite gehörte, der der Dreck um die Ohren fliegen würde.

„Noch achthundert Meter", sagte der Junge flüsternd zu Hanefi.

Der Iwan ging voraus. Er warf sich auf den Boden und suchte die Nacht ab. Vorn rechts lag seine Einheit, links davon hatten sich Pioniere eingenistet. Und an der Nahtstelle zwischen den beiden Einheiten mußten die beiden Brandenburger versuchen, durchzubrechen.

„Hör zu", Pflug zischte Hanefi an und deutete auf den Führer, „ihm wird kein Haar gekrümmt ... hörst du?"

Der Tschetschene betrachtete ihn wie einen Geist. Der Oberleutnant rüttelte ihn derb am Arm.

„Ob du begriffen hast?" knurrte er halblaut.

„*Tichy!*" rief ihm der Junge zu. „Ruhe!"

„Ja", entgegnete Hanefi leise.

„Gut", versetzte Pflug, „ich verlaß' mich auf dich."

Sie gingen weiter. Sie krochen Zentimeter um Zentimeter. Sie zerrissen sich die Haut im Gestrüpp und die Uniform an den Ästen. Aber sie wurden wie von einem Magneten angezogen. Sie liefen Slalom um die hinteren Einheiten der HKL.

Sie umgingen Posten. Sie hatten noch die letzte Linie zu durchbrechen, dann waren sie im Niemandsland ...

Der Junge deutete auf die Stellung seiner Einheit. Pflug gab ihm die Hand. Bevor der Offizier noch begriff, hatte sich Hanefi von hinten auf den Iwan gestürzt. Beide fielen zu Boden. Als Pflug auf den Tschetschenen einschlug, sah er, daß es zu spät war. Der Messerstich mußte von hinten das Herz getroffen haben.

Der Oberleutnant kniete neben dem Jungen. Er zwang sich, in das Gesicht zu sehen, das naiv und verwundert aussah, und friedlich. Das war das Ungeheuerliche.

Pflug sprang auf, ging mit verzerrtem Gesicht auf Hanefi zu, entschlossen, Hanefi zu erwürgen. Und er hoffte, daß der Tschetschene türmen würde. Aber er wich nicht zurück. Und Pflug ging nicht weiter. Ein paar Sekunden lang starrten sie sich an. Dann senkten sie fast gleichzeitig den Kopf.

„Es ... es ging nicht anders ...", sagte Hanefi.

Der Offizier zog ihn weiter. Nur den Jungen nicht mehr ansehen müssen, nur nicht mehr daran denken, nach drüben starren, robben, kriechen, springen, einen Haken schlagen und dafür sorgen, daß einem die eigenen Leute zu guter Letzt nicht noch umlegen.

Daran war zu denken. Sonst an nichts.

„Komm", sagte er zu Hanefi.

Der Tschetschene schüttelt den Kopf.

„Nein."

„Wieso?"

„Ich bleibe hier."

„Warum?"

„Ich schlage mich in meine Heimat durch ..."

„Du hast keine Chance ... komm mit ... du gehörst jetzt zu uns ..."

„Ich gehöre nicht zu euch", antwortete er. Es klang nicht wie ein Vorwurf. Es hörte sich an wie Resignation.

„Ich befehle es dir!" zischte Pflug.

„Das ist der einzige Befehl, den ich nicht ausführe", entgegnete der Mann, dem Pflug mindestens ein dutzendmal sein Leben verdankte.

„Komm“, bat der Oberleutnant weich.

Hanefi nickte. So gingen sie weiter. Pflug voraus, der Tscheschene hinter ihm.

Sie waren genau in der Mitte des Niemandslandes, als sie ausgemacht wurden. Eine Leuchtkugel platzte. Sie hauten sich in Deckung. Das Geräusch warnte beide Seiten. Ein russischer Suchscheinwerfer fraß sich in die Nacht. Sie preßten sich in den Boden, als ob sie in die Erde kriechen könnten. Aber die Erde war hart geworden im Krieg. Als sie erkannten, daß sie Zielscheiben waren, sprangen sie auf. Es war ein Wunder, daß sie von den Geschossen nicht getroffen wurden. Sie kamen vorübergehend aus den russischen Scheinwerfern heraus. Pflug drehte sich um. Hanefi nickte. Die letzten neunzig Meter.

Einem ruhigen Tag an der Front war eine ruhige Nacht gefolgt. Auf der deutschen Seite genoß man es entsprechend. Alles war ein bißchen lässiger als sonst. Man wußte, daß die rote Invasion bevorstand. Aber es gab keinen Zweifel, daß die russische Dampfwalze erst in einer Woche angelassen würde. Die Soldaten hatten längst gelernt, sich auf einfache Vorzeichen zu verstehen wie die Bauern auf die Wetterregeln.

So standen zwei am MG und unterhielten sich.

„Wenn ich Schwein hab' ... komm' ich noch weg“, sagte der Unteroffizier zu dem Schnäpser, „der Chef hat den Urlaubsschein unterschrieben ... wenn sich das Bataillon nicht noch einmischt ...“

„Du hast's gut ...“, entgegnete der Schnäpser verdrossen. „Ich gönn's dir ja ...“

„Schade, daß du Margot nicht kennst“, fuhr der Unteroffizier fort.

„Jeder hat seine Margot ...“

Dann sah er einen Schatten. Sicherungsflügel zurück, Ziel gesucht, das war eins. Zwei Schatten. Zwei Russen.

„Die sind verrückt geworden“, sagte der Unteroffizier. Dann zog er den Kolben des MG fest an die Schulter.

Der rechte Abschnitt hatte auch nicht gepennt. Ein Scheinwerfer lieferte Büchsenlicht.

„Das", sagte der Schnäpser und deutete auf die Stelle, zu der Pflug abgerollt war.

Der Mann am MG nickte phlegmatisch. Er nahm mit den Augen Maß für den nächsten Sprung. Der Verrückte mußte direkt in die Geschoßgarben hineinlaufen.

„Die sind besoffen", erklärte der Unteroffizier.

Pflug sprang. Das MG belferte. Daß der deutsche Offizier in der russischen Uniform statt nach links nach rechts einen Haken geschlagen hatte, rettete ihn. Er brüllte wie ein Irrer. Aber das fetzende MG machte seine Worte nur zu einem schauerlichen Geheul.

Der hintere der beiden Angreifer war jetzt ganz besoffen. Er stand auf, kerzengerade. Der Scheinwerferkegel erfaßte ihn. Hau dich doch hin, du dämlicher Hund, dachte der Unteroffizier fast mitleidig, als er feuerte.

„Deut-scher!... Ich bin... Deut-scher...", hörte der Schütze jetzt, während er das Ziel wechselte.

Pflug hatte verfolgt, wie sich Hanefi für ihn geopfert hatte. Dieses letzte Opfer von „Schamyl" trieb ihn hoch. Offen taumelte er auf die deutschen Linien zu.

„Ich bin... Deut-scher!... Aufhören! Feuer einstellen!" Der Oberleutnant war bis auf vierzig Meter an das MG herangekommen.

„Der meint, wir fallen auf den faulen Zauber 'rein", sagte der Unteroffizier und grinste. Wie war das in der letzten Woche? „Kommt herüber", hatte ihnen ein Iwan aus dem Megaphon in einwandfreiem Deutsch zugerufen, „bei uns gibt's Erbsensuppe mit Speck... faßt Proviant und kehrt wieder zurück... wir krümmen euch kein Haar!"

Münnelmann, der sture Stabsgefreite, hatte durchgedreht, sich sieben, acht Kochgeschirre geschnappt und war auf das Niemandsland zugelaufen. Zwei Stunden später hatten sie ihn geborgen. Selbst die Kochgeschirre waren noch durchlöchert...

Der Unteroffizier zielte sorgfältig. Er hatte Pflug genau im Visier. Jetzt, dachte er.

„Deut-scher!“ schrie Pflug.

„Laß doch“, fuhr der Schnäpser seinen Gruppenführer an, „einer tut uns ja nichts ...“

Der Schütze zögerte einen Moment.

Pflug kam mit erhobenen Händen. Er sprach und schnaufte gleichzeitig. Sie verstanden nichts. Aber sie führten ihn zum Chef, der Pflug sicherheitshalber fesseln ließ und zum Bataillon zurückschaffte. Im Tagesrapport meldete er die Gefangennahme eines Spions. Das Bataillon schickte Pflug zum Regiment. Ein schlauer IA hörte zu und hängte sich an die Strippe. Er erwartete Gelächter und erntete einen Anpfiff, weil er nicht schon früher telefoniert hatte.

Der Krieg hatte sich eine schier unbegreifliche Farce geleistet: Oberleutnant Pflug wurde zum einzigen Überlebenden des wahnwitzigen „Unternehmens Schamyl“ ...

Und dann stieg der Fronttheaterabend in Korca. Schnitzler und seine Leute, Zaungäste, die das Infanteriebataillon nicht miteingeplant hatte, konnten es nicht erwarten. Was sie vorhatten, brächte jedem anderen Soldaten die Versetzung in das Strafbataillon. Aber sie spielten, wenn auch auf ganz anderem Klavier heute: Hie guet Brandenburg allewege ...

Der große Dorfsaal ist voll besetzt. In der ersten Reihe geschniegelte Offiziere neben weiblichem Wehrmachtsgefolge; auf den niederen Rängen die Landser, die sonst vorn sind. Irgendein seichtes Stück. Aber das ist ohnedies wurscht. „Drei Schauspielerinnen und vier Herren“, steht auf dem Programm. Plätze sind knapp. Der Ortskommandant hätte gern die abzulösende Einheit Brandenburg miteingeladen. Aber er muß zuerst an seine Leute denken.

So sitzen sie hier im verstopften Saal. Der Vorhang öffnet sich, und schon setzt der erste Applaus ein. Mittlerweile haben Schnitzler und seine Leute das Dorf erreicht. Ein Panzerspähwagen fährt vor dem provisorischen Theater vor. Auf der anderen Seite geht eine Pak in Stellung, und ringsum, in einer Nebengasse, wartet ein halbes Bataillon auf den Auftritt.

Und mitten in die Pointe der „ersten Naiven" knallen die Schüsse einer Schnellfeuerkanone. Der Alarm beendet die Wehrbetreuung. Die Landser stürmen hinaus. Kommandos schwirren durcheinander. Keiner kennt sich aus. Jeder stolpert über jeden.

Der Alarm funktioniert wie gehabt: die Infanteristen sichern das Vorgelände, beziehen ihre Stellung, nehmen Fühlung mit der Nachbareinheit auf, machen sich zum Gegenstoß fertig. Während draußen Ordnung in das Durcheinander kommt, besetzen die Brandenburger innen den Saal. Alle reden gleichzeitig auf die verängstigte Theatergruppe und das weibliche Wehrmachtsgefolge ein.

Schnitzler springt auf die Bühne, hält die hohle Hand vor den Mund.

„Blinder Alarm!" Er lacht schallend. „Unter dem Schutz unserer Kameraden von der Infanterie kann die Vorstellung wieder beginnen." Die Heiterkeit zerreißt fast das Zwerchfell.

Allmählich begreift der Spielleiter den makabren Streich. Noch zögerte er.

„Los, Mann!" ruft ihm der Oberleutnant zu. Er klatscht vor Wonne in die Hand. „Den ersten Akt zum zweitenmal!" Er springt mit einem Satz von der Bühne.

„Das finden Sie wohl sehr lustig?" sagt jemand hinter ihm.

„Warum nicht?" fragt der Offizier und dreht sich lächelnd um.

Er sieht in ein kluges Gesicht von herber Schönheit. Er kann sich von der jungen Frau mit der schmalen, leicht gewölbten Stirn und den hellen Augen nicht losreißen.

Eine Ahnung trifft ihn wie ein Stromstoß...

Oberleutnant Schnitzler starrt in ein hübsches, flächiges Gesicht, das für eine Frau zu jung, für ein Mädchen zu reif wirkt. Der Offizier, der sich längst angewöhnt hatte, auf jede plötzliche Überraschung mit der Maschinenpistole zu reagieren, steht hölzern da, wie angeschraubt, halb betäubt, noch ganz benommen. Hinter ihr quirlen seine Kameraden herein. Er sieht nicht, wie sie mit brüllendem Gelächter den Hinauswurf der Infanterie aus dem Theatersaal feiern, wohin nach ihrer Meinung Brandenburg so gut als Ehrengast einzuladen ist wie an die Front.

„Komm, Fee ...", sagt eine Rotkreuzschwester zu der vor Schnitzler Stehenden und will sie wegziehen.

Nicht Fee, denkt der Oberleutnant, Märchenfee ...

„Gleich", antwortet sie, „ich will nur diesem Herrn da noch ein paar passende Worte sagen ..."

Sie betrachtet Schnitzler, der starr vor ihr steht, und staunt.

„Haben Sie überhaupt eine Ahnung, was Sie anrichteten?" fragt sie ihn mit heller Stimme.

Der Offizier bemerkt hinter ihr das feixende Gesicht von Jonas. Der Prophet nickt ihm lebhaft zu. Und endlich beginnt Schnitzler zu schalten:

Warum trägt sie Zivil, überlegt der Oberleutnant, wie kommt sie hierher? Woher hat sie das dunkelbraune, enganliegende Schneiderkostüm.

„Es ist eine Gemeinheit, mit der Angst der anderen sich einen Spaß zu machen ...", fährt Fee ihn an.

„Ja", antwortet Schnitzler ... Und ihre Augen sind mehr blau als grün ... und wenn sie flüstert, muß es auf meiner Haut prickeln, als ob sie mit ihren Händen meinen Kopf krault ... Hamburgerin könnte sie sein, Berlinerin vielleicht, überlegt er weiter, lupenreines Hochdeutsch, ohne daß es affektiert wirkt. Vater mindestens Professor, für den ein Offizier wie ich ein Nichts, ein Dreck ist ...

„Landsknechtsitten!" fährt Fee erbittert fort, „ihr seid wie die ...

„Landsknechte, jawohl", entgegnet Schnitzler gehorsam ... „gnädiges Fräulein, wenn Sie mir jetzt noch sagen wollten, wie wir sonst noch sind ..." Bevor sie ihm antworten kann, setzt er hinzu: „Gestatten ... Fred Schnitzler ... von Beruf: armer Hund ..."

Fee geht weiter. Er folgt ihr sofort. Entgegen seiner Art starrt er nicht auf ihre Beine. Zu so einem Gesicht, sagt er sich, trägt man selbstverständlich schlanke Fesseln. Sie beschleunigt den Schritt. Aber sie bleibt im Gedränge stecken. Ein paar Landser lachen laut. Sie ist wütend, aber sie vergibt sich nichts. Fee dreht sich zu dem Oberleutnant um, zuckt die Schultern und geht auf einen Stuhl zu.

Schnitzler setzt sich neben sie. Er reagiert ganz mechanisch, ohne Absicht, ohne Arroganz ... Sie merkt es, schlägt die Beine übereinander, lehnt sich zurück, dreht sich um. Der Schock, den sie bei dem plötzlichen Alarm spürte, legt sich. Jetzt ist Fee doch erleichtert, daß die Schüsse der Schnellfeuerkanone nur ein geschmackloser Scherz waren. Besser ein roher Jux als heimtückischer Überfall.

Fee braucht nicht auf die Waffenröcke zu sehen, um die Eigenart dieser Wehrmachtseinheit zu erfassen. Sie betrachtet die Gesichter und erschrickt. Junge Burschen mit ledriger Haut, harten Linien und scharfen Rillen im Gesicht. Die Runen der Front, denkt sie, die Keilschrift des Krieges! Warum sollte man ihnen noch etwas übelnehmen? Was sie vor sich haben, ist vermutlich noch blutiger als ihre Vergangenheit ...

„Und die armen Infanteristen, die ihr in die Nacht hinausgejagt habt?“ sagt sie, und Schnitzler stellt fest, daß sie nur noch hinhaltenden Widerstand leistet.

„Meinen Sie nicht, daß es ihnen auch lieber ist, auf keine echten Partisanen zu stoßen?“

Fee will es nicht, aber sie muß über diese egoistische Logik lächeln.

Mittlerweile hat sich die Wachablösung im Saal vollzogen. Jetzt hat Brandenburg bis zum letzten Platz das Parkett gefüllt. Der Spielleiter darf nicht länger zögern. Die Gruppe des Fronttheaters macht sich fertig zur Wiederholung des ersten Akts.

Schnitzler sieht Fee von der Seite an. Sie merkt es und blickt gleichgültig geradeaus. Er betrachtet ihre Türkisaugen.

„Was machen Sie hier?“ wendet er sich an sie und merkt, daß

sich seine Frage nicht sehr intelligent anhört. Hastig setzt er hinzu: „Ist Ihr Vater General ... oder Ihr Onkel Parteibonze?"

„Mein Vater ist Eisenbahner", antwortet sie, „und mein Onkel vor neun Jahren gestorben ..."

In diesem Moment geht der Vorhang auf.

„Dieser Schnitzler ist ein Glückspilz", sagt Jonas hinter ihm.

„Geliebte ..." schnauft der Held auf der Bühne und breitet emphatisch die Arme aus.

Schön wär's, denkt Schnitzler, ohne nach vorn zu sehen. Könnte er es bestimmen, würde die Ouvertüre neben ihm gespielt.

„Immer die Offiziere ...", mault der Prophet und stößt Schultze an, der neben ihm sitzt.

Das Stück ist so flach wie die Zeit und so „lustig" wie der Krieg. Es ist eine dieser Plattitüden, bei denen der Held im ersten Akt seine Frau betrügt, im zweiten seine Strafe erhält, während sich im letzten alles als Irrtum herausstellt.

Von allen drei Aufzügen sieht Schnitzler nichts, bemerkt nichts vom Fehltritt bis zum Happy-End, spürt bloß einmal den Druck ihrer Schulter und fährt zurück wie vor heißem Eisen. Jetzt, während des Schlußapplauses, steht er neben ihr und ist neidisch auf sich selbst, weil ihm Fee nicht gleich davonläuft.

Mittlerweile hatte das aus dem Saal vertriebene Bataillon der Infanterie nach einem heillosen Durcheinander gemerkt, wer die „Partisanen" waren. Der Kommandeur fürchtete sich vor der Blamage. Der Adjutant verfaßte noch in der Nacht eine Meldung an das Kriegsgericht. Ein Kompaniechef erinnerte sich daran, daß er einmal von einer Brandenburg-Einheit herausgehauen worden war, und lud die Eindringlinge von Korca zögernd ein. Jetzt schämten sich die Offiziere des Verlorenen Haufens wirklich für ihren gefährlichen Streich. Nur kurz, nach Unart des Hauses.

„Kommst du mit?" ruft ein Leutnant Schnitzler zu, „ins Kasino?"

„Ja", erwidert er mechanisch und erschrickt. Er sieht Fee an.

„Bitte ...", sagt er bloß.

Sie betrachtet ihn von oben bis unten. Sein Gesicht mußte beredter sein als sein Mund; denn sie nickt.

Sie haben nicht weit zu der Baracke. Unterwegs erfährt der Oberleutnant, daß Fee eine blutjunge Ärztin in einem Arbeitslager der OT, eines halbmilitärischen Vereins, ist und nach Korca kam, um Medikamente zu organisieren.

„Und?" fragt Schnitzler.

„Fehlanzeige", erwidert sie.

„In dieses Land ... gehören Sie überhaupt nicht", entgegnet der Oberleutnant überzeugt.

„Ich bin auch nicht freiwillig da", versetzt sie schlicht.

Die junge Ärztin fröstelt. Sie lehnt sich leicht an Schnitzler, schiebt ihre Hand in seinen Arm.

Starkstrom, denkt er, als er die Berührung spürt ...

Einer, der es geschafft hatte, fuhr Richtung Heimat. Sooft der Schnellzug in die Kurve ging, purzelten die Urlauber durcheinander. Dann jeweils scheuerten die Räder funkenstiebend auf den blanken Schienen, daß man Angst bekam, der Zug könnte aus den Pantinen kippen. Trotzdem hätte ihn Unteroffizier Dörner am liebsten noch mit der Peitsche angetrieben. Es ging ihm zu langsam. Er rutschte unruhig hin und her, rauchte wie ein Schlot, fluchte wie ein Bierkutscher, und fast hätte er auch noch wie ein Schloßhund gebellt.

Er hatte Eva ein Telegramm geschickt. Jetzt mußte sie wissen, daß er kommen würde. Aber langsam, unendlich langsam. Manchmal verfielen Dörners Gedanken deswegen in Raserei: Eva, dachte er, mein Gott, das Kind, Eva, wir ... morgen ...

Jetzt ist es doch gut, daß sie von Schlesien nach Süddeutschland umzog, denn es ist näher. Zur Mutter, die bei Evas Schwester lebte. In Augsburg. Dumme Geschichte, dachte der Unteroffizier, als Eva übersiedelte, gab es noch keine Fliegerangriffe auf Süddeutschland. Und jetzt standen sie beinahe täglich im Wehrmachtsbericht: leichte Störangriffe... mittlerer Sachschaden... die Bevölkerung erlitt Verluste. Nein, überlegte Dörner, ich schaff' euch weg, nach Niederbayern, oder in die Berge, aufs Land jedenfalls... euch alle drei, Eva, die Mutter und die Schwester.

Dann lachte er beinahe heraus. Alle vier natürlich, verbesserte er sich, schließlich bin ich doch Vater, auch wenn ich meinen Sohn zum erstenmal sehen werde. Zwei Jahre kein Urlaub! Zuerst wollte ich nicht... na ja, die alte Geschichte... Und dann ging es nicht. Aber jetzt, dachte er, vier Wochen, achtundzwanzig Tage, das sind sechshundertzweiundsiebzig Stunden.

Der Unteroffizier stand auf und ging durch die Abteiltür auf den Gang. Draußen, vor der Scheibe, wurden die Telegraphendrähte zu einem einzigen Bindestrich, Belgrad lag hinter ihm. Und bald mußte Österreich kommen. Macht bloß keinen Quatsch, sagte er sich, und dachte an die Partisanen. Sogar mit ihnen stand er heute gut...

Plötzlich kam einer mit krebsrotem Gesicht auf den Unteroffizier zu.

„Mensch, Dörner!" brüllte er.

So laut und unpathetisch konnten sich nur zwei von Brandenburgs Stammpersonal begrüßen. Sie ließen sich nicht los. Sie verstopften den Gang. Ein rundlicher Major mit einem Burgundergesicht blieb mißbilligend stehen und starrte sie an. Sie sahen ihn, aber sie machten sich nichts aus geflochtenen Schulterstücken.

„Du... Pregler!" sagte Dörner, „Mensch... dich hab' ich ja seit dem Quenzgut nicht mehr gesehen..."

„Komm' von unten", erwiderte er. Er lächelte. „Und vorher war ich ganz oben... im Norden." Preglers Gesicht wurde starr, als er hinzusetzte: „Murmansk..."

„Nie gehört", antwortete Dörner höflich, aber zerstreut.

Dann zog er den Kumpel in sein Abteil. Nach einigen persönlichen Fragen landete das Gespräch unweigerlich wieder an der nördlichen Front des Zweiten Weltkrieges. Dort, wo die

Gegend so flach wie ein Brett ist, wo man im Sumpf stecken bleibt oder auf eine Mine tritt, wo die Sonne nicht aufgeht, sondern nur kraftlos unter dem Horizont durchbricht...

Nordkarelien. Murmansk. Es war einer dieser Brandenburg-Einsätze, die ohne Rücksicht auf Mut und Blut gestartet wurden und die sich nach dem Gelingen als eigentlich sinnlos im Sinne der Strategie herausstellten. Denn die wichtige Nachschublinie konnte nur vorübergehend unterbrochen werden. Das hätte die Abwehr auch schon vor dem Verlust von mindestens hundert Brandenburgern wissen müssen...

Murmansk war der einzige eisfreie Hafen. Zunächst rollte von hier aus die eingleisige Bahnlinie nach Leningrad. Später legten hier die angloamerikanischen Konvois der nördlichen Eismeerroute an. Die Russen hielten einen Angriff auf diese Strecke für so unmöglich, daß sie den ganzen Abschnitt von Truppen entblößten. Nur alle drei Kilometer entlang des Schienenstrangs war eine Postenstation, besetzt mit fünfzehn bis zwanzig Mann.

Eine Kompanie Brandenburger sollte dafür sorgen, daß zwei dringend benötigte Regimenter der Roten Armee dorthin geworfen werden mußten.

War man erst dort, konnte es nicht so schwer sein, die Strecke zu sprengen, rechnete man sich am Berliner Tirpitzufer aus. Wie man hinkommen sollte, konnte auch Admiral Canaris nicht sagen, der den Einsatz befahl...

Zuerst hatten es die Männer des einheimischen Bataillons „Sissi“, finnische Brandenburger also, versucht. Ohne Erfolg.

Dann startete die deutsche Luftwaffe ihr Experiment. Ju 88, ausgerüstet mit Zusatztanks, bombardierten die strategisch wichtige Bahnlinie. Die Besatzungen flogen Einsatz um Einsatz. Da aber die Bomben den Nachschubweg höchstens für Stunden unterbrechen konnten, wurde das Unternehmen als unrentabel eingestellt.

Nun waren die Brandenburger an der Reihe. Sie versuchten es mit Schlittenhunden. Die Tiere brachten sich gegenseitig um. Um sie zu „kultivieren“, baute man eine eigene kleine

Hundestadt. Sechzig bis achtzig Polarhunde, jeder mit eigenem Auslauf umhegt, warteten nur auf die sie fütternden deutschen Soldaten, um ihnen an die Kehlen zu fahren. Höchstens an die Lappländer gewöhnten sich die Tiere halbwegs.

Also galt es, Lappen anzuwerben. Sie kamen in Massen, zutraulich und schlitzäugig. Und sie interessierten sich zunächst für Marketenderwaren und dann besonders für Schnaps. Sie schütteten das Zeug hinunter, bis sie umfielen; bevor sie aber umfielen, zückten sie das Messer und gingen aufeinander los. Nichts zu machen...

Vielleicht konnte man es noch mit Rentieren versuchen. Sie ästen wild, irgendwo im Gelände. Wenn die Lappen sie brauchten, pflegten sie sie einzufangen. Jetzt besorgte das Brandenburg. Es gelang auch; aber die ungezähmten Tiere brachen sofort aus, wenn sie Nordhirsche oder anderes Wild witterten. Hoffnungslos...

Man mußte wieder von vorn anfangen und auf die finnischen Waldläufer zurückgreifen. Aber auch Holzfäller sind keine Selbstmörder. Man drängte und lockte. Sie waren bereit, wenn es überhaupt eine Chance gäbe.

Und da kam ein Offizier auf den verrücktesten Einfall: Faltboote.

„Du hörst ganz richtig", sagte Pregler zu seinem alten Kumpel Dörner, „Klepperboote, Modell D, Super sechs, oben blau und unten silber... hundert Zweisitzer... aus den Bootshütten am Berliner Wannsee requieriert... und mit Außenbordmotor ausgerüstet."

Dörner schüttelte den Kopf. Aber er wußte längst: die verrückteste Idee ist Hausmacherart bei Brandenburg...

„Die Boote hingen so schief im Wasser", fuhr Pregler fort, „wie wir schräg aus der Wäsche schauten."

Warten. Nichts wie warten. Auf die nächste Schnapszuteilung. Auf das Licht jedenfalls nicht, denn hier geht die Sonne nicht auf. Aber das Eis muß schmelzen. In den Seen. An den Stromschnellen. In den Sümpfen. Dann geht's los. Massenstart. In russischen Uniformen. Durch die Wasserwüste, quer durch die Steppe, dem Weißmeer entgegen, in Feindes eigenem Land, das selbst den Russen zu trostlos ist, um es zu bewohnen.

Weiter! Durch! Eine Schleuse. Von Iwans besetzt; 'raus aus dem Wasser! Boot über die Schultern. Mit dem Motor. Und der Leichtkanone. Aus Aluminium, im Quenzgut eigens für diesen Einsatz konstruiert, ein trichterförmiger Ansatz als Verschluß, mit Acht-acht-Panzergranaten zu laden... Vorsicht, Feuerschweif beim Abschuß. Geheimschutz noch für die neuartige Waffe, dem Vorläufer der Nebelwerfer.

Maul halten! Absolute Ruhe! Die Iwans, da vorn, mit dem bloßen Auge zu sehen... Die Brüder pennen. Fünfzig Kilo im Kreuz. Die alte Lunge schnauft, daß das Nikotin nur so rasselt. Vorsicht, Sumpflöcher! Sechzig bis achtzig Zentimeter sinkt man plötzlich ein. Amen, wenn man das Bein bricht. Keiner darf lebend in die Hand der Russen fallen. Vorn in den Kniestrümpfen steckt Zyankali, des Quenzguts letzter Gruß. Wer umfällt, hat das Gift zu fressen, um ins Gras zu beißen.

Befehl ist Befehl... und „Herrschaften! Befehle werden bei Brandenburg ausgeführt", meinte der Kompaniechef vor dem Einsatz.

Vorsichtig das Ding wieder ins Wasser setzen. Der Motor springt an. Zwei in einem Boot, und das Gepäck, und die dämliche Leichtkanone, und nichts im Bauch, ha, ha, ha... Diese Scheißluftwaffe wirft die Verpflegungsbomben genau in den Sumpf; den Fischen zum Fraß... Strenges Verbot, mit Handgranaten zu fischen. Sie dürfen nicht benutzt werden, um das eigene Leben zu retten, sondern um den Feind zu töten. Basta... Punktum...

Wer frißt denn schon noch Lachs, rohen? Pfui Teufel! Keiner mehr, der hier dabei ist.

Weiter! Moskitos. Hochzeit feiern die. In Schwärmen. Die Waldläufer bieten Creme dagegen an. Stinkt fürchterlich. Nicht zum Aushalten. Lieber an Moskitos verrecken als das ins Gesicht! Überhaupt lieber draufgehen als vorwärtshumpeln.

Vorsicht, Russentrupp! Hinhauen. Die Kerle pennen wieder. Wenn das bloß gutgeht. Lager errichten. Eins nach dem anderen. Auf der ganzen Strecke ... Wie bei der Besteigung des Himalaja ... Aber die Murmanskbahn liegt viel höher als ein Achtausender ... bei den Sternen.

Man greift nicht nach den Sternen ... Halts Maul, Kumpel. Friß das Zeug, Menü à la Murmansk, auch aus dem Quenzgut, der Giftküche ... schmeckt wie Zyankali, ist aber nicht tödlich, hi, hi, hi ... Pastete aus Tierfett, Kakao und Zucker ... das Manna Nordkareliens ... Manna fällt vom Himmel ... dieses Zeug auch ... Die Luftwaffe schmeißt es ab, ha, ha, ha ...

Am Ziel. Nicht zu glauben. Wie viele? Sinnlos, zu zählen ... Man sieht sowieso alles doppelt ... Hoffentlich auch den Iwan, dann trifft man ihn wenigstens. So, Waffen reinigen, Bomben ausspucken und schön verstauen. Diese Russen! Gehen mit Hunden die Strecke ab ...

Prächtig, diese Finnen, legen Lederlappen aus, mit Renurin, für was die Biester bloß alles gut sind. Wenn sie nur nicht so stinken würden!

Da vorn fährt der Zug ... die Lokalbahn zur Front ... nicht mehr lange, na wartet, Freunde! Aha, nachts besonderer Parteienverkehr, vier- bis fünfmal gleich in der Stunde. Amerikanische Lokomotiven ... prima. Gleich stellt ihr euch auf die Hinterfüße und bäumt euch auf wie die Lipizzaner der Spanischen Hofreitschule.

Wenn's bumm macht ...

Auflösen in lauter Einzeltrupps ... Es muß schlagartig knallen. Auseinanderziehen, aber Verbindung halten ... Die Züge fliegen in die Luft, daß es eine Wonne ist ... Die Bomben vom Quenzgut sind die Wucht, Zünder so groß wie ein Füllfederhalter, abzuschrauben, und dann die Glasphiole, nicht größer als eine Bohne. Und die Aufschrift: „zwei Stunden", „sieben Stunden", „zwei Tage", „eine Woche", „ein Monat" ... Sprengzeit nach Maß, nach Farben geordnet; der ganze Regenbogen ist vertreten, alles, außer Schwarz.

Schwarz ist bloß die Zukunft ...

Die russischen Schweine hängen Wagen vor die Lokomotive. Ihr Affen... wir nehmen den Verzögerungssatz... da müßt ihr schon früher aufstehen, dumme Iwans, wenn ihr nicht in die Luft fliegen wollt!

Die ganze Murmanlinie brennt. Tolles Feuerwerk! Jetzt geht's los. Die Treibjagd. Genau wissen die Sowjets immer noch nicht Bescheid. Saboteure, denken sie, im eigenen Land... nichts wie 'raus aus dem Hexenkessel... wenn man Glück hat... schließlich haben wir unsere Toten nicht umsonst verscharrt.

„Du kennst den kleinen Maier?" fragte Pregler, der es überlebt hatte, jetzt.

„Ja", erwiderte Dörner. Der Bericht des Freundes wuchtete wie ein Dampfhammer gegen seinen Kopf. Aufhören, dachte er flüchtig, ich darf keine Kopfschmerzen haben, wenn ich zu Eva komme, nach zwei Jahren. Mensch, das Kind...

„Er war mein Freund", fuhr Pregler fort, „mehr als ein Kumpel..." Dabei rieb er sich die Augenränder rot.

„Und?" fragte der Unteroffizier.

„Hat gepennt, der Kerl... landete beim anderen Spähtrupp, aber gleich im Nachbarabschnitt... Auch bei denen klappte es..."

Los jetzt, nichts wie ab durch die Mitte, so schnell wie möglich!... Höchste Eisenbahn, seit die Murmanbahn in die Luft flog...

Da ist er, Pregler, müde, wie erschlagen. Achtlos stolpert er durch die Gegend, aber schnell ist er, wenn's darauf ankommt, ganz schnell.

Um die Ecke noch.

„*Stoi!*" brüllt so ein Russe, der ihn früher sieht.

Aber da knallt es schon. Pregler war schneller. Wie immer. Der Kerl fliegt auf das Gesicht. Erst sichert Pregler noch. Dann stürzt er zu dem Iwan hin, dreht ihn um... Starrt in die zusammengekniffenen Augen seines Freundes, des kleinen Maier, der schon immer kurzsichtig war, und der jetzt starr ist, tot.

„Kann doch nichts dafür!“ heult Pregler, „bin unschuldig...“

Die anderen wollen ihn wegziehen.

„An seiner Kurzsichtigkeit... ist er... gestorben...“

Keine Zeit zu verlieren. Der Leutnant zuckt die Achseln.

„Los“, sagt er, „ausziehen!“

Die anderen nicken. Und dann reißen sie ihm das Zeug herunter, dem Toten, dem kleinen Maier, dem feinsten Kumpel.

Der herzlose Befehl ist militärisch richtig. Nackte haben keine Nationalität... Und Toten ist sie wurscht...

„Sie haben ihn verscharrt“, sagte Pregler jetzt, „verstehst du... und ich bin durchgekommen... und nicht übergeschnappt... begreifst du das?“ fragte er Dörner.

„Du... du kannst doch nichts dafür“, entgegnete der Unteroffizier leise.

„Meinst du?“ Pregler sah zum Fenster hinaus.

Sie saßen noch Stunden nebeneinander. Aber sie redeten nicht viel. Pregler brütete. Dörner träumte. Pregler quälte sich mit Nordkarelien herum. Dörner war zu Hause. Endlich...

In München stieg der Kumpel um. Sie gaben sich die Hand. Sie sahen sich kaum an. Sie klopften sich auf die Schulter. In diesem Stadium des Krieges war es für zwei Brandenburger mit neunundneunzig Prozent Sicherheit ein endgültiger Abschied. Es brauchte ja nicht Nordfinnland zu sein. Der Krieg hatte für sie noch viele Schauplätze aufgespart.

Pregler ging weiter. Dörner sah ihm nach. Er hatte einen schlechten Geschmack auf der Zunge, aber er war froh, daß der Kamerad nicht mehr bei ihm war. Bei einer Beerdigung lacht man nicht. Auch nicht, wenn man Hochzeiter ist, wie Dörner. Die zweite Hochzeit...

Umsteigen. Abfahrt in zwanzig Minuten. Viel zu lange. Eine Stunde Fahrt noch von München bis Augsburg. Dörner wußte nicht, wie er sie überstand. Als der Zug im Hauptbahnhof der Fuggerstadt einlief, mußte er plötzlich lächeln, ganz weich, ganz versonnen. Natürlich, war doch schon einmal hier, dachte er, mit Eva, bei ihrer Tante Ernestine. Und so sah sie auch aus, weiß, und kurzsichtig... nein, stauchte er sich zurecht, bloß nicht an den kleinen Maier denken!... so besorgt und etwas schwerhörig. Und dann altbackene Glückwünsche, denn schließlich waren ja Eva und er auf der Hochzeitsreise...

Sie hatten es eilig, wieder weiterzukommen. Höflichkeitsbesuch bloß, Formsache... Erst am Abend merkte Dörner, daß ihm Tante Ernestine heimlich einen Hunderter in die Tasche gesteckt hatte. Hundert Mark von ihrer winzigen Rente...

Und da wußte er, daß er nie wieder über den Namen Ernestine lachen würde...

Jetzt stand der Unteroffizier mitten im Gedränge. Er hatte es nicht erwarten können. Jetzt ging es ihm zu schnell. Dörner hatte das Gefühl, daß das Glück ihn mit Luft füllte, bis er platzen müßte.

Er ging benommen weiter. Nein, sagte er sich, Eva konnte ja gar nicht am Bahnsteig stehen, sie wußte ja nicht, mit welchem Zug ich komme... nur, daß ich heute eintreffe. Und das kann man nicht verlangen, daß sie jeden Zug hier abwartet, wenn über zwanzig aus München eintreffen. Während es sich Dörner einredete, spürte er das alte Mißtrauen wieder. Er schämte sich. Aber er kam nicht dagegen an. Noch in seinen Kniekehlen fühlte er die plötzliche Schwäche.

Er ging weiter. Durch die Hauptstraße. Hier hatte Tante Ernestine gewohnt. Da, im linken Haus. Mechanisch sah er auf die Namensschilder. Sie wohnte noch hier.

Dörner wußte nicht, wie er dazu kam. Er klingelte. Er hielt sich für einen Narren. Aber der elektrische Türöffner funktionierte. Parterre rechts.

Der Unteroffizier ging so langsam näher, daß Tante Ernestine schon unter der Tür stand. Sie hatte noch dasselbe Gesicht. Nur etwas älter war es geworden.

Sie standen reglos voreinander. Und Dörner spürte etwas auf sich zukommen. Er war jetzt ebenfalls wie versteinert.

„Eva?" fragte er mit erstickter Stimme.

Sie schüttelte den Kopf. Bevor sie noch ein Wort sagte, hatte Dörner alles begriffen. Ihr müdes Gesicht verfiel so, daß er noch Mitleid mit ihr hatte.

„Tot?“ fragte er.

„Ja“, entgegnete sie leise.

Dörner starrte zum Himmel.

„... Und ... das Kind?“

„Auch ... Alle ...“

Die alte Frau nickte. Dörner stützte sie, obwohl er selbst keinen Boden mehr unter den Füßen spürte.

Ruhig bleiben, sagte sich der Unteroffizier, auf die alte Frau aufpassen. Ich bin ganz klar im Kopf, ganz gefaßt ... Die Bombe ist ja gar nicht schuld ... ich bloß ... ich hätt' mich nicht so freuen dürfen ...

Die alte Frau brach am Tisch zusammen, stützte den Kopf in die Hände und weinte hemmungslos.

„Nicht ...“, sagte Dörner hilflos, „nicht doch ...“

Es war zuviel für ihn. Er sah sich noch einmal um. Dann ging er, ohne daß sie es merkte. Er hatte nicht weit. Zum Hauptbahnhof zurück. Frontleitstelle. Auf einmal spürte der Unteroffizier, daß er gar nicht mehr Dörner war. Er nickte. In seiner Haut steckte ein Fremder. Aber er wußte es und betrachtete sich kühl.

Es war kurz vor siebzehn Uhr. Der Feldwebel der Frontleitstelle packte schon seine Sachen zusammen. Dörner legte ihm wortlos seinen Urlaubsschein vor.

„Und?“ fragte der Feldwebel.

„Möchte zurück ... an die Front ... sofort ...“

Der Schreibstubenbulle tippte sich an die Stirn, sah dann in das ausdruckslose Gesicht Dörners, erschrak, und ging zu seinem Chef.

„Ein Verrückter“, meldete er, „will den Urlaub abbrechen ... und ...“

„Lassen Sie ihn herein“, entgegnete der Hauptmann.

Dörner stand stramm, wie es sich gehörte, meldete, daß er zurück wollte.

„Warum?“ fragte der Offizier, und betrachtete ihn.
„Fliegerschaden A“, antwortete der Unteroffizier.
„Angehörige?“
„Totalschaden.“

Der Hauptmann fühlte sich unbehaglich in seiner geschniegelten Uniform. Er mußte etwas tun, um dem Mann aus seiner Erstarrung zu helfen. Er bot ihm eine Zigarette an. Dann schrieb er wortlos die Marschpapiere aus, nicht zurück nach Jugoslawien, sondern zum Stammbataillon nach Brandenburg.

Dörner schlug die Hacken zusammen.

„Schlimm ...“ bemerkte der geschniegelte Hauptmann beim Abschied.

Dann saß der Unteroffizier wieder im Zug. Diesmal war es Dörner gleichgültig, ob es schnell oder langsam ging. Er las Stationsschilder, zuckte die Schultern. Er landete bei seinem Stammhaufen. Man wollte ihn zu seiner Einheit zurückschikken, aber da erwachte zum erstenmal wieder etwas Lebenswille in ihm. Nein, nur nicht erzählen müssen, nur nicht ...

So verschubte man den Unteroffizier nach Osten. Spezialeinheit. Partisanenbekämpfung. Er rollte und rollte. Er sagte kein Wort. Wenn ihm die anderen ins Gesicht sahen, erstickten ihre Witze noch vor der Pointe. Dann schlichen sie scheu aus dem Abteil hinaus.

„Nein ... hast du den gesehen?“ sagten sie zueinander, „der hat so was in den Augen ...“

Der Zug geriet in einen Partisanenüberfall. Dörner stieg auf einen Lkw um. Der Lastwagen fuhr auf eine Mine. Der Unteroffizier war der einzige Unverletzte. Er fuhr ein Stück mit einem Kübelwagen nach vorn. Dann blieb der Karren im Schlamm stecken. Auf dem Sozius eines Krads rollte er über ausgelegte Bretter zu seiner neuen Einheit.

Er meldete sich beim Spieß. Der Chef war nicht da. Es kümmerte Dörner nicht. Er zog in die Baracke und haute sich hin. Er döste, wie immer, mit offenen Augen. Einer nannte seinen Namen. Er drehte sich gleichgültig um. Es war wieder der Hauptfeldwebel.

„Zum Rapport", sagte er. „Nein... Stahlhelm ist nicht nötig..."

Auch das war Dörner wurscht. Er ging über den Gang. Nebenan versuchten sie mit Feuer gegen die Ratten anzugehen. Vis-à-vis hatten drei ein russisches Mädchen auf die Bude gezogen. Es fiel ihnen nicht schwer. Es waren Russen, freiwillige Legionäre Brandenburgs, geführt von deutschen Ausbildern.

Blicklos betrat der Unteroffizier das Zimmer des Chefs. Vom Spieß fast hineingeschoben, stand er stramm und meldete:

„Unteroffizier Dörner!"

„Mensch... Arschloch!" schrie der Hauptmann Pflug begeistert, der einzige Überlebende des „Unternehmens Schamyl", der einen Stern dazu erhalten hatte und nach einem Sonderurlaub von sechs Wochen wieder dabei war.

„Wie kommst du denn hierher?"

Dann ging er auf seinen neuen Gruppenführer zu und umarmte ihn. So laut und unpathetisch konnte sich nur Brandenburgs Stammpersonal begrüßen...

In Korca entwickelte sich der improvisierte Kasinoabend wie gehabt: laut, lärmend und hochprozentig. Die Gruppe des Fronttheaters ist vollzählig vertreten; das weibliche Wehrmachtsgefolge beinahe. Ein paar Offiziere des vertriebenen Infanteriebataillons noch. Der Rest ist Brandenburg. Und sehr durstig.

Oberleutnant Schnitzler sitzt etwas steif neben Fee, der jungen Ärztin — wortarm, doch gefühlsreich. Er betrachtet mit angewidertem Gesicht das trunkene Treiben. Sonst pflegt er sie alle zu überschreien. Heute ist er lärmempfindlich. Auch der Schnaps schmeckt nicht in alter Weise.

„Landsknechtsitten...", brummelt er vor sich hin.

Er fängt Fees fragenden Blick auf. „Nichts", setzt er hinzu und greift verlegen nach dem Glas.

Wenn sie mich bloß nicht immer so ansehen würde, denkt er, so distanziert, so überlegen, so spöttisch, so als ob ich nichts anderes in ihren Augen wäre als ein kleiner, dummer Junge. Schließlich habe ich doch schon den halben Krieg auf dem Buckel ...

Schnitzler steht auf.

„Kommen Sie, Fee", sagt er, „wir schnappen Luft."

Sie gehen auf den Balkon. Dort stehen schon zwei, wenn sie auch der Offizier zum Teufel wünscht.

„Sie", sagt er, „Fee ... Sie gefallen mir ... wie schon seit einer Ewigkeit keine Frau mehr ..."

Sie zuckt die Schultern und nickt dabei. Die Eitelkeit hat ihr der Krieg abgewöhnt.

Der Oberleutnant weiß nichts mit sich, nichts mit der Ärztin anzufangen. Er spürt, daß heute der Usus nicht Maß nimmt, daß die Sache mit Fee nicht so läuft wie immer, daß es Komplikationen geben wird, daß sie etwas hinter sich haben muß, weil sie alles so aus der Vogelschau sieht.

Wenn Fee ihn voll ansieht, liest er aus ihrem Gesicht das kühlste Mitleid, das er je verspürte. Auf dieses Gefühl pfeift er ohnedies. Aber so eistemperiert bräuchte Fee auch nicht zu sein ...

Während Schnitzler die Gläser nachfüllen läßt, klopft einer dem Oberleutnant von hinten auf die Schulter. Er fährt herum. Es ist sein Chef.

„Gratuliere!" sagte er.

„Zu was?"

„Na ... sieht doch ein Blinder."

Ein Blinder? überlegt der Offizier. Auf einmal taut sein Gesicht auf. Er grinst. Er strafft sich, wächst nach oben, sodaß die anderen automatisch kleiner werden. Dann geht er auf Fee zu.

„Na", empfängt sie ihn, „zufrieden?"

Die kann auch noch Gedankenlesen, flucht er, und stottert: Wieso?"

Von jetzt ab hält er sich an den Schnaps. Er wird sich von Fee nicht mehr aufs Glatteis führen lassen. Zu wohl ist ihm, aber ein Esel will er nicht sein. Sooft Fee ihn von der Seite ansieht und dann impertinent vor sich hinlächelt, möchte er aufspringen und einfach davonlaufen. Aber obwohl in seinem Kopf der Alkohol bereits mitdenkt, weiß er, daß nur er es bereuen würde.

Dann ist dieser Abend zu Ende. Sie sind beide müde geworden, aber einander nicht nähergekommen. Draußen, in der frischen Luft, weichen die Schnapsnebel aus Schnitzlers Bewußtsein. Er spürt den Druck ihrer Hand. Das impertinente Lächeln kann er nicht mehr sehen.

Vielleicht hat er sich auch getäuscht. Während er weitergeht, zieht er Bilanz:

Was bin ich denn? rechnet der Oberleutnant. Dreißig Jahre alt. Ein Kommißkopf, wenn auch hundertprozentig.

Was hab' ich gelernt? zieht er die Wurzel aus vier Jahren Krieg: Organisieren, Saufen, den Alten anschmieren, ein Mädchen versetzen...

Er nickt fast melancholisch mit dem Kopf. Ein Mädchen wie die anderen, irgendeine, bei der ich nicht der letzte bin, so wenig, wie ich der erste war. Aber vor einer Frau wie Fee stehe ich hilflos da, mit belämmertem Gesicht, und schwitze, daß sich der Uniformrock kräuselt und das EK I auf der Brust zu Wellblech wird...

Und sie ist höchstens vierundzwanzig, und schon Ärztin, und viel zu klug, und viel zu schön, und viel zu reif, um sich mit einem gelernten Barrashenkel, wie ich es bin, einzulassen. Recht hat sie, denkt er verbissen.

„Danke", sagt die junge Frau in diesem Moment. „Ich bin da..."

„Schon?"

Sie nickt.

„Es war ein hübscher Abend", setzt sie formell hinzu.

„Ich...", kaut der Oberleutnant an den Worten, „ich... möchte... ich meine... ich..."

Bevor er noch seine Zunge in Bewegung bringen kann, verwirrt ihn Fee schon wieder. Ganz schnell lehnt sie sich an ihn, zieht seinen Kopf herunter und küßt ihn flüchtig auf den Mund.

„Du bist doch ein netter Junge“, sagt sie dabei und geht in ihr Quartier.

Schnitzler sieht ihr nach, ohne jeden Begriff für die Zeit. Er muß etwas tun. Am liebsten würde er die anderen wecken, um ihnen sein Glück ins Gesicht zu brüllen. Aber er läuft sich bloß die Beine müde. Mit seinen Gedanken kann er das nicht. Er merkt gar nicht, als er das Dorf verläßt, daß er auf den Posten zukommt.

„Parole?“ wird er aus dem Dunkel angerufen.

Scheißparole, denkt der Offizier zerstreut. Dann lächelt er. Parole Zukunft ... Parole Fee ... Das Knacken des Sicherungsflügels macht ihn wieder nüchtern.

„Brandenburg ... Mensch!“ schreit er den Posten an und vertraut darauf, daß dieser Begriff immer noch ein Passierschein ist.

Endlich haut er sich in sein Feldbett, schläft wie ein Murmeltier, hört Pfiffe und badet wieder in seiner Zukunft. Blumen, verflucht noch mal, wo krieg' ich in diesem Dreckskaff Blumen her? Eine halbe Stunde lang versucht er es. Dann entschließt er sich, mit leeren Händen zu Fee zu gehen.

Zehn Minuten später begreift der Oberleutnant überhaupt nichts mehr. Er lehnt sich gegen den Eingang, als ob er sich festhalten müßte.

Die junge Ärztin ist abgereist. Vor einer halben Stunde. Ohne ihm etwas zu hinterlassen. Nein, nicht einmal einen Gruß. So verstört sieht der Offizier selbst dann nicht aus, wenn er die Kondolenzpost an die Angehörigen gefallener Kameraden abfertigt.

„Na“, sagt Jonas hinter ihm mit deutlichem Respekt.

Schnitzler geht weiter, ohne mit ihm zu sprechen.

„Die muß ja toll gewesen sein ...! Die beste bis jetzt“, räumt der Prophet ein. „Tu doch nicht so, als ob du nicht ...“

Der Oberleutnant bleibt stehen, dreht sich um. Er fuchtelt

mit der Faust, als ob er seinen ältesten Kumpel verprügeln wollte.

„Nichts war...!" schreit er Jonas an, „überhaupt nichts!"

Jetzt versteht der Prophet den Krieg nicht mehr. Dachschaden, denkt er, sie muß ihn ganz schön mitgenommen haben. Da marschiert Jonas nun schon seit einer Ewigkeit

für Führer, Volk und Vaterland —

durch Suff, Puff und Massengrab —,

aber so einen Narren traf er noch nie an, der ein Liebesabenteuer leugnet, obwohl die anderen nach der Devise: ... marschiert im Geiste mit ... dabei waren.

Eine Weile versucht Oberleutnant Schnitzler, gegen die Erinnerung an die Begegnung mit Fee anzukämpfen. Aber seine Gedanken laufen immer wieder wie von selbst zu ihr zurück. Er sieht sie in ihrem Behandlungsraum, der tristen Baracke am Stadtrand von Belgrad; er erkennt sie im weißen Ärztekittel, im Gespräch mit Kindern, bei der Untersuchung von Arbeitern. Und er betrachtet sie im Abendkleid und sieht sich an ihrer Seite, schilt sich einen Trottel, aber weicht nicht von der Stelle ... wie jetzt, mitten in der Offiziersbesprechung. Am unrechten Ort, zur falschen Zeit.

Die Division hat einen Hauptmann als Kurier entsandt; gesucht werden wieder einmal freiwillige Selbstmörder für das „Unternehmen Rösselsprung". Hinter diesem idyllischen Namen verbirgt sich der jüngste Amoklauf der Abwehr.

„Hier", sagt der Hauptmann und deutet auf die Karte, „in diesem Gebiet hält sich Tito auf ... die Freiwilligen sollen sein Hauptquartier erkunden ... und den Partisanenführer in einer minutiösen Zusammenarbeit zwischen Heer und Luftwaffe stellen ... Wir brauchen einen Offizier, der fließend serbisch spricht ... und ein paar Leute mit Erfahrung in Tarneinsätzen ... Sie werden in Belgrad eingewiesen, und dann ..."

Von dieser taktischen Erklärung hört Schnitzler nur ein Wort: Belgrad.

Belgrad heißt: Fee ...

„Wie gesagt ... Freiwillige", fuhr der Kurier fort. „Canaris wünscht ausdrücklich, daß niemand zu diesem schw... schwierigen Einsatz befohlen wird..."

Die Offiziere sehen einander an. Sie wissen, welche Ungeheuerlichkeit sich hinter diesem dürren Prospekt des Heldentods, den der Instrukteur wie ein Vertreter herunterleiert, verbirgt.

„Belgrad... sagten Sie?" unterbricht Schnitzler die Stille.

„Ja", entgegnet der Hauptmann und macht eine indignierte Bewegung der Hand.

„Schön", antwortet der Oberleutnant sofort, „ich melde mich."

Alle starren ihn an.

„Schnitzler", sagt dann der Kommandeur, der ihn gern hat, „denken Sie daran... daß Sie kaum eine Chance haben... zurückzukommen..."

Zu ihr will ich, überlegt der Oberleutnant... und nickt.

„Na, schön", bemerkt der Kommandeur abschließend. Es ist ihm eingefallen, daß er alle gern hat...

Ein paar klopfen Schnitzler auf die Schulter, andere murmeln hastige Worte, und einige verlassen den Raum mit Gesichtern, in denen steht: na, da habt ihr wieder mal einen Helden...

Und wieder steht der Wahnwitz auf Abruf. Der Offizier, der den Partisanenchef Tito mitten aus seinem Hauptquartier, irgendwo in den Bergen, kidnappen soll, trägt die Pause bis zum Heldentod mit Sturheit. Schließlich ist Oberleutnant Schnitzler lang genug bei der Haustruppe des Admirals Canaris, um zu wissen, daß Brandenburg heißt: der Wahnsinn ist Mode, der Frevel Methode, als Ziel gilt die Unmöglichkeit, und das Leben wird zur Nebensache. Denn das eigene wie das des Feindes sind nicht mehr als einen Schuß Pulver wert...

Jetzt schlendert Schnitzler, von jedem anderen Dienst freigestellt, durch die Gassen von Korca und kassiert die Reverenz seiner Kameraden. Mitunter humpelt doch etwas wie Reue hinter seiner Spontanmeldung her. Dann denkt er an sie, an die junge Ärztin, an deren Seite er erst vor einigen Tagen über den kurzen Weg langer Träume ging, und gibt sich abermals recht. Denn der Weg zu Tito führt über Belgrad, denkt der Oberleutnant; Fee sehen und ...

„Du Idiot", sagt Jonas, den Schnitzler nicht bemerkt hatte, „mußt wieder mal den Helden spielen." Er grinst hämisch. „Und das auch noch kurz vor Torschluß."

„Was weißt denn du", erwidert der Offizier, „halt die Klappe."

„Und uns ziehst du mit in den Dreck, Oberleutnant", fährt der Prophet fort.

„Wieso?" entgegnet Schnitzler zerstreut.

„Alleingang gibt's nicht ..." Jonas lächelt fast melancholisch. „Auf einen Knallkopf wie dich muß man doch aufpassen ..."

„Ihr seid verrückt!" antwortet der Oberleutnant. Er will schimpfen; aber seine Stimme klingt fast zärtlich.

„Nach dir", versetzt Jonas und geht weg, dreht sich dabei noch einmal um. „Auer und Schultze sind mit von der Partie." Er spuckt aus. „Freiwillig ... wir sind zu viert ... und der Schafkopf ist vollzählig."

Während sie noch mit dem Bataillon herumstreiten, vorzeitig nach Belgrad in Marsch gesetzt zu werden, um der Etappe ihre Aufwartung zu machen, wird ihr Schicksal aufgerufen. Bevor sie sich noch richtig verabschieden können, sitzen sie im Zug und lassen die Flasche kreisen. Slibowitz. Hochprozentig. Wenn man zu viel trinkt, gibt's Sodbrennen. Wie vor dem Einsatz. Jetzt wissen sie nicht genau, woher es kommt.

Die Zugachsen rattern: Rös-sel-sprung ... Rös-sel-sprung ... So heißt die geplante Entführung Titos.

Schnitzler starrt ins Leere und sieht dabei immer das gleiche: sie, Fee. Wie beim erstenmal, im Theatersaal, als sie ihn anfuhr, als es ihm im ersten Moment ging wie dem Passanten auf der Straße, der eine plötzliche Begegnung hat und weiß: das ist sie;

und der dann ein paar Herztakte lang in Augen sieht und dabei des Menschen ungestümes Verlangen nach seinen unerfüllten Träumen spürt, um im nächsten Moment, beim Weitergehen, zu wissen: vertan, versäumt, verspielt...

Ich bin nicht weitergegangen, überlegt Schnitzler. Sie ist weggefahren. Aber nicht für immer, höchstens vorübergehend.

„Aber zwei Tage machen wir in Belgrad doch mindestens blau, Oberleutnant?“ fragt Schultze.

Schnitzler hört es nicht.

„Laß ihn“, grinst der Prophet, „der ist wieder im siebten Himmel.“

„Tito wird ihm das Paradies schon zeigen“, grunzt Auer gereizt.

„He, Oberleutnant“, stößt der Prophet Schnitzler an, „kommst du mit in den ‚Kakadu‘?“

Der Offizier schüttelt den Kopf.

„Wie wär's mit der ‚Roten Laterne‘?“ fragt Schultze. „Das letztemal hatten die eine halbe Kompanie Mädchen auf Lager... im Badeanzug...“

„Man muß gerecht sein“, ergänzt Auer, „alles an Serbien ist auch nicht schlecht...“

„Ihre Puppen sind mir lieber als ihre Partisanen“, beteuert der Prophet.

Versteh' ich alles nicht mehr, überlegt Schnitzler. Er hört ihre Worte, aber er begreift nicht, daß es vor kurzem noch seine eigenen waren. Plötzlich kommt in ihm ein wilder Zorn hoch. Ihr, denkt er, und meint alle Verflossenen auf einmal, wie könnt ihr euch erfrechen, euch mit ihr zu vergleichen?

Schaut euch mal Fee an, dann wißt ihr, wie eine Frau zu sein hat: sie muß eine schmale, leichtgewölbte Stirn und helle Augen haben, grün und blau, ja, mindestens zwei Farben auf einmal...

Wieder stößt ihn Jonas an.

„Wir sind gleich da“, sagt er, „komm wieder zu dir, Oberleutnant!“

Schnitzler nickt zerstreut. Das Dumme ist bloß, überlegt er

abschließend, daß sich Fee mit so einem Kerl wie mir niemals einlassen wird...

Sie sind da und greifen mechanisch nach ihrem Gepäck. Der Offizier, der sich auf der ganzen Strecke vornahm, zuerst die junge Ärztin zu besuchen, geht jetzt doch mit lahmen Schritten auf die Verbindungsstelle der Abwehr zu, während die anderen es eilig haben, sich davonzutrollen und Belgrad zu feiern, wie es fällt.

Der Abwehrbeauftragte, ein waschechter Berliner, ist so hager, als ob er die Auszehrung hätte. Er trägt Zivil, vielleicht weil er in der Uniform aussehen muß wie der Ritter von der traurigen Gestalt.

„Da sind Sie ja", sagt er und gibt Schnitzler die Hand. „Tja", setzt er hinzu und trommelt mit den langen Fingern auf den Tisch. „Rösselsprung, also..." Er erläutert den Auftrag so zögernd, als ob ihm selbst die Ungeheuerlichkeit nicht einmal über die Lippen ginge. „Wir haben einen Mann... einen Serben... er bringt sie hin... der Bursche hat sich bereit erklärt..."

„Freiwillig?" unterbricht ihn Schnitzler.

„Na ja... ein bißchen haben wir nachgeholfen", räumt der Abwehroffizier ein.

Der Oberleutnant nickt.

„Die Sache ist die: wir haben ein Sonderkommando zusammengestellt. Einer von Ihnen muß lebend durchkommen..."

Einer muß, denkt Schnitzler verdrossen, dann können die anderen drei also in Ruhe krepieren, was?

„Und wir schnappen dann sofort zu", erklärt die Vogelscheuche weiter, „wenn Sie sich im Partisanenhauptquartier noch halten können, dann lassen Sie Tito nicht aus den Augen. Wir müssen den Kerl schnappen. So oder so."

„Und wann soll's losgehen?" fragt der Offizier gepreßt.

„Am liebsten noch heute", erwidert der Hagere, „spätestens morgen..."

Auch das noch, überlegt Schnitzler. Und dann betrachtet er den Serben, der mit einem Grinsen auf ihn zugeht.

„Milo heißt er", sagt der Abwehrbeauftragte aus Berlin.

„Sehr erfreut", entgegnet der Oberleutnant ironisch. „Ich nehm' Sie gleich mit", sagt er dann und drückt dem Serben die Hand. Dann läßt er ihn im Nebenzimmer warten.

Eine Viertelstunde danach ist das Himmelfahrtskommando bis in alle Einzelheiten abgesprochen. Es ist so unmöglich, daß es schon lächerlich wirkt. Wenn es nicht um unsere Köpfe ginge, denkt der Offizier...

Auf einmal spürt er ein schlechtes Gewissen. Die anderen drei, die feinsten Kerle meiner Kompanie. Ich hätte sie nicht mitnehmen dürfen. Mir geschieht's ja ganz recht, wenn ich Idiot...

Sie geben sich die Hand. Dann macht sich Schnitzler mit Milo auf die Achse. Hoffentlich finde ich die drei noch, überlegt er, solange sie nicht total blau sind.

Zwanzig Minuten später stößt er auf sie.

„Hier", stellt Schnitzler vor und grinst hämisch, „ein neuer Kamerad. Gib ihnen dein Pfötchen, Milo..." Er klopft dem Serben auf die Schulter. „Nehmt ihn mit auf eure Tour. Und morgen früh um sieben Uhr im Wehrmachtsheim, klar?"

„Morgen?" fragt der Prophet erschrocken.

„Leider...", versetzt der Offizier.

„Freunde, nützt die Zeit!" schließt Auer und zieht die anderen mit.

Auf einem geliehenen Kübelwagen braust der Oberleutnant durch Belgrad. Zweimal verfährt er sich. Dann stößt er auf das Barackenlager. Plötzlich hat er eine irrsinnige Angst, daß Fee nicht da sein könnte. Er stürmt einfach den Ambulanzraum.

Dann steht er irritiert vor ihr. In ihrem weißen Kittel sieht die junge Ärztin ganz anders aus.

„Krank?" fragt sie lächelnd.

„Das kann man wohl sagen", erwidert Schnitzler und spürt die Eifersucht auf jeden ihrer Patienten.

Heute ist heute, und morgen ist morgen, denkt er, und das Leben dauert noch mindestens zwölf Stunden, rechnet sich Schnitzler aus.

In Rußland gelang es Hauptmann Pflug nicht, Dörner aus seiner Erstarrung herauszureißen. Der Mann war wie ein Toter, der noch atmete.

Langsam, bruchstückweise, wie mit der Pinzette, fischte der Offizier aus seinem alten Kumpel die Vorfälle von Augsburg heraus.

Jetzt war Pflug verstört. Nein, gegen ein so ungeheuerliches Leid gibt es gar nichts. Kein Witz tröstet, kein Schnaps greift mehr an, und kein Einsatz hilft wieder darüber hinweg. Er sah Dörner an. Der Unteroffizier hatte einen so in sich gekehrten Blick, daß er bezweifelte, daß Dörner überhaupt noch eine Erinnerung an den alten Freund Pflug hatte.

Dabei schnurrte Unteroffizier Dörner wie ein Uhrwerk, das man aufgezogen hatte. Jeden Befehl führte er aus, jede Bitte wertete er als Auftrag. Er lief, ohne müde zu werden. Er lag im Beschuß, ohne Angst zu haben. Alles seltsam blicklos, starr, versteinert, eine Puppe, die von Fäden geführt wurde — ein Unteroffizier nach Maß, der perfekteste Soldat, den der Hauptmann je in seiner Kompanie hatte.

Er konnte ihn gebrauchen. Der Partisanenkrieg im Osten war nicht feiner als in Serbien. Aber Rußland ist größer. In den undurchdringlichen Wäldern zwischen Witebsk und Nevel mochten siebentausend schwerbewaffnete Russen stecken oder siebzigtausend. Wenn die Deutschen auf ein Haus stießen, durften sie darin nichts berühren. Jede Nahrung war vergiftet, jedes Gerät mit einer Sprengladung versehen. Wenn sie nicht mit den Minen in die Luft flogen, wenn sie nicht in den Sümpfen ertranken, wenn sie nicht in den Wäldern aus dem Hinterhalt niedergemacht wurden, eroberten sie allenfalls ein Dorf, das schon in Flammen stand. Und wenn sei einen Russen greifen wollten, um ihn über die Partisanen zu vernehmen, wurde er im letzten Moment von den eigenen Leuten ermordet. Es war ein Krieg ohne Gnade und eine Methode ohne Sinn.

Als Hauptmann Pflug zur Nachbarkompanie fuhr, wurde er von einer Streife der Feldgendarmerie gestoppt.

„Ihr Soldbuch, Herr Hauptmann", sagte ein Feldwebel.

Der Unteroffizier stellte sich neben den Wagenschlag. Der Lauf der MP deutete auf Pflug.

„Was soll das?" fragte er den Feldwebel.

„Wir müssen aufpassen, Herr Hauptmann. Neulich liefen Russen in deutscher Uniform herum. Tut mir leid ..."

„Gut", antwortete Pflug und griff in den Handschuhkasten, wie um die Papiere zu holen.

Dabei betrachtete er sich den bulligen Kettenhund noch einmal, bevor er ihm mit der blitzschnell gezogenen Pistole zwischen die Augen schoß und dann auch den anderen noch erwischte.

Pflugs Fahrer schüttelte verstört den Kopf.

„Aber ...", stotterte er.

„Sie Idiot", erwiderte der Hauptmann, „haben Sie nicht gesehen, daß der Feldwebel das ‚Spiegelei' auf der falschen Seite trug?"

Ein Zwischenfall bloß, wie er öfter geschah. Man brauchte Nerven wie Drahtseile. Früher wäre eine solche Machart nach dem Geschmack des Hauptmanns Pflug gewesen. Aber den Zahn hatten sie ihm während des „Unternehmens Schamyl" gezogen. Der Krieg machte ihm keinen Spaß mehr.

Es ging auf das Ende zu. Das wußte jeder, auch wenn es die wenigstens aussprachen. Aber Brandenburgs Ende sollte ganz anders kommen, als es die gewerbsmäßigen Draufgänger dieser Elitetruppe erwarteten. Brandenburg würde nicht bis zum letzten Mann verheizt werden und auch nicht anonym in der Kapitulation untergehen ...

Die Division wird von der Bombe zerfetzt, die Graf Stauffenberg am 20. Juli in das Führerhauptquartier wirft, Canaris als Mitverschwörer entlarvt und mehrere Offiziere seiner Haustruppe in das Attentat verwickelt, stellt die SS fest. Während des „Walküre"-Alarms hielt sich ein Bataillon bis neunzehn Uhr einsatzbereit, ohne daß es von den Verschwörern angefordert wird. So verstreicht dieser lähmende, bleischwere Tag ungenutzt. Diskussion statt Rebellion...

War schon vor dem 20. Juli Admiral Canaris die Befehlsgewalt über die Division Brandenburg entzogen worden, so wird sie jetzt ganz aufgelöst. Wer will, kann sich zu den SS-Jagdverbänden Skorzenys melden. Die anderen werden, als die Heimat nur noch ein Schrumpfdeutschland ist, von der „Division Großdeutschland“ geschluckt. Damit endet das Schicksal der Einheit Brandenburg.

Der größte Teil dieser Elitesoldaten ist in fünf Kriegsjahren ohnedies verheizt worden. Ein kleiner Teil überlebt mit den Resten von „Großdeutschland“ den Krieg und hat die Schnauze voll. Ein winziger Rest läßt auch nach dem Krieg das Mausen nicht und stellt sich den Spionagezentralen zur Verfügung. Die Hälfte dieser Brandenburger kämpft im Westen gegen die andere Gruppe Brandenburger im Osten.

Alte Kameraden...

Aber vom Schicksal ihrer Division wußten Pflug und Dörner damals nichts. Sie sollten es auch nicht mehr erleben. Ihre Stunde schlug bei Saretsche. Sie wußten, daß es eines Tages so kommen mußte, aber sie weigerten sich, es zur Kenntnis zu nehmen. Der Hinterhalt, in den sie fallen würden, wurde nicht von den Partisanen, sondern in Berlin gelegt. Was Stalin nie geschafft hätte: die Erhebung eines ganzen Volkes gegen die deutschen Okkupanten, gelang der Politik des Verbrechens spielend, durch Einsatzkommandos, Massenerschießungen und Vergeltungsaktionen. Der Massenmord machte aus jedem Russen einen Patrioten. Der Widerstand wuchs im Quadrat: aus einem Partisanen wurden zehn, aus hundert tausend; wer noch eine Waffe tragen konnte, ob Mann, ob Frau, ob Kind, ob Greis, wurde Partisan, Patriot und Heckenschütze...

Wieder wurde einer dieser Befehle aus Berlin vollzogen. Gerüchte über Meuterei russischer Verbände in deutschen Diensten gingen um. Einzelne Hiwis waren zu ihren Landsleuten übergelaufen. Ein Exempel sollte statuiert werden. Brandenburgs russische Legionäre hatten befehlsgemäß zuzusehen;

ihre deutschen Ausbilder sollten sie mit der blanken Waffe während der unmenschlichen Prozedur in Schach halten.

Kein Mensch konnte sagen, ob die armen Teufel, die gefesselt an den Galgen herangeschleppt wurden, schuldig waren oder nicht. Sie starben schweigend. Ausnahmslos. Die Legionäre sahen schweigend zu. Nur ihre Gesichter waren in Bewegung.

Hauptmann Pflug stand fahl daneben. Er konnte nicht mehr. Er war fertig. Dörner sah es und nickte. Der Offizier ging. Dörner blieb. Er sah zu. Ihn erregte nichts mehr. Für ihn gab es nichts Schlimmeres als das eigene Erlebnis. Er vegetierte in einem unsichtbaren Schneckenhaus. Er hätte genauso blicklos zugesehen, wenn der Strick um den Hals sein Gesicht so verzerrt hätte.

„Wegtreten!“ befahl er danach.

Die Leichen hatten als Hitlers Blutfahnen noch ein paar Tage zu hängen.

Mit der Kompanie Pflug war längst eine Veränderung vorgegangen. Aber von diesem Tag an wurde sie deutlicher. Die deutschen Unterführer stießen auf Gemurmel, Getuschel und Gezischel. Die Befehle wurden widerwillig ausgeführt, kommunistische Lieder gesungen. Ein Georgier bezichtigte einen Ukrainer der Verschwörung; ein Sunnit denunzierte einen Schiiten; ein Weißrusse wußte von Kontakten eines Sibiriaken mit den Partisanen. Es war ein Durcheinander mit System. Es sollte Verwirrung stiften. So sehr sie sich äußerlich zerfleischten, sie hatten nur einen Feind: ihre deutschen Führer.

Unteroffizier Dörner kam an einer Baracke vorbei und hörte Stimmen. Das Fenster stand offen. Er wollte weitergehen, aber er fing Pflugs Namen auf. Er blieb stehen und horchte. Selak, dachte er, er ist also der Anführer.

Und dann hörte er den Plan seiner eigenen Ermordung so teilnahmslos an, wie er die Massenhinrichtung verfolgt hatte.

Er ging weiter. Meldung war Befehl. Befehle befolgte Dörner. Selbstverständlich.

Hauptmann Pflug schüttelte die Schultern.

„Ich habe es deutlich gehört... und Wort für Wort verstanden“, sagte der Unteroffizier.

„Wo sollen wir anfangen?“ wehrte der Hauptmann ab. „Mir haben Russen im Kaukasus das Leben gerettet. Kann sein, daß sie putschen. Ich glaube es nicht...“

Er sah den Widerspruch in Dörners Gesicht.

„Woran soll ich denn überhaupt noch glauben?“ brüllte Pflug.

Ein Funken Leben in Form der Zustimmung glitt über das Gesicht seines Freundes. Was sollte Dörner antworten? Wußte er es denn?

„Ich nehme es nicht zur Kenntnis“, sagte der Hauptmann abschließend. „Ich gehe mit meinen Russen durch dick und dünn...“

„Gut“, entgegnete Dörner.

„Und wenn sie mich umbringen...“

Der Unteroffizier schloß die Tür.

Dann ist wenigstens endlich Schluß, ergänzte Pflug in Gedanken.

Drei Tage später war es soweit...

Er sitzt neben ihr und feiert alles der Reihe nach auf einmal: Geburtstag, Leibspeise, Beförderung, Haupttreffer und Hochzeit. Sooft Oberleutnant Schnitzler mit ungläubigem Jungengesicht die junge Ärztin anstarrt, lächelt sie zurück. In einer halben Nacht möchte er ihr die ganze Welt zu Füßen legen, läßt Beziehungen spielen, mobilisiert den Schwarzmarkt, bombardiert Fee wahllos mit Schokolade, Zigaretten, Sekt und Kaviar. Sie möchte ärgerlich werden und lächelt dann doch über ihn.

Sie ziehen von Lokal zu Lokal. Sie werden immer lustiger. Fee war sofort bereit, mitzukommen. Das triste Barackenlager sieht sie alle Tage, aber nach Belgrad kommt sie nicht alle Nächte. Der junge Oberleutnant sieht in ihr Gesicht, in ihre flimmernden Augen. Aus ihrem enganliegenden, dunklen Kleid schälen sich weiche, zärtliche Arme wie eine stete Verlockung. Dann blickt er zur Uhr.

„Was schielen Sie denn immer nach der Zeit?“ fragt Fee.

„Ich will mich nur vergewissern, daß die Nacht noch nicht vorbei ist.“

„Keine Sorge, wir beenden sie schon rechtzeitig“, entgegnet die junge Ärztin.

Mitunter hat der Offizier die Empfindung, daß sie ihn mag, und später sieht sie ihn wieder so an, als ob er sie ständig belustigte. Dann jeweils kommt er sich vor wie ein Trottel. Aber heute ist es seine Lieblingsrolle. Er trinkt aus Glück und Angst; er trinkt aus Zeitmangel.

Fee stößt ihn von der Seite an. Er mißversteht es, sieht sie fest an dabei; so nahe war er bisher ihrem Gesicht noch nie gekommen. Seine Augen betteln fast.

Die junge Ärztin hebt sein linkes Augenlid.

„Natürlich, ganz gelb die Pupille“ sagt sie, „wahrscheinlich die Galle...“ Ihr Gesicht wirkt auf einmal ganz sachlich. „Hoffentlich noch nicht die Leber...“

„Aber hören Sie mal...“, versetzt der Oberleutnant.

Sie betrachtet ihn wie ein Studienobjekt. Dabei spielt ein bösartiger Zug um ihren Mund.

„Ich weiß ja nicht, ob Sie den Krieg überleben...“, meint sie, „aber ich würde doch die Leber schonen... für alle Fälle...“

Er schiebt mechanisch das Glas weg. Sie merkt es und lächelt wieder. Jetzt ärgert sich Schnitzler und trinkt in einem Zug aus.

„Kommen Sie“, sagt er und steht auf.

„Können Sie noch fahren?“ fragt Fee sachlich.

„An Ihrer Seite immer“, sagt der Offizier dümmlich. Er grinst und greift die beiden Flaschenhälse ab. Nachschub führt er für alle Fälle in den Taschen.

Aber dann wird er schon während der Fahrt wehmütig. Er weiß, daß Fee in einer kleinen Villa in der Nähe ihrer Dienststelle wohnt. Nie wird sie mich einladen, überlegt er, und wenn ich sie frage, ob ich mitkommen darf, lacht sie bloß. Er fährt langsamer, weil er grübelt.

Fee zündet sich eine Zigarette an, betrachtet ihn im flackernden Schein ihres Feuerzeugs und lächelt wieder so impertinent.

„Na ... wissen Sie nicht, wie's weitergeht?" fragt sie ironisch. „Stockt das Programm? Schnaps haben sie sicher dabei? Und nun ... darf ich noch auf eine Tasse Kaffee? ... Ich bin ganz artig ... Nein, das dürfen Sie nicht von mir denken ... Und dann hinauf, gleich zu Hause auf meinem Sofa, Licht aus, Flasche auf, ein bißchen tanzen und dann ... Übergang zur Sache ..." In höhnischem Tonfall setzt sie hinzu: „Und dann: Sei doch nicht so ... genieß den Krieg, der Friede wird furchtbar ..."

Im ersten Moment ist Schnitzler verblüfft.

„Ist doch so?" fragt Fee.

Der Offizier gerät in Raserei über sich selbst. Bin ich ein Kind, ein Narr, ein Idiot? ... fragt er sich gereizt. Und dann ist es doch gar nicht so. Ich bin anders als die anderen, wenigstens seit ...

Jetzt muß Schnitzler doch über sich lächeln. Dabei sieht er auf die Uhr. Zwei Uhr morgens. Sein Gesicht wird wieder glatt. Noch fünf Stunden Leben ... keine Zeit zum Schmollen.

„Übrigens können Sie den Kaffee bei mir trinken", sagt Fee jetzt knapp.

Im ersten Moment begreift er ihre Worte nicht, im zweiten Impuls sagt er „Fee", in der nächsten Sekunde gibt er Gas.

Ihre Wohnung ist so, wie er es sich vorgestellt hat: klein, hübsch und ein bißchen feminin. Kuschelig, so richtig zum Wohlfühlen, denkt er.

Sie will in die Küche gehen.

Schnitzler nimmt seinen ganzen Mut in seine Hände. Er zittert leicht, als er die junge Ärztin an sich zieht. Sie macht sich los, härter, als sie wollte.

„Bitte", sagt er, „ich möchte ..." Er entfernt sich ein paar Schritte, als ob er sofort tätige Reue üben wollte. „Nicht böse sein."

„Bin ich nicht", erwidert sie sachlich.

Sie setzt sich auf die Couch, Schnitzler auf den Polsterstuhl daneben. Sie trinken beide. Auch Fee greift rascher nach dem Glas. Er starrt das grelle Licht an. Sie steht auf und löscht es.

Mit der gedämpften Beleuchtung kommt auch Schnitzlers alte Stimmung wieder.

„Ich versteh' Sie nicht, Fee", sagt er und rückt näher. „Manchmal sind Sie so weich, so fraulich. Und dann wieder... so als ob Sie die ganze Welt hassen würden." Er zieht Stirnfalten wie ein junger Dackel. „Und vor allem mich..."

Sie steht auf. Ihr Gesicht ist ernst, beinahe feierlich.

„Nein", antwortet sie weich, „so ist es nicht. Ich mag Sie wirklich... mehr, als Sie glauben..." Sie geht an die Flasche, schenkt sich nach. Sie wendet ihm dabei unbewußt die nackte, kalte Schulter zu. „Ich will mich nicht an Sie gewöhnen", setzt Fee hinzu und trinkt hektisch aus. „Ich will das nicht mehr. Ich hab' das alles schon einmal mitgemacht... auf einen Menschen warten, hoffen." Sie setzt das Glas wieder ab. „Ihr habt's ja leicht, ihr denkt an uns; solange ihr denken könnt, lebt ihr noch. Aber wir? Wir sitzen dann da, einen Tag, eine Woche, einen Monat. Die Ungewißheit! Wir warten auf den Briefträger, wir hoffen inbrünstig, daß er klingelt, und haben eine... eine fürchterliche Angst davor."

Schnitzler ist mit einem Schlag nüchtern. Stocknüchtern. Gibt es denn keinen Ort auf dieser Welt, überlegt er verbittert, an den dieser Krieg nicht hinkommt?

Die junge Ärztin setzt sich wieder.

„Entschuldigung...", sagt sie wieder ganz weich, ganz leise, „ich hab' schon einmal so einen Brief mit schwarzem Rand bekommen..."

Er begreift alles. Er möchte ihr helfen. Es ist echt, frei von jedem Egoismus, von jeder Nebenabsicht. Er möchte Fee in die Arme nehmen, streicheln, trösten, ihr tausend liebe Worte sagen. Aber er wagt es nicht.

Schnitzler schenkt sich nach. Was wäre der Krieg ohne den Schnaps?

Sie steht auf, geht hinaus. Er hört sie im Bad hantieren. Jetzt weint sie, denkt Schnitzler. Er trinkt weiter, sieht wieder auf die Uhr. Nun denk du bloß nicht auch noch an den Krieg, schilt er sich...

Dann sieht er nach der Tür, durch die Fee hereinkommt, starrt sie an, ungläubig, fassungslos. Er betrachtet sie wie einen Geist. Sie ist ganz anders, ganz...

Fee bleibt stehen und lächelt. Traurig und ein bißchen herb.

„Fee...“, sagt er, andächtig fast.

„Komm“, entgegnet sie, ganz leise...

Mitten im Suff wurde Jonas stocknüchtern. Der Sekt schmeckte nach Galle. Die Lichter des Nachtlebens verloren allen Glanz. Er schob die Brünette von sich weg und feuerte mit einer unwilligen Geste den Sektkühler vom Tisch. Er sah nach der Uhr. Die Frist war um.

„Feierabend!“ sagt er. „Auf zum großen Halali!“

Jetzt sah auf einmal alles anders aus. So sind die Schweine, dachte der Prophet, lassen uns eine Nacht lang leben, damit wir willig sterben. Geben uns eine Beruhigungsspritze, verkuppeln uns mit diesen Schlampen, lassen uns in den Offiziersstall 'rein, verpassen uns die Extraration und klopfen uns mit ihren schwammigen Fingern noch auf die Schultern. Ich werd' mich unter die Brause stellen, ihr feistes Lob wegschrubben...

Dann rief er den anderen zu: „Los... Dalli! Dalli!“

Die drei glotzten ihn verständnislos an. Milo, den serbischen Bundesgenossen, der nichts zu sagen hatte, kurierte Jonas mit einem Fußtritt. Auer hatte den Kanal so voll, daß er ohnedies Angst bekam, allein zu bleiben. Bei Schultze gab es die übliche Verzögerung; er mußte erst mit einem Kübel Wasser überzeugt werden.

Jonas wurde zum militärischen Gewissen der drei, dabei pfiff er längst auf diesen Barras. Aber Schnitzler wollte er nicht im Stich lassen...

Er schaffte die anderen zum Quartier zurück, genehmigte ihnen noch zwei Stunden Schlaf. Dann sah er auf die Uhr, zerrte sie unter den Wasserhahn. Als er ihre verquollenen Gesichter sah, nahm er sich vor, nie mehr zu trinken. Dabei spülte er den faulen Geschmack im Mund mit einer geballten Ladung Kognak hinunter. Die anderen sahen es und wollten auch nach der Flasche greifen. „Später", sagte Jonas, „ihr kriegt alle noch genug."

Jetzt ist es sechs Uhr dreißig, und der Prophet hat seine Kumpel soweit, daß sie sich pünktlich und auch einigermaßen nüchtern am Start des „Unternehmens Rösselsprung" melden werden.

Zu dieser Stunde steht der Anführer des Himmelfahrtskommandos wie unschlüssig an der Tür und dreht sich noch einmal um.

Wach auf! fleht Oberleutnant Schnitzler in Gedanken. Sag, daß ich hierbleiben soll, und ich pfeif' auf alles.

Er sieht zu der Schlafenden hin, und sein Gesicht wird alt dabei. Fee lächelt, dreht sich etwas zur Seite, murmelt etwas Undeutliches, vielleicht seinen Namen.

Ich hätte es ihr doch sagen müssen, denkt der Offizier, daß ich heute weggehe, um nie mehr wiederzukommen. Eine wilde Wut tobt durch seinen Kopf. Weiß dieser Idiot aus Braunau überhaupt, was sie mir antun? Der Führer ist doch schuld, nur der! Muß erst noch alles in Scherben fallen, bloß damit dieser Hund noch ein halbes Jahr länger das Maul aufreißen kann? Was vertrödle ich noch meine Zeit mit diesem Bunkerhelden? überlegt er angewidert, die paar Minuten, die mir noch bleiben, um mich von ihr, meinem Leben und von unserer Zukunft zu verabschieden ...

Leise, behutsam tritt er näher an Fee heran, betrachtet unverwandt ihr Gesicht. Wenn man einen Schlafenden so ansieht, wacht er auf, und dann hab' ich's hinter mir, geschehe, was wolle. Für ein paar Stunden mit ihr noch, für ein paar Tage vielleicht, gebe ich alles her. Alles!

Sie wacht auf, hofft er, in ihrem Gesicht bewegt sich etwas.

Herrgott, laß sie aufwachen! Laß um Gottes willen die Augen zu, Fee ...

Dann geht Schnitzler, langsam, schleppend, schleichend fast. Ganz sorgsam schließt er die Tür. Es ist kaum zu vernehmen. Aber er hört es wie den Donnerschlag seines Geschicks.

In den Wagen hinein. Gas. Um die Ecke. Blick auf die Uhr. Ich werde noch vor den anderen da sein. Frische Luft tut gut. Quatsch! Und dann ist der Oberleutnant da.

„Wie war's?" grinst ihm Jonas entgegen.

Er wehrt ab, zieht den Propheten abseits, deutet auf den Serben.

„Ist er zuverlässig?"

„Im Saufen schon", entgegnet Jonas.

Schnitzler nickt. Dann hypnotisiert er sich selbst. Die nächste Stunde spult an ihm vorbei wie ein Film. Heraus aus der Uniform, hinein in die Zivilklamotten. Ein Sonderausweis, im Grenzgebiet zu vernichten. Ein Lotse noch, damit ihn nicht die eigenen Leute voreilig als Spion hängen. Der Wagen rumpelt weiter. Irgendwo in Bosnien soll Tito sein. Sie haben nicht lange Zeit, ihn zu finden. Am 25., dem Geburtstag des Partisanenchefs, muß das Rössel springen. Fallschirmjäger stehen bereit, Lastensegler, etwas Artillerie sogar. Der Kurzwellensender im Hosensack Schnitzlers ist auf eine bestimmte Welle eingestellt. Position durchgeben, dann sind die Deutschen schon da und hauen ihn heraus. So er noch lebt. Denn Schnitzler hat auch noch den Befehl, während des Durcheinanders sich Tito zu greifen.

Der Wagen brummt Stunde um Stunde. Langsam werden sie wieder nüchtern. Eine letzte Kontrolle. Das Niemandsland ist erreicht. Der Lotse hat es eilig mit dem Verduften. Sie sehen ihm alle nach. Dann gehen sie weiter. Milo an der Spitze. Eine kleine Verzögerung noch: Die Ausweise werden vernichtet.

Ohne Fallschirm, im Gleichschritt marsch, immer geradeaus, undeutlichen Anweisungen des Serben folgend. Ein Dorf, quer hindurch.

Sie schaffen dreißig Kilometer am ersten Tag. Abends verstecken sie sich in einer Scheune. Der kritische Moment, überlegt Schnitzler. Sie müssen Milo gehen lassen, damit er sich nach Tito erkundigt. Wenn er uns die Partisanen auf den Hals schickt, sind wir geliefert. Warum sollte er es nicht? Wenn ich Jugoslawe wäre, überlegt der Oberleutnant, und nickt Milo mechanisch zu...

Von jetzt ab sind sie hellwach. In Fieberspannung.

„Der ist getürmt", sagt Jonas.

„Hoffentlich", erwidert Auer. „Wenn der weg ist, können wir doch auch zurück..."

„Landser", sagt der Prophet mitleidig, „gewöhn dir das Denken ab! Du hast zu fressen, zu saufen und zu sterben, sonst gar nichts..."

„Ruhe!" zischt Schnitzler sie an.

Er hat etwas gehört. Sie stellen sich vor der Scheune auf. Schritte. Ein Schatten. Ein einzelner. Er ist es. Milo. Kaum zu glauben. Allein. Er sagt von weitem: „Tito ist in Drvar..."

Schnitzler nickt. Weiter. Wahrscheinlich in den Hinterhalt. Er gibt keinen Pfifferling für den Serben. Die Spannung ermüdet. Die Hand an der entsicherten MP wird faul und läßt den Griff los.

Neuer Tag. Lastautos. Besetzt mit Partisanen. Der letzte Wagen hält. Einer mit einem roten Halstuch ruft etwas herunter. Milo schreit zurück. Vor Aufregung versteht keiner der vier Deutschen ein Wort. Bevor sie auch nur ahnen, was sie tun könnten, sind sie schon auf dem Wagen, umgeben, umringt. Fragen. Milo spricht für fünf. Jonas, der freche Hund, antwortet kroatisch. Wenn auch nur ein Kroate dabei ist... Feierabend. Schwein gehabt! Wozu eigentlich? Warum kommt man an geraden Tagen noch einmal davon, um an ungeraden um so sicherer zu krepieren? Warum ist dieses sogenannte Glück so oft der Zuhälter dieses Dreckskrieges?

Ein Städtchen. Die Kolonne hält. Sie springen mit den Partisanen herunter. Ab durch die Büsche. Wieder klappt's. Drei Tage lang geht alles gut. Viel zu gut. Am Morgen des vierten kommt die Überraschung: Milo ist verschwunden. Sie hatten sich schon so an ihn gewöhnt, daß sie ihm vertrauten. Und jetzt ist er weg. Aus. Vorbei...

Sie sind bis auf fünfzehn Kilometer an Drvar herangekommen. Nach vorn ist es auch nicht gefährlicher als zurück. Sie gehen weiter. Ganz offen jetzt. Ohne Scheu. Es wimmelt von Partisanen. Und die vier sehen genauso aus. Sie können hinterher nicht angeben, wie sie es geschafft haben.

Die Partisanen sind auf die umliegenden Dörfer verteilt. Die bosnische Stadt zeigt sich verhältnismäßig dünn besetzt. Sie kommen durch. Tito ist tatsächlich in der Stadt, haust in einem Barackenhaus am Eingang einer Höhle, durch die ein Bach fließt, der jetzt ausgetrocknet ist.

Sie schlafen im Freien. Einer hält Wache, einer pennt. Zwei streifen umher, um Nachrichten und Proviant zu sammeln. Auer kommt nicht mehr zurück. Sie suchen ihn alle drei. Es hat keinen Sinn. Erst Tage später werden sie erfahren, daß er geschnappt und zu Tode gefoltert wurde, ohne die anderen drei anzugeben...

Eine Meldung wird durchgegeben. Dreimal gleich. Die Antwort warten sie nicht ab... Stellungswechsel.

In der Nacht vom 24. auf den 25. machen sie sich an die Barackenbude heran. Am Morgen der verabredeten Angriffsstunde sind sie auf Sichtweite herangekommen. Als der Handstreich beginnt, während die deutschen Angreifer vom Himmel fallen, die Panzer vorwärtsrasseln, die Partisanen sich wild gegen sie verteidigen, haben die drei noch vierzig Meter bis zu Tito...

Die beiden ersten Posten schaffen sie mit dem Messer. Die anderen knallen sie mit der MP nieder. Fanatische Jungkommunisten verteidigen den Höhleneingang. Eine Handgranate. Schluß jetzt.

Schnitzler voraus. Jonas hinter ihm. Schultze holt sich noch einen Streifschuß. Keine Deckung mehr. Aus der Bude in die Höhle! Der Offizier läuft, was er kann, findet den Raum, riecht den Rauch, sieht die Uniform. Titos Generalsuniform.

Der Partisanenchef selbst ist in Unterhosen durch den Notausgang getürmt...

Die Nacht war dunkel und trostlos. Der Himmel hing schwer und schwarz wie ein Sargdeckel über dem russischen Land in Saretsche, in der Nähe von Witebsk. Die aus den Quartieren stürzenden Soldaten der brandenburgischen Legionärskompanie Pflug fluchten, hielten sich an den Händen fest und spielten so unfreiwillig Blindekuh. Pfiffe schrillten, Kommandos in russischer Sprache versuchten Ordnung in den Haufen zu bringen, Taschenlampen blitzten auf. Die deutschen Unterführer meldeten die Vollzähligkeit ihrer Gruppen.

Hauptmann Pflug stand abseits und rauchte eine Zigarette. Er hatte keine Ahnung, was der Einsatz überhaupt sollte. Aber fragen mußte er sich abgewöhnen, seit er in einem Land ohne Gnade einen Kleinkrieg ohne Sinn führte. Befehlsgemäß. Mit Russen gegen Russen. Und mit den eigenen Landsleuten seiner Soldaten demonstrierte mah von Fall zu Fall ein allgemeines Schauhängen. Offensichtlich, um ihre Kriegsbegeisterung zu schüren. So klug war Hitlers Ostpolitik, an der nicht nur Pflug und seine Männer krepieren sollten...

Der junge Offizier hörte das halblaute Gemurmel und versuchte, einzelne Worte zu erfassen. Er warf die Zigarettenkippe im hohen Bogen weg und gab es auf. Immer häufiger hatte ihm in letzter Zeit sein deutsches Stammpersonal Verfallserscheinungen der russischen Kompanie gemeldet. Schließlich mußte er dazu übergehen, eine Art Abwehr in seiner eigenen Einheit zu organisieren. So, dachte er sarkastisch, ziehe ich in ein Gefecht, bei dem ich mich auf jeden Mann verlassen muß: mit Spitzeln und Gegenspitzeln. Und wem ich trauen darf, weiß ich erst, wenn ich ein Seitengewehr im Leib habe. Es gab sozusagen zwei illegale Parteien in der Kompanie Pflug: der Georgier Selak wurde für einen Meuterer gehalten, und der Ukrainer Kiwlin für treu-deutsch.

Die Gruppe Dörner stand wie immer als erste. Der Unteroffizier ließ abzählen. Er war zwei Meter von seinen Leuten entfernt, aber er sah nur Schatten mit Augen. Trotzdem stellte er fest, daß etwas nicht stimmte. Er zählte nach.

Einer zuviel. Zuviel, bei einem erbarmungslosen Nachteinsatz? Faule Geschichte, sagte er sich, obwohl es ihm gleichgültig war. Als Soldat müßte er es melden. Als Mensch war der Unteroffizier seit dem Luftangriff auf Augsburg tot, wenn auch sein Herz noch mechanisch weiterschlug.

Er suchte und fand Pflug.

„Hör mal", sagte er, „kannst du dir einen Vers darauf machen, daß auf einmal mehr Leute antreten, als ich habe?... Es müssen Iwans von der Nachbarkompanie sein."

„Wenn sie sich um den Schlaf bringen wollen...", feixte der Oberleutnant, „von mir aus..."

„Ich trau' der Sache nicht", entgegnete Dörner.

Pflug zuckte mit den Schultern.

„Abmarsch in zehn Minuten", sagte er abschließend.

Was ging's ihn an? Er war bedauerlicherweise an der Biebrzabrücke bei Lipsk nicht gefallen. Er hatte unverständlicherweise das „Unternehmen Schamyl" überlebt. Er hatte hier seitdem auf Befehl Dörfer niedergebrannt, Exekutionen abgesichert, Russen gedrillt, Ratten versengt und Wanzen ausgeräuchert. Er hatte Kunsthonig gefaßt, Toilettenpapier verteilt und den Fahneneid auf den Führer abgenommen. Was sollte er sich darum kümmern, daß statt zehn verfluchter Russen elf da sind? Platz für alle unter der Erde, und wie die Soll-Stärke von selbst zusammenschmilzt, hatte er in den Bergen des Kaukasus erfahren.

„Fertig zum Abmarsch!" meldete der erste Zug.

„Wohin eigentlich?" fragte Dörner. Der Offizier wies mit einer unbestimmten Geste geradeaus.

„Aber du mußt doch das Ziel kennen...", antwortete sein bester Unteroffizier.

„Mein Ziel ist, so schnell wie möglich wieder in die Klappe zu kommen", versetzte der Hauptmann völlig unmilitärisch.

Nach fünf Jahren Krieg war er auf dem besten Weg vom Haudegen zum Menschen.

So zogen sie ab. Aus der Nacht in die Nacht. In der Ferne heulte ein Hund. Die Männer sahen stur geradeaus. Keiner sagte ein Wort. Das Schweigen war verbissen und tückisch. Von den Sümpfen her stieg Nebel auf. Aber es war so dunkel, daß die Gespensterschwaden von der Nacht überdeckt wurden.

Links, rechts, links, rechts. Ohne Tritt marsch, hieß es. Aber sie gingen im gleichen Schritt und Tritt. Wie ausgediehnte Zirkusgäule des Krieges tappten sie durch eine Arena, die keinen Anfang und kein Ende hatte. Man hat so lange zu laufen, bis man zusammenbricht. Und dann kommt für ein altes, ausgedientes Pferd der Schuß. Der Gnadenschuß.

Nichts zu sehen. Nicht einmal der Rücken des Vordermannes. Man mußte so dicht aufschließen, daß man gelegentlich nacheinander greifen konnte. Ein paar Kräder fuhren auf dem Pfad hin und her, der eine Straße sein sollte. Die Straße ins Nichts, in den Sumpf, in den Tod. Die Luft war schwer und feucht. Unter den Stiefeln quietschte es. Der Wind zischelte leise in den Hecken, wie die Iwans hinter den Rücken ihrer Ausbilder.

Dörner drehte sich mechanisch um. Nichts. Ein schwarzes Nichts. Kein Licht, kein Stern, kein Schimmer. Überhaupt nichts.

Nur Narren nutzen eine solche Nacht, oder Verliebte, oder Mörder ...

Jetzt, da Unteroffizier Dörner blicklos für jede Umgebung war, bröckelte ein Stein vom Felsen und riß eine Bresche in die Erinnerung. Gleich am Anfang, als er Eva kennengelernt hatte, war er mit ihr durch einen solchen Abend gegangen. Schulter an Schulter. Sie hatte Angst und kuschelte sich an seine Seite. Er lachte und zog sie an sich. Der Fluß entsandte Nebelschwaden. Sie legten sich wie schützend um das junge Paar, entzogen Dörner und Eva jedem Auge, um sie einander selbst zu überlassen.

Eva, dachte der Unteroffizier und spürte etwas, was in den letzten Monaten unter Trümmern gelegen hatte. So ein dummer, gemeiner Zufall! Wäre die Bombe von dem Piloten den Bruchteil einer Sekunde später oder früher ausgeklinkt worden, sie hätten den glücklichsten Tag ihres Lebens gefeiert. Von mir aus sogar im Luftschutzkeller, überlegte Dörner. Kein Ort ist zu dreckig, um nicht schön zu werden, wenn ein altes Mißverständnis beseitigt wird. So war es doch? Seitdem ich die Uniform des anderen an der Garderobe meiner Wohnung sah, sind wir uns aus dem Weg gegangen... nur, um wieder zusammenzufinden. Dörner lächelte matt in die Nacht. Es war nicht so, Eva, überlegte er, ich weiß es...

Sein Hintermann trat ihm auf die Ferse. Der Unteroffizier spürte den Tritt nicht. Etwas anderes wühlte ihn auf, lenkte ihn ab. Mein Gott, dachte er weiter, Eva, wie unwichtig ist alles im Angesicht einer Luftmine. Und wenn du mich damals betrogen hättest... wem hätte es geschadet? Vielleicht wärst du für ein paar Stunden glücklich gewesen vor diesem gräßlichen, ungeheuerlichen Finale...

Aber vergib mir, Eva, es war ja nicht so. Ich weiß es jetzt. Ich erfuhr es zu spät. Ich hab' dir ja noch geschrieben, du konntest mir nur nicht mehr sagen, ob du die Feldpost erhalten hast.

Da durchlöcherte der erste Feuerstoß die Stille der Nacht wie einen Theatervorhang, der sich zum letzten Akt des Dramas Saretsche hob. Schmiere auf Leben und Tod...

Pflug hatte es am leichtesten. Ihn zerriß die erste Garbe. Die anderen hielten es noch für einen Unfall, bis sie von zwei, drei Schemen überfallen und niedergemacht wurden. Die Schatten hatten plötzlich Hände mit Messern.

Unteroffizier Dörner begriff als erster. Er riß die MP von der Schulter und knallte wahllos in die Nacht, wo immer er eine Gestalt zu sehen glaubte. Er wechselte das Magazin und zielte wieder. Auf seine eigenen Leute. Dein Kamerad, dein Mörder. Er war wie erlöst, endlich etwas tun zu können. Er erledigte mindestens vier oder fünf, bevor sie ihn zu Boden rissen. Vorn und hinten, links und rechts gurgelten Schreie zum Himmel.

Es ging blitzschnell, aber es stirbt sich langsam. Es gab Unteroffiziere, die seit Monaten auf den Putsch gewartet hatten und sozusagen mit Handgranaten unter dem Kopfkissen schliefen. Und jetzt waren sie wie gelähmt, fassungslos inmitten des fürchterlichen Gemetzels, jeder gegen jeden.

Wer zuerst schießt, trifft am besten. Es gab Meuterer, die versehentlich einander selbst umbrachten. Es gab Iwans, die sich schützend vor ihre deutschen Ausbilder stellen wollten und von ihnen abgeknallt wurden.

Die Nacht deckte alles. Jeden Schrei, jede Gemeinheit, jeden Seufzer, jedes Geheul. Feldwebel Pfennig wälzte sich am Boden. Er kämpfte mit seinem Lieblingshiwi. Jeder Deutsche der Kompanie hatte einen Leibrussen. Er spürte, daß er fertig war, und erkannte in diesem Moment den Ukrainer Kiwlin.

„Du ... doch nicht ...“, brüllte er fassungslos, „du bist doch mein Kum ...“ Die letzte Silbe endete in einem gurgelnden Schrei.

Nach fünf Minuten war das Massaker beendet. Dreißig, vierzig Russen liefen zu den Partisanen über, die sie bereits erwarteten. Sie hatten seit Wochen mit Moskau zusammengearbeitet. Sie knallten die Verwundeten nur oberflächlich ab. Sie hatten es eilig, denn sie wußten, daß die Wehrmacht unverzüglich eine Strafexpedition starten würde.

Zwei Stunden später kam völlig erschöpft der Georgier Selak beim Bataillon an. Er sprach wirres, zusammenhangloses Zeug und wurde im ersten Moment nicht ernst genommen, weil er ohnedies im Verdacht stand, ein Aufwiegler zu sein.

Endlich startete das Bataillon zum Feld des Grauens. Über die Hälfte der Kompanie Pflug war gefallen, so gründlich ermordet, wie es die Nacht erlaubte. Über dreißig lagen schwerverletzt in ihrem eigenen Blut. Hoffnungslos bei den meisten. Und während man daranging, die Toten nach links, die aussichtslos Verwundeten in die Mitte und die Fälle mit Hoffnung nach rechts zu tragen, schoß der Haß in den Himmel.

„Vorsicht, der lebt noch“, rief einer.

„Mensch, das ist Dörner", sagte ein zweiter und beugte sich über den Verwundeten.

Inmitten dieser Hölle, dieser Panik, dieses Massakers, war das Gesicht des Unteroffiziers weich und gelöst. In seinen Augen schwamm noch etwas Leben. Um seine Lippen spielte eine letzte Sehnsucht.

„Eva ...", sagte der Sterbende noch, bevor sein Gesicht verfiel ...

Neben der Bilanz von hundert Ermordeten zog das Bataillon aus der Meuterei die Erkenntnis, daß nicht der Georgier Selak, sondern der Ukrainer Kiwlin der Anführer des Aufstandes war. Die Erkenntnis war ebenso verspätet wie nutzlos. Den Toten konnte sie nicht mehr helfen, und bei dem nächsten Gemetzel würde es vielleicht umgekehrt sein ...

Der Balkan steht in Flammen, die auch von der Feuerwehr der Front, der Division Brandenburg, nicht mehr gelöscht werden können. Hitlers Ratten verlassen das sinkende Reich: in Ungarn putscht Admiral Horthy. Die Rumänen laufen zu den Russen über und machen Antonescus Eiserne Garde zum blechernen Wahn. In Bulgarien geht es drunter und drüber. Die griechischen Partisanen drängen vom Süden her. Tito stellt neue Divisionen auf. Die Westalliierten fliegen einen Angriff nach dem anderen, werfen ihre Bomben genau nach Maß.

Der dümmste, ja der allerdümmste Soldat weiß, daß der Krieg unweigerlich verloren ist. Nur der General in Belgrad leugnet es, wie auch Generalfeldmarschall Keitel im Führerhauptquartier. Erstens verfügen höhere Militärpersonen meistens über wenig Zivilcourage, zweitens führt man Befehle aus, auch wenn sie sinnlos sind, und drittens fürchtet Herr Keitel den früheren Gefreiten mehr als den Strick von Nürnberg und muß deshalb beides bis zur Neige auskosten.

Jetzt aber führt die sinnlose Strategie „bis zum letzten Blutstropfen" im Kessel von Belgrad zum kleinen Stalingrad. Der General, der sich so lange weigerte, das einzig Richtige zu tun und die Fronten zurückzunehmen, gibt jetzt den dreißigtausend Soldaten die Parole: Rette sich, wer kann!

Einzeln oder in Gruppen versuchen sich die Männer durchzuschlagen. Sie haben die Wahl, in die Hände serbischer Partisanen oder unter die Ketten russischer Panzer zu geraten.

Oberleutnant Schnitzler und seine Leute waren seit dem gescheiterten Handstreich auf Tito wieder auf das Karussell des Krieges gehoben worden, und es drehte sie rundherum, immer schneller, immer sinnloser, bis sie nicht mehr wußten, wo ihnen der Kopf stand. Fallschirmjäger hatten sie herausgehauen. Bevor sie weiter mußten, beerdigten sie Auer, ohne ihn noch einmal anzusehen. Er hatte sich für sie geopfert und die Folter bis zum Ende durchgestanden. Noch ehe Schultzes Streifschuß ausgeheilt war, mußte er in den nächsten Einsatz. Auch Jonas wurde verwundet und trug vorübergehend den Arm in der Schlinge.

Schnitzler wollte so schnell wie möglich Fee, die junge Ärztin, wiedersehen. Aber er lernte ganz andere Gegenden mit dem Gesicht zur Erde auswendig. Er bekam von ihr Post und startete zum „Unternehmen Baumblüte". Er telefonierte zwei Minuten mit Fee und stürmte dann die Höhe 214. Er kam für einen Tag nach Belgrad und erfuhr, daß die junge Ärztin mit den OT-Leuten vor ein paar Tagen verlegt worden war.

Zu Beginn des Oktobers 1944 wütete die Schlacht um Belgrad. Es gab kaum mehr geordnete Einheiten, sondern nur noch zufällige Kampfgruppen, irgendwo eingeigelt, ohne Nachschub, und oft auch schon ohne Funkverbindung. Während in der Stadt schon Nahkämpfe tobten, versuchten sich noch Gebirgsjäger und Brandenburger-Einheiten in die jugoslawische Hauptstadt durchzuschlagen, oft noch hundert, zweihundert Kilometer entfernt.

Oberleutnant Schnitzler ist mitten im Kessel und deckt mit einer kleine Kampfgruppe abrückende Nachhuteinheiten. Vor ihm fällt die Stadt Belgrad. Hinter ihm, im Moravetal, stehen starke, feindliche Panzerspitzen. Vom Osten her greift der Feind an. Der Südwesten ist von schwerem, feindlichem

Artilleriefeuer bepflastert. Fast jeder zweite ist verwundet. Die meisten bleiben einfach liegen. Es ist eine entfesselte Panik.

Am 17. Oktober gegen dreiundzwanzig Uhr kommt der Befehl: auf eigene Faust sich nach Westen abzusetzen. Vor ein paar Tagen noch hätte er Tausenden von deutschen Soldaten das Leben gerettet. Jetzt ist er idiotisch. Dreißigtausend Mann stecken im Kessel, die meisten ohne Karte und Kompaß, ohne Munition und ohne Führung. Während sie durch das massierte Feuer der Partisanen hetzen, hören sie die russischen Lautsprecher schon von weitem dröhnen:

„Kommt zu uns ... wir behandeln euch gut ... ihr erhaltet erstklassige Verpflegung ...“

„Hunger hätt' ich schon“, sagt Jonas.

Schnitzler ist zu apathisch, um zu nicken. Der dicke Schultze pennt im Stehen. Fünfzehn Mann noch. Einmal kommt ihnen das Quenzgut zu Hilfe. Sie schlagen sich durch einen zwanzig Kilometer langen, von den Russen bereits besetzten Streifen. Quer durch Häuser, Höfe, Gärten und Gräben. Der Prophet sichert die Spitze, latscht offen einem sowjetischen Kommissar in die Arme. Er quasselt so lange auf ihn ein, bis die anderen zur Stelle sind. Feuerüberfall nach Maß. Danach haben sie eine Waffe mehr in der Hand, und eine sie hetzende russische Kompanie im Rücken.

Sie schaffen die Hauptverkehrsstraße Nisch—Belgrad. Aber die Sowjets erwarten sie schon. Lautsprecher plärren ihnen zu, daß sie von dreißig Panzern eingeschlossen sind. Bis zum Angriff räumen die Iwans noch zwei Stunden Zeit ein.

Der hundemüde Schultze gräbt wie ein Wahnsinniger ein sinnloses Loch. Schnitzler raucht die letzten drei Zigaretten auf einmal. Jonas frißt die eiserne Ration. Andere schreiben einen Brief, obwohl längst keine Feldpost mehr abgeht. Mit dem bloßen Auge sieht man schon russische Infanterie in Stellung gehen.

Nur Desperados wagen einen Ausfall mit zwei Panzerfäusten und MP unter Munitionsmangel. Sie schreien dünn und laufen schnell. Die Hälfte schafft es. Wiederum quer durch die russischen Linien gejagt von allem, was die Sowjets haben. Schultze wirft den Karabiner weg. Schnitzler läßt keuchend einen Verwundeten liegen, den er mit übermenschlicher Kraft mitgeschleppt hatte. Jonas organisiert im nächsten Dorf Marmelade und wird für eine neue Kampfgruppe geangelt. Die anderen Brandenburg-Kameraden schließen sich an, aus Loyalität.

Nachtmarsch, quer durch den Regen. Es ist so finster, daß die weißen Hemden in Fetzen gerissen, und sie dem Vordermann auf den Rücken geklebt werden. Bis zu den Knien in Schlamm. Wenn die Stiefel steckenbleiben, weiter auf Socken.

So schaffen sie sechs Kilometer und stoßen wieder auf Russen, die sie mit ihren Fahrzeugen überrundet haben.

Jetzt kommt die Schlucht. Die Todesschlucht. Angestrahlt von Scheinwerfern. Links und rechts Partisanen. Oder schon Russen. Hindurch. Einzeln. Kurze Sätze. Zwei, drei Meter. Hinwerfen. Abrollen. Wieder springen. Schlagball. Nur wer getroffen wird, steht nicht wieder auf. Es sieht lustig aus. Aber es gibt nichts zu lachen.

Jenseits der Schlucht die ersten, die es geschafft haben. In der Mitte Brandenburger, die alles hinter sich haben. Und am Startplatz die noch springen müssen. Ein paar machen schlapp, heben die Hände und gehen offen auf die Scheinwerfer zu. Als die ersten von ihnen von MG umgemäht werden, springen die letzten der Kampfgruppe durch die Schlucht.

Weiter. Schnitzlers Lunge pfeift wie ein Ventil. Vor Jonas dreht sich alles. Der dicke Schultze weint. Wie ein Kind. Und läuft. Angst macht Beine.

Sieben Mann schaffen es. Vier Versprengte stoßen dazu. Es sind jetzt elf, besitzen fünf Gewehre, zwei Handgranaten und eine Panzerfaust. Sie lassen sich in eine Scheune fallen, verschnaufen. Schultze schnarcht. Schnitzler ist wie gelähmt. Aber in seinem Kopf tickt eine Unruhe. Er braucht nicht auf die Karte zu sehen. Hier, in der Nähe, war Fee zuletzt. Unsinn, rügt er sich selbst, die OT-Einheit ist längst zurückgenommen, vielleicht schon auf dem Weg nach Wien, jedenfalls in Sicherheit.

Der Prophet hält Wache. Freiwillig. Der tollste Kumpel, den es gibt, denkt Schnitzler, ein Kerl, wie man ihn suchen muß, der letzte Kamerad nach Stalingrad, wo die anderen gefallen sind.

Dann kommt Jonas zurück. Mit drei Mann. Zweimal Wehrmacht, einmal OT. Schnitzler erschrickt. Frage. Gegenfrage. Schultze wacht vor Schreck auf, starrt noch seinen Oberleutnant mit glasigen Augen an, rülpst, dreht sich um. Jonas stiert auf den Boden. Schnitzler hält sich an der Bretterwand fest.

„Wahnsinn", sagt er. Keine Frage, Fee ist im Nachbardorf, das gerade von den Russen berannt wird, mit ihrer Einheit eingeschlossen.

Jonas tritt an ihn heran, legt den Arm um seine Schultern, schüttelt den Kopf. Schultze richtet sich wieder auf und zündet sich mit zittrigen Fingern eine Zigarette an.

„Ich gehe", sagt der Oberleutnant.

„Nein", erwidert der Prophet hart.

„Dann eben allein", brüllt Schnitzler, „und wenn ich dieses ganze Pack..."

Beim dritten Versuch rappelt sich Schultze hoch. Zweimal fiel er vor Erschöpfung zurück.

„Ich komm' mit", sagt er.

Der Prophet nickt auch. Sonst melden sich noch drei. Der Rest haut ab...

Die junge Ärztin hatte vom Krieg nicht mehr erwartet, als er ihr jetzt bot. Statt lächelnde Kinder zu behandeln, amputierte sie mit der Routine eines Feldchirurgen den Verwundeten die Beine. Es wurden immer mehr und die Soldaten immer weniger. Im gleichen Maß, wie sich die Russen näherten. Zuerst stießen sie links vorbei und dann rechts. Fee interessierte es nicht. Sie beugte sich über die Verwundeten. Sie hatte alle Hände voll zu tun. Sie mußte seit langem, daß es eines Tages so kommen mußte. Deshalb hatte sie sich auch gegen das Erlebnis von Belgrad so gestemmt. Mit Recht. Sie wollte das nicht noch einmal mitmachen: das Warten. Sie wollte sich nicht mehr an einen Menschen gewöhnen, um den sie bangte. Sie schaffte es auf halbem Weg, Schnitzler zu vergessen. Ein netter Junge, dachte sie, drehte sich nach der Schwester um und fragte nach dem Morphiumbestand.

Fee sah kaum auf, als dreißig versprengte Luftwaffenhelferinnen im Dorf gelandet waren. Die Russen zeigten sich noch immer nicht. Ein Teil der OT-Leute nutzte die Chance und verschwand über Nacht. Die junge Ärztin war ihnen nicht einmal böse.

Wie lange noch? Einen Tag, zwei Tage? Sie und alle anderen wußten, was ihnen bevorstand. Motorengeräusch. Die Sowjets? Nein. Es waren Deutsche. Eine Nachschubkolonne. Vollmotorisiert. Es kam Leben in die Bude. Man feierte den Weltuntergang. Ohne Fee. Sie hatte zu tun. Und sie war froh darüber.

Der nächste Morgen. Die Männer, die im Suff noch so tapfer waren, fehlten. Ein paar Mädchen waren mit ihnen verschwunden, so viele, wie Platz auf den Fahrzeugen hatten.

Der erste Infanterieangriff der Russen. Abgeschlagen. Aber es war nur eine Tändelei. Bis heute morgen. Dann stand das Gefecht plötzlich still. Unvermittelt. Jetzt hebt Fee doch einen Moment den Kopf und stellt mechanisch fest: es geht wieder los. Sie geht in den Saal zurück und kümmert sich um ihre Patienten, ergeben, ruhig, kaltblütig. Schlachtenlärm rückt näher. Sie hört Schreie. Einen Ruf. Ein alter OT-Mann stürmt herein, geht auf sie zu, brüllt lachend:

„Sie kommen ... sie kommen!“

Schock, denkt die Ärztin. Und dann erfährt sie, daß ein deutscher Entlastungsangriff gegen das Dorf vorgetragen wird.

Oberleutnant Schnitzler hätte es nie geschafft. Genaugenommen lief er nur los, um zu fallen. Und die anderen folgten ihm, um ihn beim Sterben nicht allein zu lassen.

Zuerst stießen sie auf deutsche Infanterie, dann auf ein paar Gebirgsjäger, und dann auf einen Zug versprengter Brandenburger. Sie machten sofort mit. Jetzt hatte der Handstreich so lange eine Chance, als die Russen brauchten, um mit der Überraschung fertig zu werden.

Sie nehmen das Dorf. Sie treiben die Leute zusammen. Sie reißen Fee von den Verwundeten weg. Sie machen sofort auf der anderen Seite einen Ausbruch, schaffen es. Einer der Männer lächelt die Ärztin wie ein Gespenst an. Fee erschrickt.

Jetzt erkennt sie Schnitzler, will stehen bleiben. Er schiebt sie weiter. Keine Zeit zum Sprechen. Keine Luft zum Atmen. Weiter. Die Russen ganz dicht hinter ihnen. Granatwerferfeuer von der Flanke. Geschlossener Sprung. Schultze bleibt liegen. Aus. Amen. Das erste Mädchen bleibt zurück. Weiter. Ein OT-Mann fällt einfach um. Die anderen trotten über ihn hinweg.

Oberleutnant Schnitzler hat auf einmal die zweite Luft, die letzte Kraft. Er sieht klar. Weit kommen sie nicht. Bei diesem Tempo bleiben alle liegen. Ein kleiner Fluß. Eine Brücke, noch intakt. Wieder Feuer von der Flanke. Fünf Minuten später haben zwei Drittel das andere Ufer erreicht. Die ersten hauen sich hin, wollen nicht mehr aufstehen.

Schnitzler nimmt Jonas auf die Seite.

„Los", sagt er, „sammle alle Munition, und gib sie mir."

„Wozu?" fragt der Prophet und erschrickt.

Schnitzlers Gesicht sieht anders aus: alt, kalt, fremd.

„Nein", sagt Jonas gepreßt.

„Du sollst den Befehl ausführen!" brüllt ihn der Offizier an.

Eine Sekunde sieht es so aus, als ob Jonas ihm an die Kehle fahren würde. Dann läßt er es, vielleicht nur, weil er zu müde ist, oder, weil er weiß, wie recht Schnitzler hat.

„Bring sie durch", sagt Schnitzler, „du mußt, hörst du ..."

Der Prophet sieht ihn fest an. Zu einem Händedruck ist keine Zeit mehr. Jonas treibt die Gruppe vorwärts, fluchend, schreiend, zischend. Niemand merkt, daß Schnitzler zurückbleibt.

Der Oberleutnant sieht sich um. Sein Gesicht schneidet eine blutleere Grimasse. Die Stelle ist gut gewählt. Phantastisch, denkt er, zum erstenmal im Leben hat doch diese dämliche Taktik ihr Gutes. Zum erstenmal hat es einen Sinn, draufzugehen, so kurz noch vor Torschluß. Er macht es sich den Umständen nach bequem, zählt sein Arsenal: fünf Magazine MP, fünfundzwanzig Schuß Karabinermunition, zwei Handgranaten, drei Deckungslöcher, von Pionieren noch gegraben. Warum haben diese Scheißkerle die Brücke nicht gesprengt, überlegt er noch. Dann fährt er herum. Habe ich die Russen schon im Rücken, denkt er und hat die MP im Anschlag. Dann erkennt er sie, möchte lachen, brüllen, weinen, verzweifeln, möchte, daß es doch stimmt ...

„Fee ...“ sagt er, „das hättest du ...“

Die Russen schneiden ihr die Antwort ab. Vom anderen Ufer. Kimme, Korn, Ziel. Seine Geschosse wuchten in die Angreifer. Schnitzler reißt sie mit ins Loch. Sie purzeln durcheinander. Dazwischen sieht er zu Fee hin. Sie liegt neben ihm. Sie versucht zu lächeln. Wie hast du nur Jonas durchbrennen können, will er fragen. Aber es ist keine Zeit dazu.

Die zweite Welle. Vielleicht sind es zehn Minuten, die er sie aufhalten kann, oder zwölf, oder fünfzehn. Immer stärker wird der Feuerzauber, immer dichter liegen die Einschläge. Und neben ihm Fee. Sie sind zusammen. Wenn auch sinnlos. Davon träumte er ja immer. Wenn auch anders.

Als nach neun Minuten mittlere russische Artillerie eingreift, ist es soweit. Ein Volltreffer, der sie beide auslöscht. Mit einem Schlag. Ihre Angst, ihre Träume, ihre Zukunft. Was übrigbleibt, läßt nicht erkennen, wie süß und ehrenvoll es ist ... *pro patria mori* ...

Jonas ist zwei Kilometer weitergekommen. Wie, weiß er nicht. Er hat nur fünf verloren, drei Mädchen und zwei Männer. Er ist das Schlußlicht. Er schlägt mit dem Kolben, wenn einer stehen bleibt. Er tritt mit den Füßen, und wenn es ein Mädchen ist. Er weiß, als er sie mit letzter Brutalität in die Rettung treibt, daß er keinen Befehl ausführt, sondern ein Vermächtnis erfüllt. Und während sein Gesicht zur Fratze wird, ziehen sie alle an ihm vorbei, alle, die einmal seine Freunde, seine Kameraden waren: er sieht den kleinen Czerny am Baum, und den gefolterten Auer im Graben, den zerfetzten Kugelmann, und Dörner... stumm, starr, tot. Nur Oberleutnant Schnitzler bleibt etwas länger stehen und sieht ihn voll an.

„Weiter!" brüllt der Prophet, und holt mit dem Karabinerkolben aus. In seinem Gesicht treffen sich Haß und Energie. Vielleicht bringt er sich durch. Oder sie bleiben im Kessel Belgrad liegen. So er aber durchkommen sollte, wird er bereit sein, die Erkenntnis zu verteidigen, die ihm der Krieg beibrachte. Und er wird jedem gegenüber, und an jedem Ort, und zu jeder Zeit erklären, warum er, der Letzte seines Haufens, einer vom Jahrgang zweiundzwanzig, schwört und hält:

NIE WIEDER...